영 문 독 해 교 재 가 진 화 한 다

READING
HUNTER

BASIC

READING HUNTER BASIC(리딩헌터 베이직)

지은이 장수용
펴낸이 안용백
펴낸곳 (주)넥서스

초판 1쇄 발행 2007년 3월 30일
초판 16쇄 발행 2012년 1월 20일

출판신고 2001년 12월 5일 제313-2005-00004호
121-840 서울시 마포구 서교동 394-2
Tel (02)330-5500 Fax (02)330-5555
ISBN 978-89-6087-008-6 13740

www.nexusbook.com
넥서스ACADEMY는 (주)넥서스의 수험서 전문 브랜드입니다.

READING HUNTER

리딩헌터 베이직

장수용 지음

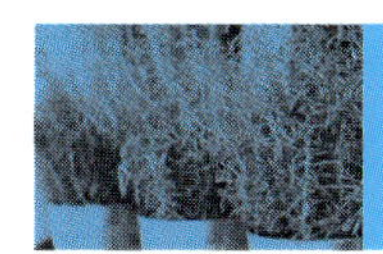

머리말

Ⅰ. 들어가기

편입 및 공무원 영어시험에서 독해의 비중은 예전과는 달리 평균적으로 60%의 비중을 차지한다고 해도 과언은 아닌 듯 싶습니다. 소위 말해서 편입 및 공무원 시험에 합격하느냐 못하느냐는 독해에서 결판이 난다고 할 정도이므로, 독해의 고득점 확보는 합격의 최우선 목표가 된 실정입니다.

본 교재 『READING HUNTER (BASIC)』은 독해의 고득점을 위한 초석을 다진다는 기초용 독해의 사명감을 가지고서 여러분 앞에 드디어 선을 보입니다.

본 교재는 기초용 교재임을 강조해 드립니다. 이 교재 한 권만으로는 상당한 수준의 영어 독해를 모조리 다 완벽하게 정복할 수는 없으며, 중·고급 단계에서 공부하시는 주력 교재까지 공략을 해나가셔야 할 것입니다. 『READING HUNTER (BASIC)』은 바로 그 중·고급 주력 교재를 공략할 수 있는 체계를 잡기 위한 기초용 교재임을 이해하셔서 활용하시기 바랍니다.

저에 대한 수험생 여러분들의 과분한 사랑에 보답하고자 최선을 다했습니다. 본 교재의 완벽한 공략을 위해서 강의를 통한 확실한 도움을 드릴 것을 약속드리면서 머리말을 마칩니다.

Ⅱ. 감사의 인사

이 책이 출간되기까지 많은 분들이 도움을 주셨습니다. 부족함이 많은 제자를 받아 주시고 많은 가르침을 주시는 한국외국어대학교 대학원 영어영문학 교수님들, 까다로운 저자의 부탁에 귀찮은 내색 한번 보이지 않으시면서 지극한 정성을 보여 주시는 넥서스 신옥희 이사님, 편입 준비생들에게 양질의 강의를 선보이는 김기원 선생님, 본 교재의 집필에 많은 조언을 해주신 『Voca Bible』의 이재훈 선생님과 허민 선생님, 앞으로 많은 활동을 같이 하게 될 'the World Best Columns'의 정득권 선생님, 세상에서 가장 열심히 공부하시는 '편입에 실패란 없다' 카페 회원님들, 그리고 사랑하는 부모님과 누나, 이 모든 분들의 격려와 질책이 있었기에 『READING HUNTER (BASIC)』이 완성되었습니다. 이 자리를 빌려 고개 숙여 감사의 인사를 전합니다.

2007년 3월 13일

장수용

차례

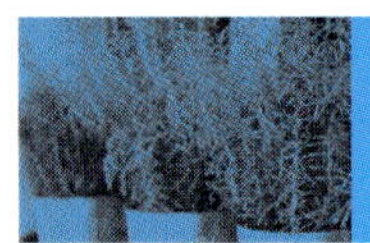

이 책의 특징

Ⅰ. 유형별 총정리

편입시험에 등장하는 독해의 모든 유형을 세분화하여, 어떠한 대학을 응시하던 간에 철저히 편입영어 독해의 훈련 및 적응이 가능하게끔 구성되었습니다.

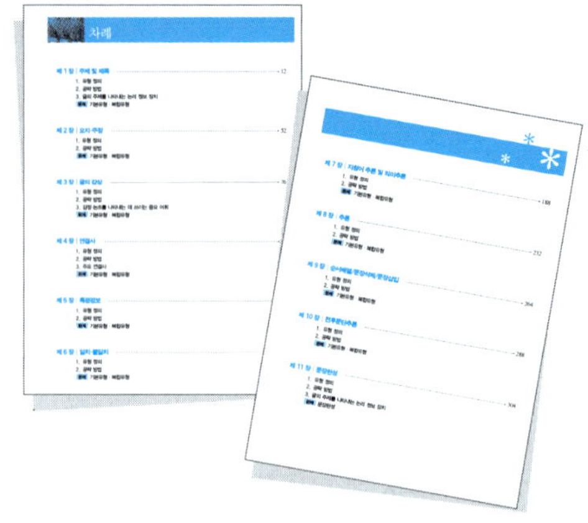

Ⅱ. 기초용 수준

기초용 독해 교재에 포함시킬 내용을 어디까지 확장시키느냐에 대한 고민만으로 이 책의 기획과 구성은 치밀했습니다. 수능 수준 25%, 기본 수준 50%, 실전 수준 25%를 구성함으로써, 문장구조용 문법 책과 기초용 어휘 책 한권만 제대로 공부를 하면서 이 책과 함께 독해 공부를 한 이후에는 실전수준의 독해 주력교재를 공부할 수 있는 실력을 갖출 수 있게끔 치밀하게 문제들을 엄선했습니다. 독해 입문 단계에서 공부하는 책으로서 BIBLE이 될 수 있으리라 확신합니다.

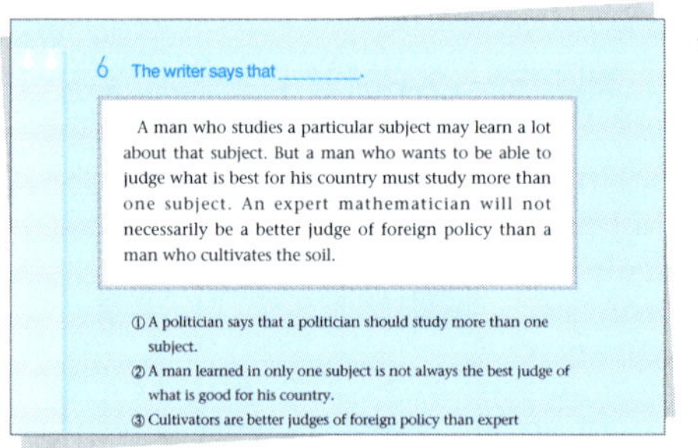

Ⅲ. 기본유형과 복합유형의 조화

예컨대, '주제' 고르기 하나만을 물어보는 기본유형의 문제는 독해의 비중만으로 보았을 때, 20%도 되지 않으며, '주제'와 '특정정보'를 동시에 물어보는 것처럼 복합유형의 비중이 절대적인 비중을 차지합니다. 그러나 초보자는 기본유형에 대한 공략이 우선되어야 합니다. 이러한 현실일지라도 결국 시험에서는 복합유형이 대부분을 차지하다 보니, 복합유형의 공략 또한 무시할 수는 없습니다. 본 교재에서는 각각의 단원의 기본유형을 접한 이후에, 앞서 다루었던 유형과 혼합된 복합유형 문제들을 접하게 되어 입체적인 공부가 가능하게끔 구성했습니다.

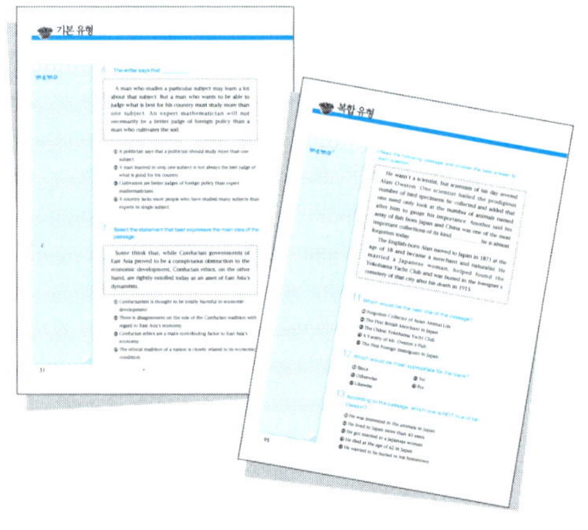

Ⅳ. 간결하고 명확한 해설

모든 보기항의 해석을 제시하여, 보기항의 정ㆍ오답이 되는 근거를
파악하는 연습이 독학생 스스로도 가능하게끔 했으며, 정답이 되는
이유 또한 제시하여 학습의 능률을 증가시키도록 했습니다.

Ⅴ. 편의를 도모한 어구 정리

사전을 따로 찾아 볼 필요 없이 지문에서 쓰이게 된 어휘의 뜻부터 차
례대로 정리하여 어휘 학습에 대한 부담감도 상쇄시켜 드리도록 노력
했습니다. 스터디 그룹 등을 통하여 독학을 하시는 분들에게는 이 어
구 정리를 이용하여 스터디 또한 원활히 진행하실 수 있기를 바랍니
다.

Ⅵ. 필수구문의 정리

초보자의 경우에는 구문의 이해 또한 문제 풀이 못지않게 중요하므
로, 지문에서 사용된 중요 구문에 대해서는 우측 페이지에 다시 배치
를 하여, 간결한 분석 및 해설을 첨가했습니다. 세세한 문법적 지식이
아닌 독해에서 꼭 필요한 핵심구문들을 분석하였으니 구문 실력 향상
에도 큰 도움이 되리라 확신합니다.

Ⅶ. 엄선된 기초용 문장완성 문제

문장완성 또한 광의적인 틀 안에서는 분명히 독해의 범주 안에 포함
되므로, 초보 때부터 반드시 공략을 시작해야 합니다. 그러나 아직 충
분한 어휘실력을 갖추지 못한 상태에서 무모하게 수백 문제를 풀 수
는 없으므로, 적절하고 논리성이 풍부한 핵심 100문제를 엄선하여
수록했습니다

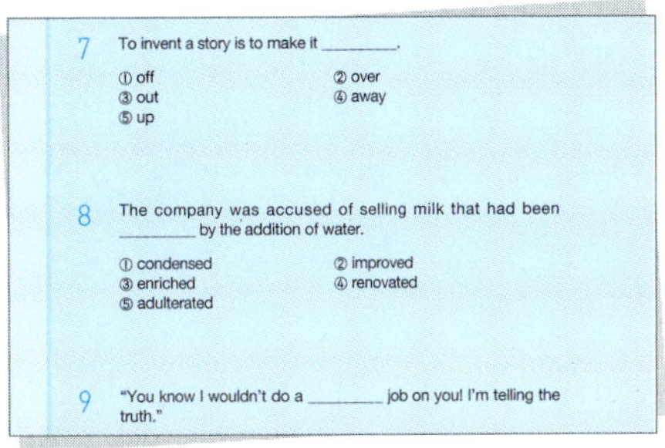

Chapter

1

주제 및 제목

제1장
주제 및 제목

1. 유형 정의

　　주제는 이 지문의 내용이 무엇에 관한 것인가에 관한 답으로서, 글의 주제문을 단어와 구 등으로 압축시켜 놓아 지문 속 전체의 내용을 정확히 묘사하는 것이다. 반면 제목은 이 주제를 요약하여, 포괄적이면서 함축적이면서도 간결하게 지문 전체의 내용을 표현하는 것이다.

　　이 유형은 세부 내용인 특정 정보나 일치·불일치 유형과 달리 전체 내용을 올바르게 이해하고 있는가를 물어보는 것이다.

2. 공략 방법

(1) 주제문은 일반적으로 단락 앞부분에 위치하지만(두괄식), 단락의 마지막 부분(미괄식) 또는 중간에 위치할 수도 있으며(중괄식), 단락의 앞부분과 마지막에 모두 위치할 수도 있다(양괄식).

(2) 주제·제목은 '2장 요지·주장'과 마찬가지로 주제문을 찾는 것이 가장 중요하므로, '작가의 의견이나 주제문을 나타내는 논리 정보 장치'들을 숙지해야 한다.

(3) 이 유형에서 가장 중요시해야 할 점은 주어진 지문의 내용과 일치하는 내용이 서술된 보기항을 주제·제목 문제에서 정답이 되는 보기항과 구별해내는 능력이다. 즉, 글 자체에서는 언급된 옳은 설명이라 할지라도 주제·제목이 될 수 있는 보기항을 선택해야 하므로 이 함정에 조심해야 한다.

(4) 따라서 문제의 정답이 되는 보기항의 내용은 일반적이면서도 분명해야 하지만, 지문 내용 속의 특정 부분에 국한되어서는 안 된다.

(5) 단락이 2개 이상으로 구성된 지문의 경우 각 단락의 주제문을 모두 포함할 수 있는 보기항을 선택해야 한다.

3. 글의 주제를 나타내는 논리 정보 장치

(1) 의견 제시

- I think/ believe/ insist
- I cannot but think that ~
- I cannot help(avoid) thinking ~
- I'm convinced/ sure/ certain that
- I hit upon a good idea ~
- I struck on a good idea of ~
- I was struck by a good notion(idea)
- It stands to reason that ~
- It occurred to me that ~
- It dawned on me that ~
- How can I~ (수사의문문)
- Why should we not ~ ? (수사의문문)
- For me/ In my opinion

(2) 필요 및 당위

- It is safe to say that ~
- It is needless to say that ~
- It goes without saying that ~
- It is natural that ~
- It is essential that ~
- It is no wonder that ~
- It is imperative that ~
- must/ have to/ need to
- should/ ought to/ had better

(3) 인과, 결론

- 동사(구) cause, result from[in], produce, create,
  bring about, lead to, come from, stem from, derive from
- 부사(구) thus, therefore, consequently, hence, due to, owing to,
  as a result[consequence], thanks to, because of,
  on account of, on the ground of, in the long run, after all,
  in the end
- 접속사 because, as, since, now that, so ~that, such ~that

(4) 역접 및 대조

- however
- but
- yet
- instead
- although
- while(=whereas)
- in spite of
- despite
- with[for] all
- nevertheless
- in contrast (with)
- to the contrary
- different from
- on the other hand

(5) 명령문 및 기타

- remember | try to R | Don't | Never
- in brief | in short | to sum up

4. 설문 유형

- What is the best title for the following passage?
- What will be an appropriate title of the following passage?
- What would be the most suitable topic of the passage?
- Which is the best topic of the following passage?
- This passage mainly deals with ___________.
- The best title for this passage would be ___________.
- The phrase below that best expresses the main idea or subject of this selection is:

1   What is the best title for the following passage?

Since so many of our conversations are held on the telephone, telephone calls are situations worthy of special consideration. Good manners on the telephone, of course, are the same as good manners elsewhere. What is more important is thoughtfulness for others. But thoughtfulness for others in the use of telephone is based on one important point. Do not keep the telephone all to yourself. Remember that it is shared by several people who have an equal right to its use.

① Manners in Making Telephone Calls
② The Contents of the Telephone Conversation
③ Situations Worthy of Special Consideration
④ Frequent Conversations over the Telephone

2   This passage mainly deals with __________.

Books can take us out of ourselves. None of us has had enough personal experience to know other people-or, indeed, himself-thoroughly. We all fell lonely in this vast, irresponsive world. We suffer because of it : we are shocked by the injustice of the world and the hardships of life. But from books we learn that others-greater men than we-have suffered and have sought as we have.

① indirect experience
② suffering of life
③ a solitary life
④ world irrationality

1 [제목] 다음 글의 가장 적절한 제목은?

어구 hold/ have/ carry on a conversation 대화를 나누다 | **worthy of** ~할 가치가 있는 | **manners** 예절, 예의, 관습 | **thoughtfulness** 신중함, 배려 | **keep ~ to oneself** ~을 독차지하다(monopolize), 비밀을 지키다, 혼자 지내다

해설 ① 전화 통화를 하는 데 있어서 예절
② 전화 통화의 내용들
③ 특별히 고려할 가치가 있는 상황들
④ 전화하는 동안 빈번한 대화들

◑ 전화하는 동안 혼자서만 사용할 것이 아닌 다른 이와 함께 공유하라는 내용이 이 글의 주제이다. '전화 통화를 하는 데 있어서 지켜야 할 예절'은 즉, '전화를 쓰고자 하는 다른 이에 대한 배려'가 된다.

해석 우리의 수많은 대화가 전화로 이루어지기 때문에 전화 통화는 특별히 주의를 기울일 가치가 있는 상황이다. 물론, 어디든 간에 좋은 매너를 지켜야 하는 것과 같이 전화상에서도 좋은 매너를 지켜야 하는 것이다. 보다 중요한 것은 남을 배려하는 것이다. 그러나 전화를 사용하는 다른 이들을 배려한다는 것은 한 가지 중요한 점에 바탕을 두고 있다. 전화를 당신 혼자서만 사용하지 마시오. 전화 통화란 전화를 사용하는 동등한 권리를 가지고 있는 다양한 사람들이 공유하는 것임을 잊지 마시오.   **정답** ①

2 [주제] 이 문장에서 다루고 있는 것은 무엇인가?

어구 take A out of oneself A의 기분 전환을 시켜주다 | **personal** 개인의, 사적인 | **fall lonely** 외로워지다 | **vast** 거대한 | **irresponsive** 반응이 없는 | **shock** 충격을 주다 | **injustice** 부정, 불법 | **hardship** 역경, 고난(tribulation, trial) [보기] | **suffering** 고통 | **solitary** 외로운(cloistered) | **irrationality** 불합리함

해설 ① 간접 경험 ② 삶의 고통 ③ 외로운 삶 ④ 세상의 불합리성

◑ 책을 통해서 과거의 위대한 인물 또한 우리처럼 외로워하고 고통을 받으면서 노력하고 살았다는 점을 간접 경험으로 배우게 된다는 내용이 주제이다.

해석 책은 우리들 자신으로부터 벗어나게 할 수 있다. 우리들 중의 어느 누구도 다른 사람들 혹은 그 자신을 완전하게 알 수 있는 충분한 개인적인 경험을 하지 않았다. 우리 모두는 이 엄청나고, 감응이 없는 세상에서 외로워한다. 우리는 그러한 이유로 고통을 받는다. 우리는 세상의 부정과 인생의 역경 때문에 충격을 받는다. 그러나 우리는 책을 통해서 우리보다 위대한 다른 사람들이 고통을 겪었으며 우리가 그랬던 것처럼 그들도 노력하며 살았다는 것을 배운다.   **정답** ①

▶ **주격관계대명사＋be동사는 생략이 가능하다.**

'주격관계대명사＋be 동사'는 'being'으로 전환이 가능한데, be 동사를 이용한 분사인 'being' 또는 'having been'은 생략이 가능하다.

Telephone calls are situations worthy of special consideration.

⇒ Telephone calls are situations *which are* worthy of special consideration.

▶ **─의 기능**

dash(─)의 기능은 '앞서 나온 내용을 추가적으로 설명할 때 쓰인다.

From books we learn that others - *greater men than we* - have suffered and have sought as we have.

⇒ 여기서 '─ greater men than we ─'는 없어도 상관이 없지만, '우리보다 더 위대한'이란 표현을 넣어 주기 위해서 'dash' 표현을 넣은 것이다.

3 The best title for this passage would be __________.

Looking forward to the decade of the 2000's, one wonders what personal qualities will be needed for success. Possibly the four essential attributes are flexibility, honesty, creativity, and perseverance. First, our rapidly changing society requires flexibility—the ability to adapt oneself to new ideas and experiences. Next, honesty, the capacity both to tell and to face the truth courageously, will be important in all aspects of personal and public relations. In addition, creativity will be required to meet the constantly changing world around us. Finally, perseverance, the ability to hold on at all costs, will be required in a society where competition for space, food, and shelter will increase with a growing population.

① Different Personal Qualities for Competition
② Personal Qualities for Success in the 2000's
③ Changing world in the 2000's
④ Expectations of the 2000's

3   [제목] 이 글의 적절한 제목은 무엇인가?

어구   **look forward to** ~을 기대하다 | **attribute** 속성, 특성; (탓을) ~에게 돌리다 | **flexibility** 유연성, 융통성(elasticity) | **creativity** 창조성 | **perseverance** 참을성, 인내 | **adapt oneself to** ~에 적응하다 | **capacity** 능력 | **courageously** 용감하게 | **public relations** 선전 운동, 홍보 활동 | **competition** 경쟁 | **in addition** 게다가 | **perseverance** 인내 | **hold on** 고수하다(adhere/ cling/ stick to, hold fast to) | **at any costs** 어떠한 희생을 치르고라도, 반드시 | **shelter** 피난처, 은신처, 주거 [보기] **personal quality** 개인 자질 | **expectation** 예상, 기대, 가능성

해설   ① 경쟁을 위한 다양한 개인의 자질들
② 2000년대에 성공하기 위한 개인의 자질들
③ 2000년대의 변화하는 세상
④ 2000년대의 기대

◎ 2천 년대에 성공하기 위해서는 '유연성, 정직성, 창조성, 인내력'인 개인적 여러 자질들을 갖춰야 한다는 것이 이 글의 주제이다.

해석   2천 년대를 고대하는 사람은 성공하기 위하여 어떤 개인적 자질들이 필요할지 궁금해 한다. 아마도 네 가지 필수적인 특성들은 유연성, 정직함, 창조성, 그리고 인내력일 것이다. 첫째는, 빠르게 변화하는 사회는 새로운 사상과 경험에 적응할 수 있는 능력인 유연성을 필요로 한다. 다음은 용기 있게 진실을 말하고 진실을 대할 수 있는 능력인 정직함이 개인관계와 대중관계의 모든 측면에서 중요할 것이다. 게다가, 우리 주위에서 지속적으로 변화하는 세상을 직면하기 위해서 창조성이 요구될 것이다. 마지막으로, 공간, 식량, 주거를 위한 경쟁이 인구 증가와 함께 증가하게 될 사회에서는 어떤 희생을 치르더라도 고수할 수 있는 능력인 인내력이 요구될 것이다.

정답 ②

Check

▶ **분사의 해석**

주절보다 앞에 위치한 분사의 해석은 주절의 주어에다가 그대로 붙여서 형용사처럼 해석해 주면 된다.

Looking forward to the decade of the 2000's, *one* wonders~.

Located in the town, *the building* was completed in 2001.
그 마을에 위치한 건물은 2001년에 완공됐다.

⇨ '2000년대를 고대하는 사람들은 ~/ 그 마을에 위치한' 처럼 형용사처럼 붙여서 해석해주는 것이 속독을 위해서 바람직하다.

4   Which is the best topic of the following passage?

The booming cities of the late nineteenth century had their share of problems : crime, fires, garbage, disease. But cities also had their share of pleasures. City-dwellers were less isolated than people living in the country. City people were able to get together to share ideas, entertainments, and common creative interests. Because the large populations were necessary to support libraries, theaters, museums and art galleries, these cultural institutions first developed as part of the trend toward urbanization.

① Civil corruption
② Merit of urbanization
③ The necessity of public facilities
④ The problem of a population growth

5   Which of the following is the best title for the following passage?

All I want is fair treatment and equal rights. I feel I have a right to smoke while I work. Right now most companies are concerned only about the rights of nonsmokers and make no provisions at all for employees who smoke. Of course, I know that smoking is bad for my health but, after all, that is my problem. My smoking does not hurt anybody else but me. So, why don't they stop discriminating against smokers and just leave us alone?

① Smoking and its addiction
② The necessity of giving up smoking
③ Inefficiency of smoking
④ Smoker's excuse

4 [주제] 다음 글의 주제는 다음 중 무엇인가?

어구 **booming** 번창하는, 급등하는 │ **garbage** 쓰레기 │ **city-dweller** 도시 거주자 │ **isolated** 고립된 │ **get together** 모이다 │ **entertainment** 오락 │ **creative** 창조적인 │ **art gallery** 미술관, 화랑 │ **trend** 추세, 성향 │ **urbanization** 도시화 〔보기〕 **civil** 시민의, 도시의, 공손한 │ **corruption** 부패(adulteration) │ **public facilities** 공공시설

해설 ① 도시의 부패 ② 도시화의 장점 ③ 편의시설의 필요성 ④ 인구 증가의 문제

◎ 첫 문장에서 도시화의 문제에 대해 도입하며, 두 번째 문장부터 계속해서 도시화의 장점에 대해서 설명하므로 도시화의 장점이 주제가 된다.

해석 19세기 말 번영한 도시는 자신들의 범죄, 화재, 쓰레기, 질병과 같은 문제점을 갖고 있었다. 그러나 도시들은 또한 자신들의 유쾌함을 누리고 있었다. 도시에 사는 사람들은 시골에 사는 사람들보다 덜 고립되었다. 생각과, 오락, 그리고 공통적인 창조적인 관심사들을 공유하기 위해서 도시 사람들은 함께 모일 수 있었다. 도서관, 극장, 박물관, 화랑을 부양하기 위해서 많은 인구가 필요했기 때문에 이러한 문화 제도들이 도시화를 지향하는 한 경향으로서 먼저 발전되었다.

정답 ②

5 [주제] 다음 글의 주제로 가장 적절한 것은 무엇인가?

어구 **fair** 공평한 │ **be concerned about** ~에 대해 걱정하다 │ **make provision for** ~을 준비하다 │ **after all** 결국 │ **discriminate** 차별 대우하다, 구별하다(differentiate) │ **why don't you** ~하는 것이 어떨까? 〔보기〕 **addiction** 중독 │ **inefficiency** 비효율성 │ **excuse** 변명, 해명, 사과

해설 ① 흡연과 중독 ② 금연해야 할 필요성 ③ 흡연의 비효율성 ④ 흡연자의 변명

◎ 흡연을 하여 건강이 나빠지는 것 또한 흡연자 자신의 문제일 뿐이라고 주장하면서, 흡연자들에 대한 차별 대우를 없애라고 주장하는 것은 결국 흡연자의 변명과 핑계가 될 수 있다.

해석 내가 원하는 모든 것은 공정한 대우와 동등한 권리이다. 내가 일하는 동안 담배를 필 권리가 있다고 느낀다. 지금 바로 대부분의 회사들은 오로지 비흡연자들의 권리에만 관심을 갖고 있으며, 담배를 피는 직원들을 위한 준비는 전혀 하지 않는다. 물론 흡연이 내 건강에 해롭다는 것을 알지만 결국 그것은 내 문제이다. 내가 흡연하는 것이 나를 제외하고는 어느 누구도 해치지 않는다. 그래서 흡연자들을 차별 대우하는 것을 멈추고 우리들을 내버려두는 것을 어떨까?

정답 ④

▶ **콜론(:)의 기능**

콜론은 앞서 나온 내용의 정의 또는 추가 설명을 하기 위해서 쓰인다. 해석은 '즉' 정도로 해주면 된다.

The booming cities of the late nineteenth century had their share of *problems : crime, fires, garbage, disease.*

⇨ 문제점들이 범죄, 화제, 쓰레기, 질병이 있었다는 앞 내용의 추가 설명을 콜론이 해주고 있다.

▶ **that의 생략**

타동사의 목적어로서 쓰인 명사절의 접속사 that은 흔히 생략이 된다.

I feel *(that)* I have a right to smoke/ feel 동사의 목적어 that절

while I work./ 시간 부사절

6   What would be the most suitable topic of the passage?

Hospices are a special type of health-care institution. Hospices treat patients suffering from incurable diseases who are not expected to live for more than a year. Hospitals, however, aim to help patients recover from diseases, and nursing homes provide long-term care for the handicapped and elderly. Also, the hospice's purpose is to help the dying and their families. In contrast, hospitals and nursing homes have limited resources for helping patient's families.

① Hospices can help patient's families.
② Patients may have curable or incurable diseases.
③ For long-time care, nursing homes are better than hospices and hospitals.
④ Hospices differ from hospitals and nursing homes in a few ways.

7   Which is the best topic of the following passage?

Children are a growing consumer market in their own right. But they are far more important to business as an influence on their parents' purchases. School-age children make incessant demands for toys and food. Toddlers quickly learn that they can affect their parents' behavior in stores. Even the smallest infant can cause a frazzled parent to abandon a shopping trip by throwing a tantrum in the middle of a supermarket.

① children's demands for toys
② the problem of generation gap
③ the importance of education at home
④ children's influences on parents' purchases

6　[주제] 다음 글의 주제로 가장 적절한 것은 무엇인가?

어구　hospice (영국) 병원, 여행자 숙박소 | incurable 불치의(irreversible) | aim to R ~을 목표로 하다 | long-term 장기적인 | the handicapped 장애인들 | elderly 중년의 | nursing home 보육원 | the dying 죽어가는 사람들 | in contrast 정반대로 | limited 제한된 | resource 자원 〔보기〕 curable 치료될 수 있는 | differ from ~과는 다르다

해설　① 호스피스는 환자의 가족을 도울 수 있다.
② 환자들은 치료가 가능하거나 혹은 불치의 병이 있다.
③ 장기 간호에 있어서 보육원이 호스피스와 병원들보다 더 좋다.
④ 호스피스는 병원 보육원과 몇 가지 면에서 다르다.

　　○ 호스피스를 중점으로 두고, 병원과 보육원이 환자 및 그 가족들에게 돕는 기능적 차이를 다룬 내용이 이 글의 주제가 된다.

해석　호스피스는 특별한 형태의 건강 관리 기관이다. 호스피스는 1년 이상 살지 못할 것 같은 불치병으로 고통받는 환자를 치료한다. 그러나 병원은 환자들이 질병으로부터 회복할 수 있도록 돕는 것을 목표로 한다. 그리고 보육원은 신체장애자와 노인들에게 장기적인 간호를 제공한다. 또한 호스피스의 목적은 죽어가는 사람들이나 그들의 가족들을 돌보는 것이다. 이와는 반대로, 병원과 보육원은 환자 가족들을 돌보는 데 있어서 제한된 자원을 가지고 있다.

　　　　　　　　　　　　　　　　　　　　　　　　　　　　　　정답 ④

Check

▶ 접속부사의 위치

앞 문장과의 내용을 연결시켜주는 접속부사는 그 위치가 자유로워서 대게는 '문두, 문중, 문미'에 위치한다.

Hospitals, *however*, aim to help patients recover from diseases.

= *However*, hospitals aim to help patients recover from diseases.

= Hospitals aim to help patients recover from diseases, *however*.

7　[주제] 다음 글의 주제로 가장 적절한 것은 무엇인가?

어구　in one's own right 당연히, 그 자체가 | influence 영향력 | incessant 끝없는 | toddler 아장아장 걷는 아기 | infant 유아 | frazzled 지친, 피곤한(exhausted, worn) | abandon 포기하다, 버리다 | tantrum 발끈 화내기, 울화 〔보기〕 generation gap 세대 차이

해설　① 아이들의 장난감에 대한 요구 ② 세대 차이의 문제 ③ 가정교육의 중요성 ④ 부모의 구매에 대한 아이들의 영향력

　　○ 부모들의 구매에 끼치는 어린이들의 영향력이 이 글의 주제이다.

해석　어린이들은 그 자체로서 증가하는 소비 시장이다. 그러나 아이들은 부모들이 구매하는데 있어서 영향을 끼치는 존재로서 사업에 훨씬 더 중요하다. 입학 연령의 아이들은 장난감이나 먹을 것을 사 달라고 끝없이 요구한다. 아장아장 걷는 아이들은 자신들이 상점에서 그들의 부모의 행위에 영향을 끼칠 수 있다는 것을 빨리 깨닫는다. 심지어 가장 어린 유아조차도 슈퍼마켓 한 가운데에서 발끈 화를 냄으로써 지친 부모로 하여금 쇼핑을 포기하게끔 할 수 있다.

　　　　　　　　　　　　　　　　　　　　　　　　　　　　　　정답 ④

▶ cause ＋목적어＋to R

cause＋목적어＋to R 구문은 '(목적어로) 하여금 ~하게끔 하다'는 5형식 구문을 갖게 된다. 이러한 문형을 갖추는 동사들은 'encourage, enable, motivate, persuade, require, urge' 등이 있다.

Even the smallest infant can *cause* a frazzled parent *to abandon* a shopping trip.

8 What is the best title for the following passage?

Among the first animals to land our planet were insects. They seemed poorly adapted to their world. Small and fragile, they were ideal victims for any predator. To stay alive, some of them, such as crickets, chose the path of reproduction. They laid so many young that some necessarily survived. Others, such as the bees, chose venom, providing themselves, as time went by, with poisonous stings that made them formidable adversaries. Others, such as the cockroaches, chose to become inedible. A special gland gave their flesh such an unpleasant taste that no one wanted to eat it. Others, such as moths, chose camouflage. Resembling grass or bark, they went unnoticed by an inhospitable nature.

① Natural Enemies of Insects
② Insects' Strategies for Survival
③ Importance of Insects in Food Chain
④ Difficulties in Killing Harmful Insects

8 [주제] 다음 글의 주제로 가장 적절한 것은 무엇인가?

어구   **land** 착륙하다, 직업을 얻다 | **adapt to** ~에 적응하다 | **fragile** 체질이 허약한, 물체 등이 망가지기 쉬운 | **victim** 희생자 | **predator** 약탈자 | **cricket** 귀뚜라미 | **reproduction** 재생 | **lay young** 새끼를 낳다 | **venom** 독액 | **poisonous** 유독한, 해로운(noxious, toxic) | **as time goes by** 시간이 지남에 따라 | **sting** 고통, 침; 찌르다 | **formidable** 무서운(dreadful, awful) | **adversary** 적, 상대 | **inedible** 먹지 못하는 | **gland** 땀샘 | **flesh** 살 | **moth** 나방 | **camouflage** 위장, 변장, 속임 | **bark** 나무껍질 | **inhospitable** 불친절한, 황량한

해설   ① 곤충의 천적
② 곤충의 생존 전략
③ 먹이사슬에 있어서 곤충의 중요성
④ 해로운 곤충을 죽이는 어려움

◑ 귀뚜라미, 바퀴벌레, 나방과 같은 곤충들이 자신들의 적으로부터 살아남기 위해서 진화된 점을 설명한 내용이 주제가 된다.

해석   지구에 처음 착륙한 동물 중의 하나가 곤충이다. 이 곤충들은 그 들의 세계에 적응을 잘 못하는 것처럼 보인다. 작고 약한 곤충들은 어떤 육식동물들의 이상적인 먹이감들이었다. 귀뚜라미 같은 일부의 곤충은 생존하기 위해 번식이라는 길을 택했다. 이 귀뚜라미들은 아주 많은 새끼를 낳아서 일부가 생존한다. 벌 같은 다른 동물들은 독을 선택했고, 시간이 지나면서 자신들을 가공할 만한 곤충으로 만들어준 독이 있는 침을 갖추었다. 바퀴벌레 같은 다른 동물들은 먹을 수 없게끔 변했다. 특별한 땀샘이 불쾌한 냄새를 내기 때문에 아무도 먹기를 원치 않는다. 나방 같은 곤충은 위장을 갖췄다. 잔디나 나무껍질과 닮은 이런 것들은 황량한 자연 때문에 잘 보이지 않는다.

정답 ②

 **Check**

▶ 'among+명사 +V+S 도치 구문'

among+명사가 문두로 위치할 경우, 그 문장의 주어가 일반명사이면 도치가 발생한다.

Insects were **among** the first animals to land our planet.

= **Among** the first animals to land our planet **were insects**.

⇨ 'Among~ planet' 전치사구가 문두로 위치하여 'were insects(동사+주어)' 어순으로 도치가 된 문장이다.

9 Which of the following is the best title for the passage?

The worst problem may be over when you find a good job. But you must think about keeping your job. You may lose it if you are not careful. Be sure you arrive at work on time every morning. You should not stop every hour for coffee. And you should not leave early too often. An important part of your job may be the way you work with other people. If you are difficult to work with, you may have trouble. Or you may have trouble if you do not make friends with the other people at your job. Remember these things if you want to keep your job!

① Making friends with the other people
② Looking for a new job
③ The way you work with other people
④ How to keep a job

9   [제목] 다음 글의 가장 적절한 제목은 무엇인가?

어구 **work with** ~와 일하다 | **have trouble** 어려움을 겪다 | **make friends with** ~와 친구가 되다 [보기] **look for** ~을 찾다 | **keep a job** 직장을 유지하다

해설 ① 다른 이들과 친구가 되는 법
② 새 직장 구하기
③ 당신이 다른 이들과 함께 일하는 방법
④ 직장을 유지하는 방법

◎ 이 글은 단지 그저 직장을 구하는 데 그치지 않고, 어렵게 구하는 직장을 계속 다닐 수 있는 방법을 다루고 있다. ①번과 ③번은 ④번 보기의 예에 불과하다.

해석 당신이 좋은 직장을 가지면 최악의 문제는 끝날지 모른다. 그러나 당신이 직장생활을 계속 하는 것에 대해서 생각해야만 한다. 당신이 주의하지 않으면 직장을 잃어버릴 수도 있다. 매일 아침 정각에 출근해야 한다는 것을 명심해라. 커피를 마신다는 이유로 매 시간마다 쉬면 안 된다. 그리고 너무 자주 빨리 퇴근해서는 안 된다. 일을 하는 데 있어서 중요한 것은 다른 이들과 어떻게 일을 해 나가느냐이다. 당신이 다른 사람들과 함께 일하는 데 어려움이 있으면 당신은 어려움을 겪을런지도 모른다. 혹은 직장에서 다른 사람들과 친구가 되지 않는다면 어려움에 처할지도 모른다. 당신이 직장 생활을 계속 하기 원한다면 이것들을 명심해야 한다.

정답 ④

 **Check**

▶ **how = the way (in which) = the way (that)**

how라는 의문사가 이끄는 절은 'the way (in which) S+V = 'the way (that) S+V 으로 바꿀 수 있는데, 이 경우 in which 와 that은 생략이 가능하다.

An important part of your job may be *the way (in which)* you work with other people.

= An important part of your job may be *the way (that)* you work with other people.

= An important part of your job may be *how* you work with other people.

10 This passage mainly deals with __________.

A health warning will appear on all liquor bottles beginning on March 23 for the first time in the nation, according to liquor manufacturers. The warning will read : "Excessive drinking may cause cirrhosis of the liver or liver cancer and increase the probability of accidents while driving or working." The move is in compliance with the Public Health Promotion Law enacted last September, which makes it mandatory for all liquor sellers to place a warning on their liquor bottles. The actual sentence of the warning has been chosen from among three examples suggested by the Ministry of Health and Welfare.

① A warning sign on the bottles
② The example of a health warning
③ Injuries caused by excessive drinking
④ The warning suggested by ministry of health and welfare

10   [주제] 이 문장에서 언급하고 있는 것은?

어구 **warning** 경고(문) | **liquor** 술 **according to** ~에 따르자면 | **manufacturer** 제조업자 | **excessive** 지나친 | **cirrhosis** (간장 등의) 경변(증) | **liver** 간 | **probability** 가능성 | **move** 조치, 움직임 | **be in compliance with** ~을 따르다, 응하다 | **enact** (법을) 제정하다 | **mandatory** 의무적인(obligatory, compulsory) | **seller** 판매인 | **sentence** 문장, 판결, 처형; ~에게 판결을 내리다 | **the Ministry of Health and Welfare** 보건복지부

해설 ① 술병의 경고 문구   ② 건강 경고의 예
③ 지나친 음주가 야기한 부상   ④ 보건복지부가 제시한 경고

● 이 글은 술병에 부착될 경고문의 내용과 시기, 의무, 제시안을 설명하므로 술병의 경고문구가 가장 옳다.

해석 술 제조업자들에 따르면, 건강 경고문이 전국에서 처음으로 3월 23일 시작하여 모든 술병에 선보일 것이다. 경고문에 쓰여져 있기를, "지나친 음주는 간경변이나 간암을 유발시킬 수 있으며 운전이나 근무시 사고의 가능성을 높일 수 있다."고 한다. 이 조치는 지난 9월에 제정된 공공건강증진법에 준수한 것이며, 이 법은 모든 술 제조업자들로 하여금 술병에 경고문을 부착하는 것을 의무화시킨다. 실제 경고문은 보건복지부가 제안한 3가지 예들 가운데서 선택되었다.   **정답** ①

▶가목적어 it + 목적보어 + 진목적어 to R

'동사(make)+it(가목적어)+목적보어(mandat-ory)+to R(진목적어)' 구문의 경우, 진짜 목적어는 뒤에 위치한 to R이며, 앞에 위치한 it은 형식상의 목적어이다. 이런 구문이 생기는 이유는 to R을 5형식 구문에서 목적어 자리에 바로 위치시킬 수 없기 때문이다. 또한 for all liquor sellers는 진목적어인 to place의 동작을 가하는 to 부정사의 의미상의 주어이다.

makes it mandatory/ 가목적어 it + 목적보어

for all liquor sellers/ to 부정사의 의미상의 주어

to place a warning on their liquor bottles./ 진목적어 to 부정사구

29

11 다음 글의 제목으로 가장 적절한 것은?

If you ask most children what their favorite treat is, they will answer - "Ice cream!" There is nothing like a delicious ice-cream cone on a hot, summer day.

Every year Americans eat more than four billion ice-cream cones. Did you know that the ice-cream cone was invented by accident? St. Louis was having a world's fair in 1904. Ice cream was a big seller. One person selling ice-cream ran out of dishes and didn't know what to do. Luckily, a person nearby, who was selling waffles, suggested rolling a waffle and putting the ice cream inside. It was an instant success.

① Ice Cream and Waffles
② The St. Louis World's Fair
③ The First Ice-Cream Cone
④ Ice Cream in the Summer

12 What is the best title for the following passage?

In order to understand what you are reading, you must know the meaning of the words that are used. Very often you can guess at the meaning from the rest of the sentence, but that method is not completely reliable. The sentence itself is important for determining what of the word's several meanings is intended, but you usually have to know some idea of the word itself.

① Analyze Sentences
② Increase Your Vocabulary
③ Guess at the Meanings of the Words
④ Don't Forget What You Are Reading

11 [제목]

어구   **treat** 한턱내기, 대접 │ **delicious** 맛있는 │ **by accident** 우연히(by chance, accidently, haphazardly) │ **fair** 박람회; 공정한; 공정하게 │ **run out of** 바닥나다, 다 소비하다

해설   ① 아이스크림과 와플   ② 세인트루이스 박람회
③ 최초의 아이스크림 콘   ④ 여름의 아이스크림

◎ 아이들이 가장 좋아하는 아이스크림콘은 1904년 박람회에서 판매 중이었던 아이스크림과 와플이 합쳐져서 우연히 만들어졌다는 것이 주제이다. ①의 아이스크림과 와플은 아이스크림콘의 구성 도구에 불과할 뿐이다.

해석   만일 당신이 대부분의 아이들에게 가장 좋아하는 게 뭐냐고 물어 본다면 그들은 "아이스크림 이요!"라고 답할 것이다. 더운 여름날 아이스크림 콘 보다 더 맛있는 것은 없다.
매해 미국인들은 40억개 이상의 아이스크림을 먹는다. 아이스크림이 우연히 만들어진 사실을 아십니까? 1904년에 St..Louis 지방이 세계박람회를 개최했다. 아이스크림은 대박을 터뜨렸다. 아이스크림을 파는 사람은 접시가 다 바닥이 나서, 무엇을 해야 할지를 몰랐다. 운이 좋게도 와플을 파는 사람 근처에 있던 한 사람이 와플을 말아서 아이스크림을 안에다가 넣을 것을 제안했다. 그 제안은 그 즉시 성공을 거두었다.   **정답 ③**

12 [제목] 다음 글의 가장 적절한 제목은?

어구   **in order to R** ~하기 위해서(for the sake of ~ing) │ **guess** 추측하다 │ **sentence** 문장, 판결, 처형; ~에게 선고를 내리다 │ **completely** 완전히 │ **reliable** 신뢰할 만한 [보기] **analyze** 분석하다

해설   ① 문장을 분석하시오
② 어휘력을 증가시키시오
③ 단어의 의미를 짐작하시오
④ 읽은 내용을 잊어버리지 마시오

◎ 독해력 향상을 위해서는 단어의 의미를 알고 있어야 하므로 어휘력 증가가 이 글의 주제가 된다. ③의 경우 단어의 의미를 짐작한다는 것은 단어의 의미를 모른 채, 글의 문맥을 통해서 유추하는 것이므로 작가는 이 경우를 반대한다.

해석   당신이 읽고 있는 것을 이해하기 위해서는 사용된 단어의 의미를 알고 있어야 한다. 아주 종종 그 문장의 나머지 부분을 가지고 그 단어의 의미를 추측해 낼 수 있지만, 그런 방법에 전적으로 의존할 수는 없다. 그 단어의 여러 가지 의미 중에서 어떤 것이 의도된 뜻인지를 결정하는 데는 문장 그 자체가 중요하다. 그러나 당신은 보통 단어 그 자체의 개념을 가지고 있어야만 한다.   **정답 ②**

Check

▶ **의문사+to R**

'의문사+to R'은 '의문사+주어(일반인 또는 문장의 주어)+should R'의 문장을 '의문사+to 부정사구'로 전환시킨 형태이다.

One person didn't know *what he should do.*

= One person didn't know *what to do.*

⇒ 'what he should do'의 주어가 문장의 주어인 'one person'과 동일하므로 '의문사+to R'로 줄일 수 있는 것이다.

▶ **삽입된 전치사구**

전치사구는 대개가 그 위치의 선택이 자유롭다.

what is intended/ 전치사구가 삽입되지 않은 형태

= what <u>of the word's several meanings</u> is intended/ 전치사구가 삽입된 형태

⇒ '단어의 다양한 의미들 중에서 의도된 것'이라는 해석이 가능해진다.

13 다음 글의 주제로 가장 적절한 것을 고르시오.

The philosopher Artur Schopenhauer lived most of his life completely alone; separated from his family and distrustful of women, he had neither wife nor children. Irrationally afraid of thieves, he kept his belonging carefully locked away and was said to keep loaded pistols near him while he slept. His sole companion was a poodle called Atma (a word that means "world soul") but even Atma occasionally disturbed his peace of mind. Whenever she was bothersome or barked too much her master would grow irritated and call her mensch, the German word for "human being"

① He distrusted women.
② His only companion was a dog.
③ He lived most of his life alone.
④ He did not care for his fellow human beings.
⑤ He always thought he was going to be robbed.

13 [주제]

어구 **completely** 완전히 | **separate** 분리하다, 구별하다; 분리된, 별개의 | **distrustful** 의심 많은 (skeptical) | **irrationally** 불합리하게 | **thief** 도둑 | **belonging** 소유물 | **lock away** 차단하다, 잠그다 | **loaded** 짐을 잔뜩 실은, 장전된 | **pistol** 피스톨, 권총 | **occasionally** 이따금씩 | **disturb** 방해하다 | **bothersome** 성가신, 귀찮은(annoying) | **bark** 짖다 | **irritated** 짜증난 | **mensch** 위인(master mind) [보기] **distrust** 불신하다 | **companion** 친구 | **care for** 걱정하다, 돌보다 | **be going to R** 막 ~하려 한다 | **rob** 강탈하다

해설 ① 그는 여성을 불신했다.
② 그의 유일한 친구는 개였다.
③ 그는 자신의 인생 대부분을 외롭게 살았다.
④ 그는 주위 사람들을 돌보지 않았다.
⑤ 그는 언제나 자신이 강탈당하리라 생각했다.

◎ 첫 번째 문장이 주제문으로서, 이 글은 쇼펜하우어의 고립된 외로운 삶을 설명한다. 기타 보기항에 등장하는 내용들은 외롭게 살아간 삶의 세부적인 내용에 불과하다.

해석 철학자 아르투르 쇼펜하우어는 그의 삶의 대부분을 철저하게 혼자서 살았다. 즉, 그의 가족과 헤어지고, 여자들을 믿지 않고, 그는 부모와 자식도 없었다. 도둑을 불합리하게 무서워하여, 그는 그의 소유품들을 신중하게 잠가 두었으며, 잠을 잘 때에는 주위에 장전된 권총을 가지고 있었다고 한다. 그의 유일한 친구는 Atma("세계영혼"을 의미하는 단어)라고 불리는 푸들이었다. 그러나 심지어 **Atma**조차도 때론 그의 마음의 평화를 훼방 놓곤 했다. 푸들이 귀찮게 하거나 너무 많이 짖을 때마다, 그녀의 주인은 화가 났고, Atma를 mensch라고 불렀는데, 그 mensch는 독일어로 "인간"을 말한다.

정답 ③

▶**being이 생략된 분사**

주절보다 앞에 위치한 형용사의 경우 분사 'being'이 생략된 형태이다.

As be was irrationally afraid of thieves, he kept his belonging carefully locked away.

= Irrationally *being* afraid of thieves, he kept his belonging carefully locked away.

= Irrationally afraid of thieves, he kept his belonging carefully locked away.

⇒ 주절의 주어와 부사절의 주어가 같을 경우, 부사절의 접속사와 주어를 없애고 동사를 ing로 만들어 주는데, 동사가 be 동사인 경우 being을 생략할 수 있다.

14 Which of the following is most likely to the topic of the passage?

If we don't protect Antarctica from tourism, there may be serious consequences for us all. The ice of Antarctica holds 70 percent of the world's fresh water. If this ice melts, ocean levels could rise 200 feet and flood the coastal cities of the Earth. Also, the continent's vast fields of ice provide natural air conditioning for our planet. They keep the Earth from getting too hot as they reflect sunlight back into space. Clearly, Antarctica should remain a place for careful and controlled scientific research. We cannot allow tourism to bring possible danger to the planet.

The only way to protect this fragile and important part of the planet is to stop tourists from traveling to Antarctica.

① If we stop tourism in Antarctica, there may be consequences for tour companies.

② The writer wants Antarctica to be banned from scientific research.

③ The ice of Antarctica attracts sunlight and heats the Earth.

④ Our excessive visits to Antarctica will harm it and then our planet.

14 [주제] 다음 글의 주제로 가장 적절한 것은 무엇인가?

어구   **serious** 중대한 | **consequence** 결과 | **hold** 소유하다, 주장하다 | **fresh water** 민물 | **melt** 녹다 | **flood** 침수시키다, 범람하다 | **coastal** 해안의 | **vast** 거대한 | **keep/ stop A from ~ing** A가 ~하지 못하게 하다 | **reflect** 반영하다, 반사하다 | **controlled** 통제된 (보기) | **ban** 금지; 금지하다 | **attract** 끌어당기다, (관심을) 끌다

해설   ① 만일 우리가 남극대륙의 관광을 그만둔다면 관광회사들에게 중대한 결과들이 발생할 것이다.
② 작가는 남극대륙의 과학 연구가 금지되기를 바란다.
③ 남극대륙의 얼음이 태양빛을 흡수해서 지구를 보온한다.
④ 우리의 남극대륙에 대한 과다한 관광이 남극대륙에 해를 끼칠 것이며 따라서 지구에게도 해를 끼칠 것이다.

   ◑ 관광이 남극대륙을 크게 손상시킬 위험이 있으며, 궁극적으로 지구에 위험을 야기할 수 있으므로, 남극대륙에 대한 관광이 중단되어야 한다는 것이 이 글의 주제이다.

해석   만일 우리가 관광으로부터 남극대륙을 보호해내지 못하면 우리 모두에게 심각한 결과를 야기할런지도 모른다. 남극대륙의 빙산은 세계 민물의 70%를 차지한다. 만일 이 얼음이 녹는다면 바다의 수치가 200피트 가량 상승할 수 있으며, 지구의 해안도시를 침수시킬 수 있다. 또한 대륙의 거대한 빙산지역은 지구에게 자연 대기 상태를 공급한다. 그 빙산지역이 우주로 태양빛을 돌려보내기 때문에 지구가 과열되지 않게 해준다. 틀림없이, 남극대륙은 조심스럽고 통제된 과학연구를 위한 장소로 보존되어져야 한다. 우리는 관광 때문에 지구에 어떠한 위험을 초래하게 할 수 없다. 이 약하고 중요한 지구의 한 지역을 보호하기 위한 유일한 방법은 남극대륙으로 여행을 가는 것을 멈추게 하는 것이다.   **정답** ④

Check

▶ **금지 · 방해 동사 구문**

'keep, stop, prevent, prohibit' 과 같은 동사들은 'A(목적어)+from ing/ 명사' 구조를 취하는데, 'A가 ~하지 못하게 하다'로 해석해 주면 된다.

They *keep the Earth from getting* too hot.
그들은 지구가 과열되지 않게 해준다.

15 What is the major concern in this passage?

The court says nothing's more complex than black and white, and children and love to mixture have a heartbreaking dilemma. The subject is quite simply black babies taken in by white families. A number of black social workers say it should never happen that heritage supersedes any emotional attachment. And there's no more emotional debate going on in Minnesota. It's a bitter tug of war with children as the prize.

① child psychology   ② a tug of war
③ counseling service   ④ interracial adoption

16 다음 글의 주된 내용은?

Some people become blind because a part of the eye called the cornea doesn't let in enough light. The cornea becomes clouded over. These people can be made to see again, however, if they are able to get clear corneas to let in the light. The blind must get the corneas from people with healthy eyes - people who agree to let blind people use their eyes after they die.

① Why corneas get clouded over?
② Why healthy eyes need more light?
③ How people can see better?
④ How clear corneas can help the blind?

 Check

15 [주제] 다음 글의 주제로 가장 적절한 것은 무엇인가?

어구 **complex** 복잡한 | **mixture** 혼합물 | **heartbreaking** 가슴을 저미는(agonizing) | **take A in** A를 집에 머물게 하다, 입양하다, 이해하다, 흡수하다, 속이다 | **heritage** 운명, 유산, 상속 | **supersede** 대신하다(take the place of, supplant) | **attachment** 애정, 집착 | **a tug of war** 주도권 다툼, 줄다리기 [보기] **interracial** 다른 인종간의, 인종이 혼합된

해설 ①아동심리학 ②주도권 싸움 ③지도 상담 서비스 ④다른 인종간의 입양

◎ 흑인과 백인의 문제, 그리고 아이들이 섞여버린 사랑이 가슴을 아프게 하는 딜레마라는 내용은 백인 가족이 흑인아이를 입양하면서 발생하는 다른 인종간의 입양임을 말한다. 따라서 이 글은 인종간의 입양에 관한 것이 주제이다.

해석 법원은 흑인과 백인의 문제보다도 더 복잡한 것은 없다고 밝힌다. 그리고 아이들과 뒤섞인 사랑은 가슴 아프게 하는 딜레마를 가지고 있다. 문제는 아주 단순하게도 백인 가족들이 입양한 흑인아기들이다. 많은 흑인사회인들이 말하기를 운명이 어떠한 감정상의 애정을 대신하는 일이 결코 발생해서는 안 된다고 한다. 그리고 Minnesota에서 전개되는 더 이상의 논쟁은 없다. 그것은 아이들을 상장이라고 하는 혹독한 줄다리기이다. **정답** ④

▶**주어를 부정하는 비교급 구문은 최상급의 내용을 전달!**

부정주어+비교급+than
= 비교급+than any other + 단수명사
= 비교급+than all the other + 복수명사

Nothing's more complex *than* black and white.

= Black and white are *more* complex *than any other* thing.

= Black and white are *more* complex *than all the other* things.

= Black and white are *the most* complex.
흑인과 백인의 문제가 가장 복잡하다.

16 [주제]

어구 **blind** 눈이 먼, 맹목적인 | **cornea** 각막 | **let in** 들여보내다 | **clouded** 흐린, 우울한 | **healthy** 건강한 | **agree to R** ~하는 데 동의하다

해설 ①왜 각막이 흐려지는가?
②왜 건강한 눈이 더 많은 빛을 필요로 하는가?
③사람들이 어떻게 보다 더 잘 볼 수 있을까?
④깨끗한 각막이 어떻게 맹인들을 도울 수 있을까?

◎ 맹인일지라도 깨끗한 각막이 있다면 시력을 회복할 수 있다는 내용이 이 글의 주제이다. ③의 내용은 '보통인의 시력이 더 좋아지는 방법'을 말하므로 함정에 불과하다.

해석 몇몇 사람들은 각막이라 불리는 눈의 한 부분이 충분한 빛을 들여보내지 않기 때문에 장님이 된다. 각막이 덮이는 것이다. 그러나 만일 깨끗한 각막이 빛을 들여보내게 할 수 있다면 이 사람들은 다시금 시력을 회복할 수 있다. 맹인들은 건강한 눈을 가졌고 자신들이 죽은 이후에 그 눈을 맹인들이 사용해도 된다고 동의한(=사후 눈 기증에 동의한) 사람들로부터 각막을 이식받아야만 한다. **정답** ④

▶ **사역동사의 수동태**

make 동사가 사역동사로서 쓰일 경우 능동태에서는 목적보어 자리에 동사원형이 위치하지만, 수동태 전환 시 'be made to R' 구조를 취하게 된다.

To let in the light can *make* these people see again.

= These people can *be made* to see again.

⇨ 본문에서는 수동태 전환 바로 뒤에 의미상의 주어인 to let in the light가 생략되어 있는데, 그 이유가 바로 if 절 이하에서 to let in the light가 등장하기 때문이다.

17 Which of the following is the best title for the passage?

Noah Webster's goal in life was to promote the adoption of an American language. He wanted to free Americans from British English as they had freed themselves from the British crown. To this end he published a series of three textbooks : a speller in 1783, a grammar in 1784, and a reader in 1785. Webster objected to the way certain words had been borrowed from other languages but had not been repelled. The result, he claimed, was a confusing mixture of letters, many of which were not pronounced the way they looked, and others of which were not pronounced at all. Webster urged Americans to simplify their spelling. For example, he argued that "head" should be spelled "had" and "bread" should be spelled "bred". Most of Webster's suggestions did not catch on, but his textbooks sold millions of copies.

① The three books of Noah Webster
② Noah Webster and the Adoption of an American Language
③ Simplification of Spelling
④ American English and british English

18 What is the best title for the following passage?

Work is desirable, first and foremost, as a preventive of boredom, for the boredom that a man feels when he is doing necessary though uninteresting work is regarded as nothing in comparison with the boredom that he feels when he has nothing to do with his days. With this advantage of work another is associated, namely that it makes holidays more delicious when they come. Provided a man does not have to work so hard as to impair his vigor, he is likely to find more zest in his free time than an idle man could find.

① Work and Boredom   ② Danger of Boredom
③ Merits of Work   ④ Value of Free Time

17 [제목] 다음 글의 가장 적절한 제목은 무엇인가?

어구 **adoption** 채용, 채택 | **free** 구원하다, 자유롭게 하다 | **object** 반대하다 | **repel** 격퇴하다, 반박하다(rebuff) | **confusing** 혼란스러운 | **pronounce** 발음하다 | **spell** 쓰다, 판독하다 | **catch on** 인기를 얻다, 이해하다 | **textbook** 교과서 〔보기〕 **simplification** 단순화 | **adoption** 채택

해설 ① Noah Webster의 세 권의 책
② Noah Webster와 미국 영어의 채택
③ 스펠링의 간소화
④ 미국 영어와 영국 영어

◑ Noah Webster가 미국식 영어의 채택을 위해 기울인 여러 노력들이 이 글의 주제이다. ①, ③은 그 노력들의 예에 불과할 뿐, 글의 전체 주제가 될 수는 없다.

해석 Noah Webster의 인생 목표는 미국식 영어를 채택하는 것을 진전시키는 것이었다. 그는 미국인들을 영국식 영어로부터 해방시키기를 원했다. 마치 그들이 영국의 왕관으로부터 자신들을 해방시킨 것처럼. 이 목표를 위해 그는 세 권의 교본을 시리즈로 출판했다: 1783년에 철자 교본. 1784년에 문법 교본, 그리고 1785년에 독법 교본이었다. Webster는 어떤 어휘들을 다른 언어로부터 빌려오기만 하고 저항하지 않았던 방식에 반대했다. 그가 주장하건데, 그 결과는 문자의 혼란스러운 혼합이었다. 문자 중 많은 것들은 생긴 것처럼 발음되지 않았다. 문장 중 다른 것들은 전혀 발음되지 않았다. Webster는 미국인들이 철자를 단순화할 것을 촉구했다. 예를 들어서, 그는 "head"는 "had"로, "bread"는 "bred"로 쓰여야 한다고 주장했다. Webster의 제안 대부분은 인기를 얻지는 못했다. 그러나 그의 교본들은 수백만 부가 팔렸다.

정답 ②

▶ 부정대명사 + of which/whom + 동사

'부정대명사 + of which/whom'은 콤마 뒤에서 '계속적 용법'으로만 쓰이며, 이때의 관계대명사를 접속사 + 대명사로 생각해보면 이해에 도움이 된다.

The result was a confusing mixture of letters, *and* many of *them* are not pronounced.

= The result was a confusing mixture of letters, many of *which* are not pronounced.

The result was a confusing mixture of letters, *and* others of *them* were not pronounced.

= The result was a confusing mixture of letters, others of *which* were not pronounced.

---

18 [제목] 다음 글의 가장 적절한 제목은 무엇인가?

어구 **desirable** 바람직한 | **first and foremost** 최우선적으로 | **preventive** 예방책 | **boredom** 권태(tedium, ennui) | **uninteresting** 재미없는 | **nothing** 사소한 것, 시시한 것 | **in comparison with** ~과 비교하여 | **have nothing to do with** ~과 아무 관련이 없다 | **namely** 즉, 다시 말하자면(that is to say) | **delicious** 맛있는, 유쾌한 | **provided** 만일 ~라면(접속사) | **impair** 해치다 | **vigor** 활기 | **zest** 열정 | **idle** 게으른 〔보기〕 **free time** 여가시간(spare time)

해설 ① 일과 권태 ② 권태의 위험 ③ 일의 장점들 ④ 여가시간의 가치

◑ 이 글의 주제는 일의 장점들인 두 가지를 설명하는데, 첫째, 권태의 예방책, 둘째, 달콤한 휴일을 기다릴 수 있게 해준다는 내용이다. 따라서 일의 장점들이 제목으로서 합당하다.

해석 일은 지루함에 예방책으로서 가장 바람직하다. 왜냐하면 사람이 흥미를 불러일으키지는 않지만 필요한 일을 하고 있을 때 느끼는 지루함은 사람이 자신의 생애를 가지고 할 일이 없을 때 느끼는 따분함과 비교하면 아무것도 아닌 것으로 간주되기 때문이다. 다른 것이 이러한 일의 장점과 관련되어 있다. 말하자면 휴일이 올 때 일은 휴일을 더 달콤하게 만든다는 것이다. 만일 사람이 자신의 활기를 해칠 정도로 열심히 일할 필요가 없다면. 그는 할 일 없는 사람이 찾을 수 있는 것보다 더 많은 열정을 자신의 여가시간 중에 발견할 것이다.

정답 ③

▶ 동격의 that 절

종속 접속사 that 절은 완전한 문장을 이끌어 앞에 위치한 특정 명사와 동격을 이룰 수 있다.

Another is associated, namely *that* it makes holidays more delicious.

⇨ 접속부사 namely를 통해서 앞의 명사 another와 콤마 이하의 that 절을 동격으로 이끌어 준다.

19 Which is the best topic of the following passage?

An ecosystem, such as a tropical rain forest, does not suddenly appear overnight. It develops over decades or centuries. Ecosystems mature, just as people do, from infants to adults. An open field will eventually turn into a forest, but first it must go through several stages, similar to human's developmental stages.

① tropical ecosystems
② ecosystems in danger
③ relations between ecosystems
④ development of an ecosystem
⑤ ecosystems and human beings

20 Which of the following is most likely to the topic of the passage?

The meaning a speaker intends to communicate may be quite different from the meaning conveyed by the actual word, phrases, and sentences. For example when a foreigner lays down his fork and says, "Vegetables not thoroughly cooked retain a certain acidity," he is not making a general statement about vegetable cookery but voicing a criticism of American food. We can never, of course, be certain about intention of a speaker, but we must always be prepared for the fact that what a person is saying is not always exactly what he or she means.

① The concept of intercultural communication
② Foreign diners picky about American food.
③ The differences of eating habits between American people and foreigners
④ The difference between the intended and the conveyed meanings
⑤ The appropriate use of language in multi-cultural context

19 [주제] 다음 글의 주제로 가장 적절한 것은?

어구 ecosystem 생태계 | **suddenly** 갑자기 | **infant** 어린이 | **mature** 성숙해지다; 성숙 | **just as** 마치 ~하듯이(접속사) | **turn into** ~으로 변하다 | **go through** 경험하다, 겪다 | **developmental stage** 발달 단계

해설　① 열대우림의 생태계
　　② 위험에 빠진 생태계
　　③ 생태계 간의 관계
　　④ 생태계의 발전
　　⑤ 생태계와 인간

　　○ 생태계의 발전은 서서히 장기간에 걸쳐서 이루어지는 것이 주제이다. ⑤ 보기에 등장하는 인간은 단지 '생태계의 성장이 인간처럼 단계적으로 성숙해진다는 비교 대상일 뿐', 인간까지 주제로서 다룬 것은 아니다.

해석　열대 우림과 같은 생태계는 하룻밤 사이에 생기는 것이 아니다. 그것은 수십 년 혹은 수백 년에 걸쳐서 발전하는 것이다. 생태계도, 사람들과 마찬가지로, 어린이로부터 성인으로 커가는 것이다. 넓은 들판이 결국은 숲으로 변하게 되지만, 먼저 인간의 발달 단계와 비슷한 여러 단계를 거쳐야 한다.　　**정답** ④

20 [주제] 이 글의 주제로 가장 적절한 것은 무엇인가?

어구 convey (짐, 의미 등을) 전달하다 | **sentence** 문장, 판결, 처형 | **lay down** 내려놓다, 규정하다 | **thoroughly** 철저히 | **retain** 보류하다 | **acidity** 신맛, 산성 | **general** 일반적인; 장군, 장관 | **cookery** 요리법 | **voice a criticism** 비평을 토로하다 | **be certain about** ~에 대해 확신하다 | **be prepared for** ~을 염두에 두다 [보기] **intercultural** 문화간의 | **picky** 까다로운 (fussy, choosy) | **appropriate** 적절한; (특정 목적을 위해) 충당하다, 예산지출을 승인하다, 횡령하다, (남의 생각 등을) 도용하다 | **multi-cultural** 복합문화의 | **context** 상황, 전후 관계

해설　① 문화간의 의사소통의 개념
　　② 미국 음식에 대해 까다로운 식사하는 외국인
　　③ 미국인들과 외국인들 사이의 음식 습관의 차이점
　　④ 의도된 의미와 전달된 의미의 차이점
　　⑤ 복합문화 상황에서 언어의 적절한 이용
　　○ 이 글의 주제는 화자가 의도한 의미와 실제로 전달된 의미의 차이점을 인식해야 한다는 것이다.

해석　화자가 의사 전달을 하려는 의미는 실제 단어, 구, 문장이 전달하는 의미와는 상당히 다를지도 모른다. 예컨대, 어떤 외국인이 자신의 포크를 내려놓고 말하기를, "완전히 요리되지 않은 야채는 일종의 신맛이 난다."라고 말할 때, 그는 야채 요리에 대해 일반적인 진술을 하고 있는 것이 아니라 미국 음식에 대한 비평을 토로하고 있는 것이다. 물론, 우리는 그 화자의 의도에 대해 정확히 알 수 없지만, 어떤 사람이 말하고 있는 것이 언제나 그들이 의미하는 것은 아니라는 사실을 우리는 언제나 염두에 두고 있어야만 한다.　　**정답** ④

Check

▶ **대동사 역할을 하는 do**

do 동사는 앞서 나온 일반 동사가 이하에서 반복될 때, do 동사만을 이용해서 간소화시킬 수 있다.

Ecosystems mature, just as people mature.

= Ecosystems *mature*, just as people *do*.

⇒ mature라는 동사가 문장 안에서 또 반복되므로 do 동사가 대신해 쓰인 것이다.

▶ **관계대명사 what의 역할**

what은 불완전한 문장을 갖추어서 문장 내에서 '주어, 목적어, 보어' 역할을 수행하게 된다.

the fact/ 선행사

that what a person is saying is not always exactly what he or she means/ 동격의 that절

⇒ 동격의 that 절이 선행사 the fact와 동격을 이루고 있으며, 다시 그 that 절 안에 what a person is saying이라는 명사절이 '주어' 역할을 수행하며, is 동사의 보어로서 what he or she means라는 명사절이 위치해 있다. not always exactly는 부사구일 뿐이다.

21 Which of the following is the best title for the passage?

Despite abundant harvests in most of the world for the past two years, hunger and malnutrition persist. More than half a billion people suffer from these two scourges. Half of them are children.

Famine is part of their daily lives. I sense in our country today a growing concern about the persistence of poverty, malnutrition and injustice in a world of plenty. I firmly believe we cannot continue to let people go without enough to eat when it is possible to prevent it.

We must make a commitment to help to break the bonds of poverty and injustice which imprison them.

① Hunger, Malnutrition and Children
② People's Growing Concern
③ Commitment to Liberate People from Poverty and Social Injustice
④ Belief in an World of Plenty
⑤ Famine and the Bonds of Poverty

22 Which of the following best expresses the idea of the writer?

I would certainly sooner live in a monotonous community than live in a world of universal war, but I would sooner be dead than live in either of them. My heart is in the world of today, with its varieties and contrasts, with its blue and green faces, and my hope is that, through courageous tolerance, the world of today may be preserved.

① Preference for a monotonous life
② Preservation of world peace
③ Varieties and contrasts of the world
④ The necessity of courageous tolerance

Check

21 [제목] 이 글의 적절한 제목은 무엇인가?

어구 **abundant** 풍부한 | **harvest** 수확 | **hunger** 굶주림 | **malnutrition** 영양실조 | **persist** 주장하다(in), 지속되다 | **scourge** 천벌, 재해(catastrophe, disaster) | **famine** 기근 | **sense** 감지하다 | **persistence** 끈덕짐, 집요함(perseverance, doggedness) | **poverty** 빈곤 | **injustice** 부정, 불법 | **firmly** 강하게, 확고히 | **let ~ go** 해방시키다, 내버려두다, 방치하다 | **make a commitment to R** ~에 헌신을 다하다 | **bond** 속박, 유대, 끈 | **imprison** 감금하다, 구속하다 [보기] **liberate** 해방시키다

해설 ① 굶주림, 영양실조와 아이들
② 사람들의 증가하는 걱정
③ 사람들을 기근과 부정 행위로부터 해방시키는 노력
④ 풍요로운 세상에 대한 믿음
⑤ 기근과 가난의 동맹

◎ 전반부에는 기근과 부정 행위에 대한 문제를 제기하고, 후반부에서 도움을 통해서 문제를 해결해야 한다는 문제 해결책이 제시되었으므로 주제는 '기근과 부정 행위의 위험에 처한 사람들에 대한 도움의 노력' 이 주제로서 옳다.

해석 지난 2년 동안 세계 대부분의 지역에서의 풍부한 수확에도 불구하고 기아와 영양실조가 만연하다. 5억 이상의 사람들이 기아와 영양실조를 겪고 있다. 그 절반이 아이들이다. 기근은 그들의 생활이다. 오늘날 우리나라에서 빈곤과 영양실조와 부정이 풍요로운 세계 속에서 끈덕지게 나타나는 것에 대한 관심이 증가하고 있는 점을 나는 느낀다. 나는 우리가 그것을 막을 수 있을 때, 사람들이 충분히 먹지 못하고 살도록 계속 내버려 둘 수는 없다고 강하게 믿는다. 우리는 그들을 속박하고 있는 빈곤과 부정의 굴레를 깰 수 있도록 도와주기 위해 노력해야 한다. **정답 ③**

▶가주어 it

possible, necessary, urgent, important는 가주어 it을 형식상 주어로 취하고 저 형용사들 뒤에 진주어를 위치시킬 수 있다.

<u>It</u> is possible <u>to prevent it</u>.
가주어　　　　　진주어

22 [주제] 작가의 생각을 가장 잘 표현한 것은?

어구 **would sooner ~ than ~** ~하느니 차라리 ~하는 게 낫다 | **monotonous** 단조로운, 지겨운 | **variety** 변화, 다양성 | **contrast** 대조, 차이 | **blue** 우울한 | **green** 생기 있는, 활기찬 | **courageous** 용감한(dauntless, intrepid, chivalrous) | **tolerance** 관용, 아량 | **preserve** 보존하다 [보기] **preference** 선호 | **necessity** 필요성

해설 ① 단조로운 삶에 대한 선호　　　② 세계평화의 보존
③ 세계의 다양성들과 차이점들　　　④ 용감한 관용의 필요성

◎ 마지막 문장을 통해서, 용기 있는 관용을 통해서 세계평화의 보존이 이루어지길 소망한다는 내용이 주제가 된다. ④의 용감한 관용은 세계평화의 보존의 수단에 불과하므로 주제는 될 수 없다.

해석 나는 틀림없이 세계대전이 벌어지는 세상보다 단조로운 사회에서 살고자 한다. 그러나 나는 어느 한쪽에서 살 바에는 죽는 편이 더 낫다. 내 마음은 다양하고 상반되게, 우울하고 활기찬 얼굴을 가진 채, 오늘날의 세상에 있다. 나의 희망은 용기 있는 관용을 통해서 현재의 세상이 보존되는 것이다. **정답 ②**

▶would sooner A than B

would sooner A than B는 'B 하느니 차라리 A하는 게 낫다'는 뜻으로서, A와 B에는 각기 동사원형이 위치해야 한다.

I *would* certainly *sooner* live in a monotonous community *than* live in a world of universal war.

⇒ live 동사 두 개가 각기 동사원형으로 비교되고 있다.

□ 다음 글을 읽고 물음에 답하시오.

For hundreds of years in Europe, religious art was almost the only type of art that existed. Churches and other religious building were filled with paintings that depicted people and stories from the Bible, the Jewish and Christian holy book. Although most people couldn't read, they could still understand biblical stories in the pictures on church walls. By contrast, one of the main characteristics of art in the Middle East was its __________ of human and animal images. This reflects the Islamic belief that statues are unholy. By Islamic law, artists are not allowed to copy human or animal figures except on small items for daily use. Thus, on palaces, mosques, and other buildings, Islamic artists have created unique decoration of great beauty with images of flowers and geometric forms.

23 What is the best title for the above passage?

① The Influence of Christian Art on Human Spirit
② Islamic Designs and Arabic Writing
③ Christian Images in Churches
④ Art as a Reflection of Religious Beliefs
⑤ The Correlation between Islamic Art and Islamic Law

24 Which one is the most appropriate in the blank?

① existence
② significance
③ absence
④ variety
⑤ introduction

어구 religious 종교의 | be filled with ~으로 가득 차다 | painting 그림 | depict 묘사하다 | holy 신성한 | biblical 성경의 | by contrast 이와는 대조적으로 | characteristic 특징; 특징적인 | reflect 반사하다, 반영하다 | statue 형상, 형태, 외관 | unholy 신성하지 못한 (profane, ungodly) | figure 숫자, 모양, 인물 | palace 궁전 | mosque 사원 | geometric 기하학적인 [보기] correlation 상호관계 | absence 부재, 결석, 존재하지 않음

해설
23_[제목] 윗글의 적절한 제목은?

① 인간의 정신에 대한 기독교인들의 영향력
② 이슬람의 디자인과 아라비아 문자
③ 교회 안에서의 기독교인들 모습
④ 종교적 믿음을 반영한 예술
⑤ 이슬람 예술과 이슬람 법 사이의 상호관계

◎ 유럽의 종교예술과 중동지역의 종교예술을 비교한 글로서, 종교의 신앙이 예술에 어떻게 반영되는가에 관한 내용이 주제이다.

정답 ④

24_[문장완성] 괄호 안에 들어갈 가장 적절한 말은?

① 존재
② 중요성
③ 존재하지 않음
④ 다양성
⑤ 도입

◎ '역접-대조'의 논리 장치인 'by contrast'에 의해서 앞서 나왔던 '성경 속의 사람들의 이야기가 존재했다는 내용'과 반대말인 'absence(존재하지 않음)'이 옳다.

정답 ③

해석 수백 년 간 유럽에서, 종교예술이 존재하는 거의 유일한 형태 예술이었다. 교회나 다른 종교적 건물들은 유대 그리스도교의 성스러운 책인 성경에 나오는 이들과 이야기들을 나타낸 그림들로 가득했다. 대부분의 사람들은 글을 못 읽었을지라도 교회벽화 속에 니다난 성서의 이야기들을 이해할 수 있었다. 이와는 대조적으로 중동지역의 예술 특징 중 하나는 사람이나 동물의 형체가 보이지 않는다는 것이다. 이것은 형상은 신성하지 못하다는 이슬람교의 신앙을 나타내는 것이다. 이슬람교의 법에 의해 예술가들은 일상생활에 사용하는 작은 물건 같은 것을 제외하고는 사람이나 동물의 형상을 그릴 수 없었다. 그래서 궁전, 사원이나 건물 위에 이슬람 예술가들은 꽃이나 기하학적 형태와 같은 상들을 특이하고 아름답게 장식했다.

Check

▶ **동격**

동격은 '명사, 명사'처럼, 명사를 동격으로 처리할 경우 콤마(,)만으로 연결할 수 있다. 이 경우 '주격관계대명사+be동사'가 생략된 것으로 보는 것이 일반적이다.

Paintings depicted people and stories from *the Bible*, (which is) the Jewish and Christian *holy book*.

⇒ the Bible과 the book이 동격으로 콤마만 가지고서 연결된 상태인데, 그 book을 'Jewish and Christian'이 수식해주는 형태이다.

□ 다음 글을 읽고 물음에 답하시오.

Anger, fear, or the shock of sudden sorrow brings physical changes in our bodies. The digestion is shut down, and the blood pressure is raised. The heart speeds up and the skin becomes cold. Maintained over a prolonged period, this emergency status makes the body--and the personality–tight, dry, and rigid. In people who are afraid to let themselves __________ forth their painful emotions, doctors find the suppressed tears can trigger such ailments as asthma, migraine headache and many others.

25 Choose the best title according to the above passage.

① Physical Changes in Our Bodies
② Physical Emergency Status
③ Interaction between Body and Mind
④ Personality Crisis in Youth
⑤ Mental Disease and Treatment

26 Choose the expression that is most appropriate for the blank.

① pouring
② pour
③ to pour
④ to be poured
⑤ being poured

어구 anger 분노 | fear 공포 | sorrow 슬픔 | digestion 소화 | shut down 제지하다, 방해하다, 닫다 | blood pressure 혈압 | prolonged 오래 지속되는, 장기의 | emergency status 비상사태 | personality 성격, 인물 | tight 긴장된 | rigid 완고한(exact, unbending), 경직된 | be afraid to R (겁이 나서) ~을 못하다, ~을 겁내다 | painful 고통스러운 | trigger ~을 야기하다, 방아쇠를 당기다; 방아쇠, 자극, 유인 | ailment 병, 불쾌함 | asthma 천식 | migraine headache 편두통 [보기] interaction 상호작용 | personality crisis 성격장애 | youth 청춘 | pour forth ~을 쏟아 붓다

▶ **such A as B**

'B와 같은 A' 의 표현은 'such A as B = A such as B = A like B' 형태로 쓰인다.

The suppressed tears can trigger *such* ailments *as* asthma, migraine headache and many others.

= The suppressed tears can trigger ailments *such as* asthma, migraine headache and many others.

= The suppressed tears can trigger ailments *like* asthma, migraine headache and many others.

해설 **25_[제목] 위 글의 적절한 제목을 고르시오.**

① 우리 몸의 신체적 변화
② 신체의 비상사태
③ 신체와 정신의 상호관계
④ 젊은이의 성격장애
⑤ 정신병과 치료

◎ 분노, 슬픔과 같은 정신상태가 신체에 변화 및 병들을 야기하는 내용이 이 글의 주제이므로 제목 또한 그 내용의 범위에 맞는 '신체와 정신의 상호관계' 가 옳다.

정답 ③

26_[문장완성] 괄호 안의 적절한 표현을 고르시오.

let은 목적어와 목적보어의 관계가 능동이면 '동사원형' , 그렇지 않고 수동의 관계라면 be pp' 형태를 취한다. 'put forth' 는 구동사로서 '명사목적어' 가 필요한 타동사이다. 이하에 their painful emotions' 라는 목적어가 위치했으므로 능동태인 '동사원형' 이 옳다.

◎ ex) Don' t *let* anyone *know* that it was me who told you.
   I stupidly *let* myself *be persuaded* to take part in a live debate.

정답 ②

해석 분노, 공포, 또는 갑작스러운 슬픔의 충격은 우리의 신체의 육체적 변화를 야기한다. 소화가 안 되고, 혈압이 상승한다. 심장 박동이 빨라지고, 혈색이 창백해진다. 장기간 계속된다면, 이 긴급 상황은 몸과 성격을 긴장시키고 건조하며 경직되게 한다. 자신의 고통스러운 감정을 쏟아내지 못하는 사람들에게는, 억눌린 눈물이 천식이나 편두통과 같은 많은 병들을 야기할 수 있음을 의사들이 알아냈다.

▫ 다음 글을 읽고 물음에 답하시오.

Science must be supplemented by philosophy if the means that science gives us are to be used for worthwhile ends. Many people today think that philosophy is useless as compared with science, because it cannot be applied in the production of things or in the control of means. But philosophical knowledge is useful in a quite different and, in my judgement, superior way. Its utility or application is __________, not technical or productive. Where science furnishes us with means we can use, philosophy directs us to ends we should seek.

27 Which one is the most appropriate in the blank?

① practical
② theoretical
③ moral or directive
④ educational and practical
⑤ constructive or informative

28 Which of the following is most likely to the topic of the passage?

① Science can save the world.
② Philosophy is important in our age.
③ Man can do nothing to save himself.
④ Philosophy makes science unnecessary.
⑤ Science should be uppermost in any culture.

어구   supplement 보충하다 | means 수단, 방법 | be used for ~을 위하여 사용되다 | worthwhile 가치 있는 | useless 무익한 | in the control of ~을 관리하는 | utility 유용성 | application 응용 | furnish A with B A에게 B를 제공하다 [보기] theoretical 이론상의 | moral 도덕적인 | educational 교육적인 | constructive 건설적인, 구조적인 | informative 정보를 제공하는 | unnecessary 불필요한 | uppermost 최고의(foremost, topmost)

▶ B, (and) not A = not A but B

'not A but B' 구문은 'B, (and) not A'로 바뀔 수 있다. 해석은 'A가 아니라 B'로 하면 된다.

Its utility or application is *not* technical or productive *but* moral or directive.

= Its utility or application is moral or directive, *not* technical or productive.

해설   **27_[문장완성] 괄호 안에 가장 적절한 것은?**

① 실용적인
② 이론적인
③ 도덕적이거나 지도하는
④ 교육적이고 실용적인
⑤ 건설적이거나 정보를 제공하는

◎ 'B, not A' 구문에 의하여 'technical' 과 'productive'의 반대말이 나와야 하며, 다음 문장에서 목표까지 '지도하는(direct)' 이라는 내용과 순접의 어휘가 필요하다. 그러기 위해서는 '도덕적이고 지도하는' 이라는 보기항 3번이 가장 적합하다.

정답 ③

28_[주제] 위 글의 가장 적절한 주제는 다음 중 무엇인가?

① 과학은 세상을 구원할 수 있다.
② 철학은 우리의 시대에서 중요하다.
③ 인간은 자신을 구원하기 위해 아무 것도 할 수 없다
④ 철학은 과학을 불필요하게 만든다.
⑤ 과학은 어느 문화에서라도 최고의 지위에 있어야만 한다.

◎ 철학은 과학 못지않게 다른 방식으로 우리에게 유용하다는 것이 이 글의 주제이다.

정답 ②

해석   과학이 우리에게 주는 수단이 가치 있는 목적을 위하여 사용되어지려 한다면 철학이 과학을 보충하여야만 한다. 철학이 물건을 생산하거나 수단을 통제하는 데 적용될 수 없기 때문에, 많은 사람들은 철학이 과학과 비교하여 쓸모없는 것이라고 생각한다. 그러나 내 판단에 의한다면, 철학적 지식은 상당히 다르고 우월한 방식을 통해서 유용하다. 철학적 지식의 효용성과 응용은 기술적이거나 생산적인 것이 아닌 도덕적이거나 교훈적인 것이다. 과학이 우리가 사용할 수 있는 수단을 우리에게 제공하는 곳에서, 철학은 우리가 추구해야 할 목적을 향해 우리를 안내한다.

□ Read the following passage and answer the questions.

Many species of animals are very fussy about their food. Carnivorous animals, like lions and tigers and cats and dogs, could not survive on diets composed chiefly of vegetables. Partly this ________ because they would not in fact eat such diets. But partly it is also because, though the foods might give them all the necessary nutrients, they just could not digest them sufficiently for them to be absorbed.

The same sort of thing is true about herbivorous animals, like the elephant, the giraffe, the rabbit, and the cow, none of which will live on a purely carnivorous diet.

29 위 글의 빈 칸에 들어갈 가장 알맞은 것은?

① bring up
② come about
③ go by
④ pass by

30 위 글의 제목으로 가장 알맞은 것은?

① Diets
② Carnivorous Animals
③ Nutrition
④ Eating Habits of Animals

□ 다음 글을 읽고 물음에 답하시오.

어구 fussy 까다로운 | carnivorous 육식의 | diet 식사 | partly 부분적으로 | nutrient 영양분 | digest 소화하다 | absorb 흡수하다 | herbivorous 초식의 | giraffe 기린 | purely 순수하게, 순전히 [보기] bring up 키우다 | come about 발생하다 | go by 지나가다 | pass by 지나가다, 눈감아주다

해설 **29 〔문장완성〕**

① 키우다
② 발생하다
③ 지나가다
④ 지나가다

◎ 동물들이 먹는 음식에 대해서 까다롭다는 자세한 이유를 설명하므로, '발생'의 설명이 가장 옳다.

정답 ②

30 〔제목〕

① 식사
② 육식동물들
③ 영양분
④ 동물들의 음식 습관들

◎ 각 단락에서 육식동물들과 초식동물들의 '식사 습관'을 설명하면서, 동물의 종에 따라 먹는 종류가 다르다는 내용이 주제가 된다.

정답 ④

해석 많은 종의 동물들은 먹는 음식에 대해서 매우 까다롭다. 사자, 호랑이, 고양이, 개와 같은 육식동물들은 채소로 이루어진 음식으로는 생존할 수가 없게 된다. 이러한 경우가 생기는 것은 한편으로는 육식동물들이 그런 식사를 잘 하지 않기 때문이기도 하지만 또 한편으로는 그런 음식이 필요한 영양분을 모두 공급해 줄 수 있다고 해도 육식동물이 그 영양소들을 다 흡수시킬 정도로 그 음식물들을 충분히 소화시킬 수 없기 때문이다.
코끼리, 기린, 토끼, 소와 같은 초식동물들의 경우도 마찬가지이며, 순전히 육식으로 살아갈 동물들은 전혀 없다.

Check

▶ **부정대명사 of + which/ whom + 동사 구문**

부정대명사 'some, all, each, much, many + of which/ whom'은 'and some, all, each, much, many + of 대명사의 목적격'과 같은 구문이다.

The same sort of thing is true about herbivorous animals, *and* none *of them* will live on a purely carnivorous diet.

= The same sort of thing is true about herbivorous animals, none *of which* will live on a purely carnivorous diet.

Chapter

2

요지 · 주장

제2장
요지 · 주장

1. 유형 정의

주제가 '이 글이 무엇에 관한 것인가에 대한 답'이라면, 요지는 '이 글을 통해 무엇을 전달하려 하는가에 대한 답'이라고 정의내릴 수 있다. 즉, 글의 중심 사상이 글의 요지가 되는 것이며, 주제문이 가리키는 내용의 중심이 되는 생각을 하나의 문장으로 요약해 놓은 것을 말한다.

2. 공략 방법

(1) 요지는 '1장 주제 ·제목'에서 다룬 바와 같이 글의 지문 속에 있는 주제문을 발견하는 것이 우선 순위이다.

(2) 대부분의 영어 글은 두괄식이나 미괄식이지만, 중괄식이나 양괄식을 취하는 경우도 많다. 주제문이 명백히 비춰지지 않는 글의 경우 논리적인 추론을 통하여 필자의 요지와 주장을 추론해야 한다.

(3) '1장 주제 · 제목'에서 설명했던 것과 마찬가지의 맥락으로서, 요지와 주장은 일반적이면서도 분명해야 한다. 또한 보기항 중 오답은 대개가 문장의 일부분에 그치는 세부 내용들이므로, 전체내용에 해당되는 것인지 또는 일부분에 그치는 것인지 구별해야 한다.

3. 설문 유형

- Select the statement that best expresses the main idea of the passage.
- Which of the following best expresses the idea of the writer?
- Which of the following is the best summary of the paragraph?
- Which of the following is the main idea of the passage?
- What is the best summary of the paragraph?
- Which of the following would best describe the author's view in this passage?
- The author claims that __________.
- The writer says that __________.
- 다음 글에서 필자가 결론으로 말하고자 하는 것은?
- 다음 글에서 가장 잘 요약한 것은?
- 다음 글의 요지를 고르시오.

memo

1 Which of the following best expresses the idea of the writer?

Touch is the first sense we develop, and we acquire it before birth. We could not live without it. Imagine being unable to sense the danger of hot water or to feel our way down a dark stairway. We tend to think of sight as our most important sense, yet we close our eyes in sleep for a third of each day. Touch never blinks, never turns off its awareness of the world around us.

① Touch is acquired sense.
② Touch should be developed.
③ Touch is the most important sense.
④ Sight is more important than touch.

2 다음 글을 읽고 필자의 공원에 대한 견해로 가장 적합한 것을 고르시오.

City parks were originally created to provide the local populace with a convenient refuge from the crowding and chaos of its surroundings. Until quite recently, these parks served their purpose admirably. Whether city dwellers wanted to sit under a shady tree to think or take a vigorous stroll to get some exercise, they looked forward to visiting these nearby oases. Filled with trees, shrubs, flowers, meadows, and ponds, city parks were a tranquil spot in which to unwind from the daily pressures of urban life. They were places where people met their friends for picnics or sporting events, and they were also places to get some sun and fresh air in the midst of an often dark and dreary environment, with its seemingly endless rows of steel, glass, and concrete buildings.

① Parks were built in order to preserve plant life cities.
② Parks were designed with the needs of city residents in mind.
③ Parks were supposed to help people make new friends.
④ Parks were intended to allow natural light to filter into cities.

1　[요지] 작가의 생각을 가장 잘 표현한 것은?

어구　touch 촉각 | acquire 습득하다 | be unable to R ~할 수 없다(be incapable of ~ing) | feel one's way 더듬거리며 걷다 | stairway 계단 | think of A as B A를 B라고 생각하다 | blink 눈을 깜박거리다 | turn off 끄다, 잠그다 | awareness 의식 [보기] acquired 후천적인, 획득된

해설　① 촉각은 후천적 감각이다.　② 촉각은 만들어져야 한다.
③ 촉각은 가장 중요한 감각이다.　④ 시각이 촉각보다 중요하다.

　◎ 통념은 시각이 가장 중요하다고 생각하지만, 작가는 촉각이 가장 중요하다고 주장을 한다. 따라서 요지는 ③이 옳다.

해석　촉각은 우리가 발달시킨 첫 번째 감각이며 천성적으로 그것을 습득한다. 촉각 없이는 살 수 없다. 뜨거운 물이 위험하다는 것을 감지할 수 없거나 어두운 계단을 손으로 더듬어 내려갈 수 없다고 상상해 보라. 시각을 우리가 가지고 있는 가장 중요한 감각으로 생각하는 경향은 있지만, 하루에 8시간을 잠을 자는 동안은 눈을 감는다. 촉각은 결코 깜박거리지 않고, 우리 주변의 세상을 인식하는 것을 중단하지 않는다.　　　　　　　**정답 ③**

2　[요지]

어구　originally 원래는 | local 지방의, 지역의 | populace 대중, 주민 | convenient 편리한 | refuge 피난처 | crowding 북적임 | chaos 혼돈, 무질서(pandemonium) | dweller 주민 | admirably 감탄이 나오게, 훌륭히 | shady 그늘진 | vigorously 강력하게, 활발하게 | stroll 산책 | look forward to ~ing ~하기를 고대하다 | oases 오아시스, 휴식처 | shrub 관목 | meadow 목초지 | tranquil 고요한(calm, sedate) | spot 점, 장소, 오점, 단편 광고 방송 | unwind (긴장을) 풀다, 편한 마음을 갖게 하다(loosen up, take it easy) | in the midst of ~의 중앙에 | dreary 황량한 | seemingly 외형상 | row 줄 [보기] in order to R ~하기 위하여 | in mind 의도적으로 | be supposed to R ~하기로 되어 있다 | filter 스며들다, 거르다, (소문이) 새다; 여과기

해설　① 공원들은 식물들이 살아 있는 도시를 보존하기 위해서 건설됐다.
② 공원들은 본래 도시 거주자의 필요에 맞게끔 고안됐다.
③ 공원들은 사람들이 새 친구를 사귀도록 도와주기로 되어 있었다.
④ 공원은 자연의 빛이 도시로 스며들 수 있게끔 고안되었다.

　◎ 휴식처, 산책, 스트레스 해소, 신선한 공기 제공과 같은 도시 거주자들의 필요에 맞게 최초부터 고안됐다는 점이 작가의 주장이다.

해석　도시공원은 원래 그 지역 주민에게 북적임과 주변 환경의 혼돈으로부터 피할 편안한 안식처를 제공해 주기 위해서 만들어졌다. 가장 최근까지, 이 공원들은 그 목적을 훌륭하게 수행했다. 도시 사람들이 사색하기 위해 그늘이 있는 나무 아래 앉아 있기를 원하거나 어느 약간의 운동을 하기 위한 활기찬 산책을 하든지 간에, 도시 사람들이 이와 같은 근처의 휴식처들을 방문할 수 있기를 기대했었다. 나무, 관목, 꽃, 목초지 그리고 연못으로 가득 찬 도시공원은 도시생활의 일상적인 압박감으로부터 긴장이 풀리는 조용한 장소이다. 도시공원들은 소풍이나 스포츠 행사를 위해 친구들을 만났던 장소였다. 그리고 외관상으로는 강철, 유리 그리고 콘크리트 건물의 끝없이 줄지어져 있는 어둡고 황량한 환경 가운데 밝은 햇살과 신선한 공기를 얻을 수 있는 장소이기도 하다.　　　　　　**정답 ②**

Check

▶ **imagine+동명사 vs. be unable to R**

imagine 동사는 동명사를 목적어로 취하며, be (un)able은 to 부정사와 연결된다.

Imagine <u>being unable to</u>
　　　동명사 목적어
<u>sense</u> the danger of hot
to 부정사 ①
water or <u>to feel</u> our way
　　　to 부정사 ②
down a dark stairway.

⇒ imagine의 목적어인 동명사 being은 able to 부정사로 연결되며, to 부정사 두 개가 접속사 or에 의해서 병치되고 있다.

▶ **전치사+관계대명사+to R**

'전치사 +관계대명사+S+V'는 '전치사+관계대명사+to R'로 줄일 수 있다. 단, 이 경우 그 to 부정사의 의미상의 주어가 주절의 주어와 같거나 일반인 주어이어야 한다.

City parks were a tranquil spot *in which to unwind* from the daily pressures.

= City parks were a tranquil spot *in which we could unwind* from the daily pressures.

⇒ 전치사+관계대명사 절 안의 주어가 일반인인 'we'이므로 to 부정사로 줄어들 수 있다.

3 Select the statement that best expresses the main idea of the passage.

> At noon on summer day, Death Valley looks truly devoid of wildlife. But in reality, there are 55 species of mammals, 32 kinds of birds, 36 kinds of reptiles, and 3 kinds of amphibians. During the day many seek shelter under rocks and in burrows. As night approaches, however, the land cools. The desert becomes a center of animals activity. Owls hunt for mice. Bats gather insects as they fly. The little kit fox is out looking for food, accompanied by snakes, hawks, coyotes, and bobcats. Many of these animals, like the desert plants, have adapted to the dry desert. They use water very efficiently. They can often survive on water supplies that would leave similar animals elsewhere dying of thirst.

① Many kinds of reptiles live in Death Valley.

② The extinction of desert animal in Death Valley.

③ The efficient use of bad water in Death Valley.

④ Death Valley is a place full of wildlife.

3 [요지] 다음 글의 주제를 가장 잘 표현한 것을 고르시오.

어구 **devoid of** ~이 없는 | **wildlife** 야생생물 | **in reality** 실제 | **mammal** 포유동물 | **reptile** 파충류 | **amphibian** 양서 동식물, 수륙 양용 비행기, 이중인격자 | **shelter** 피난처, 주거지 | **burrow** 굴, 은신처 | **be accompanied with** ~을 동반·수반하다 | **hawk** 매 | **coyote** 코요테(이리), 악당 | **bobcat** 살쾡이류 | **adapt** 적응하다, 적응시키다 | **water supply** 급수, 상수도 | **thirst** 갈증 [보기] **extinction** 멸종(annihilation) | **efficient** 효율적인 | **be full of** ~으로 가득 차다

해설 ① 많은 종류의 파충류들이 죽음의 계곡에서 산다.
② 죽음의 계곡에 있는 사막 동물들의 멸종
③ 죽음의 계곡에서 상한 물의 효율적인 이용
④ 죽음의 계곡은 야생생명체가 많이 있는 장소이다.

◎ 죽음의 계곡에는 일반적으로 보이는 것과 달리 정말로 많은 야생동물들이 있다는 것이 이 글의 요지이다.

해석 여름 정오에 죽음의 계곡은 야생생물이 정말로 없는 것처럼 보인다. 그러나 실제로는 55종의 포유동물, 32종의 새들, 36종의 파충류, 그리고 3종의 양서동물이 있다. 낮에는 많은 야생동물들이 바위 밑과 굴 속에서 은신처를 찾는다. 그러나 밤이 다가오면, 땅이 시원해진다. 사막은 동물들의 활동 중심지가 된다. 올빼미는 생쥐를 사냥한다. 박쥐들은 날아다닐 때 곤충을 모은다. 조그만 kit fox는 밖에 나가서 뱀, 매, 코요테, 그리고 살쾡이가 동반하여 음식을 찾는다. 사막에 있는 식물들처럼 이러한 많은 동물들이 건조한 사막에 적응했다. 그들은 물을 매우 효율적으로 사용한다. 그들은 다른 장소에 있는 동종 동물들이 갈증 때문에 죽게 되는 물 공급에도 종종 생존할 수 있다. **정답** ④

Check

▶**문장 끝나고 위치한 분사의 해석 방법**

문장이 끝나고 위치한 분사의 해석은 '(그리고, 그래서) ~하다, ~되다' 또는 '~하면서, ~한 채로' 정도로 해석해 주면 된다.

The little kit fox is out looking for food/
새끼 여우가 밖에 나가서 음식을 찾는다

accompanied by snakes, hawks, coyotes and bobcats.
(그리고, 그래서) 뱀, 매, 코요테, 살쾡이를 동반한다.(또는 동반하면서)

4 The author claims that ___________.

Until the nineteenth century, when steamships and transcontinental trains made long-distance travel possible for large numbers of people, only a few adventurers, mainly sailor and traders, ever traveled out of their own countries. 'Abroad' was a truly foreign place about which the vast majority of people knew very little indeed. Early map makers therefore had little fear of being accused of mistakes, even though they were wildly inaccurate. When they compiled maps, imagination was as important as geographic reality. Nowhere is this more evident than in old maps illustrated with mythical creatures and strange humans.

① despite their unusual illustration, maps made before the nineteenth century were remarkably accurate.
② old maps had to include pictures of imaginary animals.
③ imaginative maps were often drawn before the nineteenth century because so few people had traveled abroad.
④ before the nineteenth century, map makers drew strange humans in maps because they were scared of mythical animals.

4   [주장] 작가가 주장하는 것은 무엇인가?

어구 **steamship** 증기선 | **transcontinental** 대륙횡단의 | **long-distance** 장거리 | **adventurer** 모험가 | **mainly** 주로, 대체로 | **vast** 거대한, 엄청난(colossal, immense) | **indeed** 정말로, 과연, 게다가 | **be accused of** ~때문에 비난받다, 고소당하다(be blamed for, be charged with) | **inaccurate** 부정확한 | **compile** 편집하다 | **evident** 분명한, 명백한 | **illustrate** 예증하다, 설명하다, 삽화를 넣다 | **mythical** 가공된 | **stranger** 낯선 사람, 방랑자 〔보기〕 **unusual** 이상한, 비범한 | **remarkably** 두드러지게 | **imaginary** 상상의 | **imaginative** 상상력으로 생긴, 창의력이 뛰어난 | **scare** 위협하다; 위협, 상처 | **be scared of** ~에 겁먹다

해설 ① 괴상한 삽화에도 불구하고 19세기 전에 만들어진 지도들은 매우 정확했다.
② 이전의 지도들은 상상의 동물들의 그림을 포함해야만 했었다.
③ 사람들이 거의 외국으로 여행을 나가지 못해서 19세기 전에 상상력으로 생긴 지도들이 종종 그려졌다.
④ 19세기 전에 지도 제작자들이 신화에 등장하는 동물들을 두려워해서 지도에다가 이상한 그림을 그렸다.

◎ 사람들이 거의 외국을 나가보지 못했기 때문에 19세기 이전의 지도들은 상상에 의존했다는 내용이 작가의 주장이다.

해석 증기선과 대륙 횡단 기차가 많은 사람들로 하여금 장거리 여행을 가능하게 했었던 19세기까지, 단지 몇몇 모험가들과 대체로 선원들과 상인들이 해외로 나갈 수 있었다. '해외'라는 단어는 대다수의 사람들이 정말로 거의 알지 못하는 진정한 외국이었다. 따라서 초기 지도 제작자들은 자신들이 정확하지 않다 할지라도 그 실수들 때문에 비난받으리라고 두려워하지 않았다. 그들이 지도를 편집했을 때, 상상은 지질학적 사실만큼 중요했다. 가공된 창조물들과 방랑자들로 예증된 오래된 지도들에서 이 점이 가장 두드러진다.   **정답** ③

Check

▶ **부정부사 도치**

부정어인 nowhere, never, hardly, no sooner 등이 문두에 위치하면 무조건 도치가 발생한다.

This is more evident nowhere than in old maps.

⇨ <u>Nowhere is this</u> more
  부정부사 동사 주어
<u>evident</u> than in old maps.
  보어

5 다음 글의 요지를 고르시오.

What is the purpose of education? It is to prepare the individual for the society in which he must live and to give him the power to change the society. We should not overemphasize the value of the first part. It should be one of the functions of education to preserve for the society all the values essential to it, but it is more important one to cut out the decayed values which would be harmful to a new society. Thus the school should be the inspiration to social change.

① Education should play the role in changing the society rather than in preserving its tradition.
② Education should play the role in preserving the tradition rather than in changing the society.
③ Education should play the role in reforming itself rather than in developing the society.
④ Education should play the role in developing the society rather than in reforming itself.
⑤ Education should play the role in preparing individuals rather than in preserving tradition.

5 　[요지]

어구　**overemphasize** 지나치게 강조하다(overstress, overdramatize) | **essential** 필수적인 | **cut out** 잘라내다 | **decayed** 부패한, 타락한 | **harmful** 해로운 | **inspiration** 영감, 격려(의 주체) 〔보기〕 **play the role in** ~의 역할을 담당하다 | **A rather than B** B라기보다는 A

해설　① 교육은 사회의 전통을 보존하기보다는 사회를 변화시키는 역할을 담당하여야 한다.
② 교육은 사회를 변화시키기보다는 전통을 보존하는 역할을 담당하여야 한다.
③ 교육은 사회를 발전시키기보다는 교육 자체를 개혁하는 역할을 담당하여야 한다.
④ 교육은 교육 자체를 개혁하기보다는 사회를 발전시키는 역할을 담당하여야 한다.
⑤ 교육은 전통을 보존하기보다는 개인들을 준비시키는 역할을 담당하여야 한다.

　◉ 마지막 문장이 주제문으로서, 작가는 교육이 그릇된 전통을 보전하기보다는 사회를 변화시키는데 중요한 역할을 해야 한다고 주장한다.

해석　교육의 목적이 무엇인가? 사회 안에서 살아야만 하는 개인을 사회를 위해서 준비하는 것이며, 개인에게 사회를 변화시킬 힘을 주는 것이다. 우리는 전자의 가치를 지나치게 강조해서는 안 된다. 사회에 필수 불가결한 요소들을 보전하는 것이 교육의 기능들 중 하나여야만 하지만, 새로운 사회에 해가 될 부패한 가치들을 잘라내는 것이 더욱 중요하다. 그러므로 학교는 사회가 변화하는 데 격려의 주체가 되어야 한다.　　　**정답** ①

Check

▶ **가주어 it과 진주어 to 부정사**

문장의 주어에는 형식상 it을 위치시키고, 실질적으로 전하는 내용을 to 부정사나 명사절로 위치시킬 수 있다.

It should be one of the functions of education/ 가주어 it이 이끄는 주절

to preserve <for the society> all the values (essential to it)/ 진주어 to 부정사구

= 진주어 to 부정사의 목적어 all the values 앞에 'for the society'라는 전치사구가 삽입되어 있으며, 목적어 all the values를 후치수식하는 'essential to it'이라는 형용사구가 위치해 있다.

6 The writer says that ___________.

A man who studies a particular subject may learn a lot about that subject. But a man who wants to be able to judge what is best for his country must study more than one subject. An expert mathematician will not necessarily be a better judge of foreign policy than a man who cultivates the soil.

① A politician says that a politician should study more than one subject.

② A man learned in only one subject is not always the best judge of what is good for his country.

③ Cultivators are better judges of foreign policy than expert mathematicians.

④ A country lacks more people who have studied many subjects than experts in single subject.

7 Select the statement that best expresses the main idea of the passage.

Some think that, while Confucian governments of East Asia proved to be a conspicuous obstruction to the economic development, Confucian ethics, on the other hand, are rightly extolled today as an asset of East Asia's dynamism.

① Confucianism is thought to be totally harmful to economic development.

② There is disagreement on the role of the Confucian tradition with regard to East Asia's economy.

③ Confucian ethics are a main contributing factor to East Asia's economy.

④ The ethical tradition of a nation is closely related to its economic condition.

6 [주장] 작가가 말하고자 하는 것은?

어구 **particular** 특별한, 까다로운 | **subject** 국민, 주제, 학과; ~ 받기 쉬운 | **expert** 전문가 | **mathematician** 수학가 | **be good for** ~에 유익하다, 적합하다 | **judge** 판사, 판단가 | **cultivate** 경작하다 | **soil** 흙, 토양 [보기] **learned in** ~에 유식한

해설 ① 정치인은 한 가지 이상의 전공을 공부해야 한다고 정치인이 말한다.
② 단지 한 가지 전공만 유식한 사람이 자신의 국가에 적합한 최고의 판단가가 언제나 되는 것은 아니다.
③ 경작자들은 전문 수학가들보다도 외국 정책에 더 잘 판단할 수 있는 사람들이다.
④ 국가는 한 개의 전공에 대한 전문가보다 많은 전공을 공부한 사람들이 더 부족하다.

◎ 오로지 한 과목에 대해서만 박식한 사람이 언제나 자신의 국가에 공을 세우는 최고의 판단가가 되는 것은 아니다라는 부분부정이 주제로서 옳다.

해석 한 가지 특별한 과목을 연구하는 사람은 그 과목에 대해 많은 것을 알 수 있다. 하지만 자신의 나라를 위해서 최선의 것을 판단할 수 있기를 원하는 사람은 여러 분야를 공부해야만 한다. 전문 수학가라고 해서 반드시 농사를 짓는 사람보다 외교정책에 대한 더 나은 판단을 내릴 수는 없다. **정답 ②**

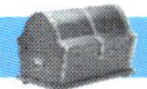

Check

▶ 부분부정

강조의 속성을 가진 'absolutely, always, altogether, completely, entirely' 등이 부정어와 결합하면 '전적으로 ~은 아니다' 라는 부분 부정으로 해석해야 한다.

An expert mathematician will *not necessarily* be a better judge.

⇒ '전문 수학가가 꼭 뛰어난 판단가가 되는 것만은 아니다.' 라는 해석이 되어, 부분적으로는 부족한 능력을 갖춘 판단가가 될 수도 있다는 내용이다.

---

7 [요지] 다음 글의 주제를 가장 잘 표현한 것을 고르시오.

어구 **confucian** 유교의, 유생 | **conspicuous** 특징적인 | **ethics** 윤리학, 윤리(관) | **obstruction** 장애물, 방애 | **rightly** 옳게, 바르게 | **extol** 찬양하다(eulogize, exalt) | **asset** 자산 | **dynamism** 역동성 [보기] **confucianism** 유교사상 | **totally** 전적으로 | **harmful** 해로운 | **disagreement** 불일치, 반대 | **with regard to** ~에 관하여 | **contributing** 공헌하는 | **closely** 밀접하게, 주도면밀히 | **be related to** ~과 관련되다

해설 ① 유교는 경제발전에 전적으로 해로운 존재로 판단된다.
② 동 아시아 경제에 관하여 유교 전통의 역할에 대한 의견 불일치가 있다.
③ 유교 윤리는 동아시아의 경제에 대하여 중요한 도움이 되는 요소이다.
④ 국가의 윤리적 전통은 경제 상황과 밀접히 연관되어져 있다.

◎ 유교 정부는 경제 발전에 해가 되지만, 유교 윤리는 경제 발전의 재산이 된다는 생각의 차이가 있다는 점은, 달리 말하자면 유교적 전통의 역할에 대하여 의견 차이가 있다는 점이 요지가 된다.

해석 몇몇 사람들이 생각하기를, 동 아시아의 유교정부가 경제 발전에 분명한 장애물이라고 판명되었을지라도, 유교사상의 윤리성은 동아시아의 역동성의 자산으로서 오늘날 올바르게 찬양받는다고 한다. **정답 ②**

▶명사절 안에 위치한 부사절

Some think **that** Confucian ethics are rightly extolled today as an asset of East Asia's dynamism.

= Some think [**that**, <**while** Confucian governments of East Asia proved to be a conspicuous obstruction to the economic development,> Confucian ethics, <**on the other hand**,> are rightly extolled today as an asset of East Asia's dynamism.]

⇒ think 동사의 목적어인 명사절 that 절 안에, '부사절(while~the economic development)' 가 '접속부사(on the other hand)' 의 강조를 받으면서 삽입된 형태이다.

8 다음 글의 요지로 알맞은 보기항을 고르시오.

> Long masked by censorship, disinformation and a conspiracy of professional silence, the former Soviet Union's deadly atomic legacy is only now becoming a serious issue.

① The issue of the atomic weapons was made public recently.
② From the past the former Soviet atomic weapons have called our attention.
③ The issue of the former Soviet weapons was hidden by journalism.
④ Still no one is allowed to access to the former Soviet atomic energy.

9 What is the best summary of the paragraph?

> As many as 700 million people are chronically malnourished in the world today, and global population is expected to increase 70 percents by the year 2025. There is no question, then, that global food production must increase significantly over the next several decades to keep pace. The question is, with modern crops already pushed close to maximum yields and with little new arable avaliable farm, where will those food production gains come from?

① Too many people are suffering from malnourishment.
② To increase global food production is not urgent.
③ We have enough space to expand the arable land.
④ There is almost no possibility to increase global food production any more.

8　[요지]

어구　**mask** 가면을 씌우다, (비밀을) 감추다 │ **censorship** 검열 │ **disinformation** 잘못된 정보 │ **conspiracy** 공모, 음모(plot, machination) │ **deadly** 치명적인 │ **atomic** 핵의 │ **legacy** 유산, 유증, 잔존물 [보기] **make A public** A를 공개하다 │ **call one's attention** ～의 관심을 끌다 │ **journalism** 저널리즘, 신문계

해설　① 핵무기의 문제가 최근에 공개가 되었다.
② 과거부터 구소련 핵무기들이 우리의 관심을 끌었다.
③ 구소련 무기들의 문제가 언론에 의해 숨겨졌다.
④ 아직 어느 누구도 구소련 핵 에너지를 이용할 수 있다고 허락받지 못했다.

◎ 핵무기가 오랫동안 숨겨졌다는 말은 그 이전에 공개가 되지 않았다는 얘기이고, 주절의 시제가 '현재진행형(is only now becoming)'으로서, 지금에서야 중요한 문제가 된다는 얘기는 '최근에야 (recently)' 공개가 되었다고 유추가 가능하다.

해석　검열, 잘못된 정보와 전문적으로 침묵을 유지하는 음모에 의해 오랫동안 숨겨진 구소련의 치명적인 핵의 잔존 무기가 지금 바로 심각한 문제가 되고 있다.　　　　**정답** ①

9　[요지] 이 기사의 내용을 가장 잘 나타내고 있는 것은?

어구　**as many as** 자그마치 │ **chronically** 만성적으로 │ **malnourished** 영양 부족 상태의 │ **significantly** 상당히 │ **maximum yields** 최대 생산량 │ **arable** 경작에 알맞은, 개간할 수 있는(fertile) │ **come from** ～를 통해서 얻어지다, ～ 출신이다, ～ 때문에 발생하다 [보기] **malnourishment** 영양실조 │ **urgent** 긴급한(pressing, compelling)

해설　① 너무나 많은 사람들이 영양실조로 고통받고 있다.
② 세계 식량 생산을 증가시키는 것이 긴급하지 않다.
③ 우리는 경작지를 증가시키기에 충분한 공간을 갖고 있다.
④ 더 이상 세계 식량 생산을 증가시킬 가능성이 거의 없다.

◎ 마지막 문장에서 현대의 농작물이 이미 최대 생산량까지 밀접히 확장됐고, 새로운 경작지가 농장으로 거의 이용이 불가능한 상황이기 때문에 상당량의 식량 생산 수확을 거둘 곳이 없다는 내용이 요지가 된다.

해석　7억 가까이 되는 사람들이 오늘날 만성적으로 영양실조 상태에 있다. 그리고 전 세계의 인구는 2025년까지 70% 가량 더 증가할 것으로 보인다. 이러한 상태와 보조를 맞추기 위해서 앞으로 수십 년 넘게 세계 식량 생산이 증가해야 한다는 점에 대해서 의심의 여지가 없다. 의문점은 현재 농작물 수확량이 최대 생산량에 근접하고 새로운 경작에 알맞은 농장이 부족한 상태에서, 식량 생산 증가가 어디에서 이루어질 것인가?　　　　**정답** ④

Check

▶ 주절보다 앞에 위치한 과거분사의 해석

주절보다 먼저 앞에 위치한 과거분사는 주절의 주어와 태를 선정하는 데 있어서 '수동'의 관계로 해석해 주면 된다.

Long masked ~, ~ deadly atomic legacy is ~ becoming a serious issue.

⇨ mask는 '감추다'는 뜻을 가진 타동사이므로, 주절의 주어인 '치명적인 핵 잔존 무기'와의 관계는 수동이다. 따라서 '감춰진'으로 해석해 주면 된다. 부사절로 풀어서 해석하지 말고, 능동·수동의 관계로 따져서 형용사처럼 바로 수식해 줄 것!

▶ with ＋ 목적어 ＋ ～ing/ pp/ 형용사/ 부사(구)

'with＋목적어' 이하에 쓰이는 분사는 '～한 채, ～하면서'라는 의미를 가지며, 분사구문의 일종으로서, '현재분사, 과거분사, 형용사, 부사(구)'가 모두 위치할 수 있는데, 형용사와 부사(구) 앞에 'being'이 생략된 것으로 본다.

with modern <u>crops</u>
　　　　명사
already *pushed* ~ and
　　　과거분사
with little new <u>arable</u>
　　　　　명사
(being) <u>avaliable</u> farm
　　　　형용사

⇨ 첫 번째 with 부대상황은 'with＋명사＋과거분사' 형태로서, '농작물(crops)'와 '확장하다 (push)'의 관계는 수동이므로 과거분사 'pushed'가 옳다. 두 번째 'with 부대상황'은 'with＋명사＋형용사' 형태로서, 형용사 'available'과 'arable' 사이에 'being'이 생략되어 있다. 해석은 '현대 농작물들이 확장되면서', '새로운 경작지가 이용이 가능한 농경지가 거의 될 수 없는 채로' 정도가 옳겠다.

10 Which of the following best expresses the idea of the writer?

A common and astonishing feature of the opposition to scientific advance is the certainty with which it is offered. For the moment, and sometimes for years, the doubter forgets that he could be wrong. For instance, at the first demonstration of Edison's phonograph before the Paris Academy of Science, all the scientists present confidently declared that it was impossible to reproduce the human voice by means of a metal disc.

① It turns out that those who oppose scientific advance are always wrong.
② Violence is often the reward of those who pioneer in scientific advance.
③ The opposition to scientific advance is usually done with an astonishing degree of certainty.
④ All the scientists said that the human voice cannot be reproduced by means of a metal disc.
⑤ All the scientists at the Paris Academy of Science easily forget that their opposition to scientific advance could be wrong.

10 [요지] 작가의 생각을 가장 잘 표현한 것은?

 **Check**

어구 **astonishing** 놀라운(astounding) │ **certainty** 확실성, 확신 │ **demonstration** 전시, 증명 │ **phonograph** 축음기 │ **by means of** ~을 수단으로(by virtue of) [보기] **It turns out that** ~으로 밝혀지다 │ **pioneer** 개척하다; 개척자 │ **by means of** ~에 의해서

해설 ① 과학의 발전을 반대하는 이들은 언제나 잘못됐다는 점이 판명됐다.
② 폭력은 종종 과학의 발전을 개척하는 이들의 보상이 되곤 한다.
③ 과학 발전에 대한 반대가 대개는 놀라울 정도의 확신성을 가지고서 이루어진다.
④ 인간의 목소리는 금속 디스크에 의해서 만들어질 수는 없다고 모든 과학자들이 말했었다.
⑤ 파리 과학관에 있는 모든 과학자들은 과학 발전에 대한 자신들이 반대가 틀릴 수 있다는 점을 쉽게 망각한다.

◐ 첫 문장이 주제문이며, 세 번째 문장에서 이에 대한 예를 제시한다. 따라서 요지는 '과학 발전에 대한 반대의 확신성이 놀라울 정도이며, 그 확신이 틀릴 수 있다는 점을 망각한다는 내용'이 된다.

해석 과학의 발전을 반대하는 일반적이고 놀라운 특징은 제안되는 반대에 대한 확신이다. 그 순간이나 몇 년 동안 가끔씩은 의심하는 이는 자신이 틀릴 수도 있다는 점을 망각한다. 예컨대, 에디슨의 축음기가 파리 과학원에서 처음 선을 보였을 때, 참석한 과학자들은 금속 디스크를 통해서 인간의 목소리를 재생한다는 것은 불가능하다고 확신에 차서 단언했었다. **정답** ③

▶ **전치사+관계대명사**

'전치사+관계대명사' 이하에는 완전한 문장이 위치해야 한다. 해석은 앞의 선행사와 전치사를 결합해서 뒤로 이어 나가면 된다.

A common and astonishing feature of the opposition to scientific advance is the certainty *with which* it is offered.

= A common and astonishing feature of the opposition to scientific advance is the certainty *and with certainty* it is offered.

⇒ 'with+certainty'는 '전치사+추상명사=부사' 기능을 수행한다. 이에 따라서 선행사 'certainty'를 수식하는 이하의 형용사절은 'with+관계대명사절'로 이어지는 것이다.

11 Select the statement that best expresses the main idea of the passage.

Humor includes a lot more than laughing and joke telling. Many people worry needlessly that they do not have a good sense of humor because they are not good joke tellers. More than jokes, a sense of humor requires being willing and able to see the funny side of life's situations as they happen. In fact, one of the best definitions of a sense of humor is "the ability to see the nonserious element in a situation." The ability to tell jokes is only one small part of humor.

There may be a thousand different ways to express your sense of humor, and joke telling is only one of those ways. Some people take the time to memorize jokes, and they may even have good timing and delivery. However, if they cannot see the humor when there is a foul-up or setback in everyday life, then they don't really have a very good sense of humor.

① Humor is not just joke telling.
② Laughter is good for your health.
③ A sense of humor is something we are born with.
④ A sense of humor requires the time to memorize jokes.
⑤ The ability to tell jokes is the most important part of humor.

 Check

11 　[요지] 다음 글의 주제를 가장 잘 표현한 것을 고르세요.

어구　laughing 웃음 | joke telling 농담 | needlessly 쓸데없이 | in fact 사실상(as a matter of fact, in point of fact) | nonserious 진지하지 않는, 평범한 | foul-up 혼란, 소란, 뒤숭숭함 | setback 좌절, 방해(hitch, check) [보기] laughter 웃음 | be good for ~에 유익하다 | be born with ~이 타고나다 | memorize 기억하다

해설　① 유머가 단지 농담 구사만은 아니다.
② 웃음은 당신의 건강에 유익하다.
③ 유머 감각은 타고나는 것이다.
④ 유머 감각은 농담을 기억할 시간이 필요하다.
⑤ 농담 구사 능력은 유머의 가장 중요한 부분이다.

◎ 유머는 웃음과 농담 구사 이상의 상당히 많은 점을 포함하고 있다는 내용이 이 글의 주제가 되므로, 범위적 측면을 설명한 ①이 가장 옳다.

해석　유머는 웃음과 농담 이상의 많은 것이 포함되어 있다. 많은 이들은 자신들이 유쾌한 농담을 하지 못하기 때문에 자신들이 유머 감각이 없다고 쓸데없이 걱정을 한다. 농담들 이상으로, 유머 감각은 인생의 일들이 생길 때 유쾌한 부분들을 보려고 노력하고 볼 수 있어야만 하는 것을 필요로 한다. 사실, 유머 감각을 가장 잘 표현한 것들 중 하나가 "어떤 상황에서 재미있는 요소를 찾아내는 능력"을 말한다. 농담을 하는 능력은 유머의 단지 작은 한 부분에 불과하다.
당시의 유머 감각을 표현하는 수천 개의 다양한 방법이 있을런지도 모른다. 그리고 농담은 그런 방법들 중 한 가지에 불과하다. 몇몇 사람들은 농담을 기억하기 위해 시간을 들인다. 그리고 그들은 적절한 타이밍을 맞춰 그 농담을 전달한다. 그러나 만일 일상생활에서 혼란과 좌절이 있을 때, 그들이 유머를 발견할 수 없다면, 그들은 진정한 유머 감각을 가지고 있지 못한 것이다.

정답 ①

▫ Read the passage and answer the questions.

Rain forests have so much rich growth that people have long thought that they were _________. The resources in these dense rain forests could surely be used freely. Governments, too, have assumed that the rain forests could be easily turned into profits. The growth seems so abundant; it seems to be easily renewable. To owners of large agricultural businesses, the rain forest is an enemy; it covers land that they need for fields. Surely, these business people think, there are plenty of trees. It won't matter if we cut some down to make a large field. They may even believe that the rain forest will take over the land again when they stop farming. Such is not the case, however.

12 Choose the word which would best fit in the blank.

① indelible

② indestructible

③ vulnerable

④ intangible

⑤ profitable

13 Which of the following would best describe the author's view in this passage?

① Ecosystems are safe.

② Ecosystems are fragile.

③ Rain forests are harmful.

④ Rain forests are plentiful.

⑤ Ecosystems are easy to recover.

□ 다음 글을 읽고 물음에 답하시오.

어구 rain forests 우림 | dense 밀집한 | assume 추정하다 | abundant 울창한, 풍요로운 | renewable 재개발할 수 있는, 갱신할 수 있는 | enemy 적 | agricultural 농업의 | It doesn't matter if ~ ~인지는 중요하지 않다, 문제가 되지 않는다 [보기] indelible 지울 수 없는(ineradicable, ingrained) | vulnerable 상처받기 쉬운(susceptible) | intangible 만질 수 없는(impalpable), 파악하기 어려운 | indestructible 파괴할 수 없는 | fragile 약한 | harmful 해로운 | plentiful 풍요로운

해설 **12_(문장완성) 괄호 안에 들어갈 가장 적절한 단어를 고르세요.**

① 지울 수 없는
② 파괴할 수 없는
③ 취약한
④ 만질 수 없는
⑤ 이로운

◐ 주절에서 '우림들이 아주 비옥한 성장을 했다' 는 내용을 '순접-인과' 논리정보장치인 'so ... that' 으로 이어지기 때문에 긍정적인 내용을 가지고 있는 '파괴되지 않는' 이 옳다.

정답 ②

13_(작가의 견해) 작가의 견해는 어떠한가?

① 생태계는 안전하다.
② 생태계는 약하다.
③ 우림은 해롭다.
④ 우림은 풍요롭다.
⑤ 우림을 회복시키기가 쉽다.

◐ 마지막 문장에 '우림은 회복시키기 용이하다' 는 사회통념을 부정하는 작가의 생각이 담겨 있으므로, 작가의 견해로는 '생태계는 취약하다' 는 내용이 옳다.

정답 ②

해석 우림은 아주 비옥하게 성장을 하여 사람들은 오랫동안 파괴할 수 없는 것으로 생각을 해왔다. 이 울창한 우림에서 나오는 자원들은 분명 아낌없이 사용할 수 있었다. 여러 나라의 정부들도 우림은 쉽게 이익될 수 있는 것으로 여겨왔다. 우림이 울창하게 성장하여, 쉽게 재개발할 수 있을 것 같다. 대규모농업을 하는 사람에게 우림은 적이다. 즉, 그것은 밭으로 필요한 땅을 덮고 있다. 확실히, 이런 사업을 하는 사람들은 나무가 많다고 생각한다. 우리가 나무를 잘라서 대형 밭을 만들 것인지는 문제가 되지 않는다. 그들은 심지어 그들이 경작을 그만두면 우림이 다시 이 땅을 차지할 것으로 믿고 있는지도 모르겠다. 그러나 그렇지가 않다.

Check

▶ **such가 문두로 위치하면 도치가 발생한다.**

The case is such.

= *Such* is the case.

⇨ such는 be 동사의 보어로 쓰인 것인데, 그 such가 문두로 위치하여 무조건 도치가 발생한 것이다.

□ Read the passage and answer the questions.

The next time you are sick, you might be able to __________ a trip to the doctor's office by simply pulling something out of the refrigerator. Or the kitchen cabinet. Or even the spice rack. More and more studies are finding that certain foods, spices, and other household staples provide effective relief from common health problems. In fact, many physicians, concerned about the overuse of antibiotics and the trend toward treatment overkill for even minor medical problems, are recommending these simple cures. And patients are more than willing to give them a try, considering today's soaring medical costs and shrinking insurance coverage.

14 위 글의 요지로 가장 알맞은 것을 고르시오.

① Many things around the house can not be used to cure serious illnesses.

② Home remedies may meet the demands of both doctors and patients.

③ Patients often die because of mistreatments at home.

④ Eating well is the best cure for today' s common health problems.

15 괄호에 가장 알맞은 보기를 고르시오.

① make

② take

③ devastate

④ avoid

□ 다음 글을 읽고 물음에 답하시오.

어구　staple 주요 산물 | antibiotic 항생제 | trend 추세 | overkill 과잉 대응 | insurance 보험 |
soar 치솟다 | coverage 적용 범위 〔보기〕 devastate 유린하다

해설　**14_〔요지〕**

① 집 주위의 많은 것들이 심각한 질병을 치료하기 위해 이용될 수 없다.
② 가정 내에서 치료가 의사들과 환자들 모두의 요구에 부응할 수 있다.
③ 환자들은 집에서 잘못된 치료를 받아서 종종 사망한다.
④ 잘 먹는 것이 오늘날 가장 일반적인 건강 문제에 대한 최고의 치료책이다.

◎ 병원까지 굳이 가지 않고도 집안 내에서 치료할 수 있다는 내용이 주제가 되며, 이 방법이 의사와 환자
모두의 요구를 충족시킬 수 있다는 것이 요지가 된다.

정답 ②

15_〔문장완성〕

① 여행을 가다
② 여행을 가다
③ 유린하다
④ 회피하다

◎ 이하에서 병원에 가지 않고도 가정 내에서 치료가 가능하다는 설명이 전개되므로, '회피하다' 는 내용
이 옳다.

정답 ④

해석　다음에 당신이 아플 때, 당신은 병원에 가지 않고 단지 냉장고에서 무언가를 꺼내기만 하면
된다. 또는 부엌의 찬장이나 양념을 놓은 선반에서 꺼낼 수도 있을 것이다. 점점 더 많은 연
구들의 결과로서 특정 음식, 양념, 그리고 다른 가정의 주식들이 흔한 건강상의 문제들에 대
한 효과적인 치료약이 될 수 있다는 것이 밝혀지고 있다. 사실 많은 의사들이 항생제의 남용
과 사소한 질병에도 과잉 대응하는 추세에 대해 걱정하여 이러한 간단한 치료 방법을 권장하
고 있다. 그리고 환자들도 요즘의 치솟는 의료비와 감소하는 보험 혜택 등을 고려하여 그러
한 시도를 아주 기꺼이 하려고 한다.

Check

▶ **접속사 기능을 수행할 수 있
는 time**

time은 'the next time/ this
time/ every time/ each time'
등의 형태로 쓰여서 완전한 문장
을 받아서 부사절을 이끌 수도
있다.

The next time you are sick,
　　　　부사절
you might be able ~.
　　　주절

memo

▫ Read the following passage and answer each question.

Why do we behave in controlled and predictable ways? Because we are members of a society of human beings, our actions are controlled by norms that prescribe the appropriate behavior in a particular situation. Norms define how we are expected to behave in specific circumstances in a specific society. Many norms are unwritten rules that regulate even the smallest details of social life. Usually, we are not even aware that we are obeying norms; they are simply a part of us. Such norms include knowing when to speak, how to address other people, when to sit or stand and when to leave.

Norms also help society to function smoothly. They give guidelines to follow in our own behavior and help us anticipate how others will behave. Imagine how difficult life would be if we had no norms. Each time you encountered a new situation, you'd have to figure out anew how you were going to act. All of these questions are answered by our knowledge of the rules of our society. Life would indeed be stressful, ___________.

16 밑줄 친 부분에 들어갈 가장 적절한 것을 고르시오.

① if there were only one way to learn norms
② if there were many people who obey social norms
③ if we could not rely on norms
④ if we did not reduce the number of norms
⑤ if we could not realize the ambiguity of norms

17 위 글의 요지로 가장 적절한 것을 고르시오.

① 사회 규범은 인간의 행동을 예측가능하게 한다.
② 사회 규범은 인간의 정체성을 결정한다.
③ 사회 규범이 없으면 범죄가 기승한다.
④ 사회 규범과 법은 구별되어야 한다.
⑤ 우리는 남과 대화할 때 사회 규범을 따라야 한다.

□ 다음 글을 읽고 물음에 답하시오.

어구 predictable 예측할 수 있는 ┃ human beings 인간 ┃ norm 규범, 기준 ┃ prescribe 규정하다, 지시하다 ┃ define 규정짓다, 한정하다, 정의를 내리다 ┃ unwritten 기록되지 않은 ┃ regulate 규제하다 ┃ detail 세부, 상세, 상술 ┃ obey 복종하다, 따르다 ┃ address 이야기를 걸다, 연설하다, 처리하다 ┃ function 작용하다 ┃ smoothly 부드럽게 ┃ guideline 지침, 정책 ┃ anticipate 예상하다 ┃ encounter 우연히 만나다 ┃ figure out 해결하다, 생각해내다 ┃ anew 다시, 새로 ┃ indeed 참으로 ┃ stressful 긴장이 많은, 스트레스가 많은 〔보기〕 rely on 의지하다 ┃ ambiguity 모호함

해설 ### 16 〔문장완성〕

① 규범을 배우게 되는 유일한 한 가지 방법이 존재한다면
② 사회 규범에 복종하는 많은 사람들이 있다면
③ 우리가 규범을 신뢰할 수 없다면
④ 규범의 수를 줄이지 않는다면
⑤ 우리가 규범의 모호함을 깨닫지 못한다면

◯ 이 글은 규범이 인간사회에 얼마나 중요한지를 다룬 글이다. 따라서 삶이 스트레스를 받을 경우라면 '인간들이 규범을 신뢰하지 않는 상황' 이어야 한다.

정답 ③

17 〔요지〕

◯ 첫 문장이 주제문이며, '우리가 통제와 예측이 가능한 방식으로 행동하게 되는 이유들' 에 대해서 이하의 문장을 통해 답변을 해주는 글이다. 따라서 '사회 규범이 인간의 행동을 예측 가능하게 해주며 사회가 원활히 기능할 수 있도록 해주는 지침서와 같은 역할을 한다.' 는 것이 이 글의 요지가 되겠다.

정답 ①

해석 우리가 통제와 예측 가능한 방식으로 행동하는 이유는 무엇일까? 우리가 어떤 인간 사회의 구성원들이기 때문에 우리의 행동들은 특정한 상황에 적절한 행동을 지시하는 규범들에 의해 통제된다. 규범은 어떠한 특정된 사회의 특정한 상황에서 우리가 특정한 행동을 하도록 기대되는 방식을 규정한다. 많은 규범들이 심지어 사회생활의 가장 사소한 일들을 규정하는 기록해 두지 않은 규칙들이다. 보통 우리가 규범들대로 행동하고 있다는 것조차 인식을 하지 못하는데, 다른 이들에게 이야기를 거는 법과 서 있을 때와 자리를 일어날 때를 아는 것을 포함한다.
규범들은 또한 사회가 순조롭게 돌아가게끔 해준다. 그것들은 우리 자신의 행동에 맞게 따르도록 지침을 제공하고 다른 이들이 어떻게 행동할 것인가를 우리가 예상하게끔 해준다. 만일 어떠한 규범들도 없다면 얼마나 삶이 힘들지 상상해 보아라. 새로운 상황에 부딪히게 될 인간 사회가 갖고 있는 규칙들에 대한 지식을 통해 답을 찾는다. 만일 우리가 규범들에 의존할 수 없다면 삶은 정말 스트레스의 연속일 것이다.

Check

▶ **how + 부사/ 형용사 + 주어 + 동사**

how 의문사절 안에 '부사 또는 보어 역할을 하는 형용사' 는 how 바로 뒤에 위치하게 된다.

Imagine how <u>difficult</u>
　　　　　　　　보어
<u>life</u> <u>would be</u> <u>if we had</u>
주어　　동사　　부사절
<u>no norms.</u>

⇨ how라는 의문부사가 이끄는 절 안의 'be 동사의 보어' 인 'difficult' 가 how 바로 뒤에 위치하게 된 것이다.

Chapter

3

글의 감상

제3장

글의 감상

1. 유형 정의

작가의 태도와 글의 심정, 목적 등을 묻는 문제들 또한 글의 전체 내용에 대한 사고를 요하는 문제들이다. 필자가 서술한 글에 대한 주제와 내용에 관해서 자신의 감정이나 느낌을 표출하는 경우가 있는데, 이에 대한 독자의 이해도를 측정하는 문제 유형이다.

2. 공략 방법

(1) 작가의 감정이나 논조를 나타내는 '단어'를 찾는 데 주력해야 한다. 따라서 감정과 논조를 나타내는 중요 어휘에 대한 정리가 급선무이다.

(2) 글 전체의 핵심내용을 파악하고 이에 맞는 저자의 태도와 감정 등이 무엇인지 느껴야 한다.

(3) 글의 종류나 글의 전개 방식을 문제 유형들 또한 이 문제 유형에 포함된다는 점도 참고해야 한다.

3. 설문 유형

- The tone of the author is __________.
- The main intent of the author is __________.
- The style of the passage is __________.
- The main purpose of the passage is __________.
- The tone of the following passage is __________.
- The style of the following passage is __________.
- Which of the following best describes the tone of the passage?
- The tone of the passage can best be described as __________.
- 다음 글의 어조로 가장 적절한 것은?
- 필자의 심리상태는 어떠하다고 유추가 가능한가?
- 다음 글을 쓴 목적으로 가장 적절한 것은?

4. 감정 · 논조를 나타내는 데 쓰이는 중요 어휘

- advisory 권고하는, 조언하는
- alarmed 놀란, 걱정하는
- aloof 냉담한
- ambiguous 애매모호한 (vague, obscure)
- apathetic 냉담한
- attentive 주의 깊은 (cautious)
- benign 인자한
- benevolent 인자한
- bitter 통렬한
- boredom 지루함 (tedium)
- chivalrous 용기있는, 예의바른
- colloquial 담화체의
- complimentary 칭찬하는
- confused 혼란스러운
- considerate 이해심이 있는 (thoughtful)
- contemptuous 경멸하는
- critical 비판하는
- crusty 퉁명스러운 (touchy)
- detachment 초연, 냉정함
- didactic 교훈적인
- disinterested 사심없는, 공정한
- doleful 슬픈(woeful)
- envious 시기심 어린
- exaggerated 과장된
- expository 설명적인 (explicative)
- fastidious 까다로운(particular)
- generous 관대한 (liberal)
- hedonist 쾌락주의자
- humble 겸손한, 비천한
- humorous 재미있는
- jealous 질투하는
- impassioned 정열적인, 열렬한
- indifferent 무관심한
- informative 정보를 전달하는
- instructive 교훈적인
- ironical 반어적인
- modest 겸손한
- negative 부정적인
- neutral 중립적인
- objective 객관적인
- obstinate 완고한(stubborn, inflexible)
- obvious 명백한, 분명한
- optimistic 낙관적인
- ordinary 평범한
- persuasive 설득적인
- pessimistic 염세적인
- positive 긍정적인
- questioning 호기심 많은
- reluctant 주저하는
- resentful 분노하는
- scholarly 학구적인, 유식한
- sarcastic 비꼬는 (sneering, satirical)
- sceptic 회의론자
- sophisticated 세련된, 복잡한
- sympathetic 동정하는
- tenacious 완강한(determined, stubborn)
- timid 소심한(cowardly, timorous)
- whimsical 변덕스러운(capricious, fickle) alarmed 놀란, 걱정하는

1 다음 글에서 필자가 겪은 심경의 변화로 가장 적절한 것은?

I blinked snow out of my eyes. I was buried up to my neck. Only my head and right hand were free. My legs were still wrapped around the tree, in snow packed so tight that it felt like concrete.

Before long there was another horrible roar. What looked like the entire top half of the mountain broke loose, sending a 20-foot-high wall of snow rumbling right toward me, flinging chunks of snow the size of a car.

I couldn't move at all. I thought of my wife, our two sons, the sounds of their voice. Lord, I want to see them again! All at once the wall of snow stopped, 30 feet away. Just stopped.

① fearful → relieved   ② nervous → ashamed

③ horrified → proud   ④ lonely → pleased

2 The tone of the author is __________.

I say to you today, my friends, that in spite of the difficulties and frustrations of the moment I still have a dream. It is a dream deeply rooted in the American dream.

I have a dream that one day this nation will rise up and live out the true meaning of its creed: "We hold these truths to be self-evident; that all men are created equal.'

I have a dream that one day in the hills of Georgia the sons of former slaves and the sons of former slave-owners will be able to sit down together at the table of brotherhood.

① humorous and critical   ② hopeful and unprejudiced

③ sad and confessional   ④ solemn and regretful

1 　[필자의 심경]

어구　**blink** 눈을 깜박거리다, 엿보다 | **bury** 묻다, 흙 따위로 덮다 | **wrap** 감싸다, 포장하다 | **concrete** 유형의, 구체적인, 콘크리트 | **before long** 머지않아 곧 | **horrible** 무서운, 잔혹한, 냉정한 | **roar** 짐승 따위가 으르렁거리다. 포효하다, 고함치다, 소리지르다 | **rumble** 우르르 울리다, 덜거덕거리며 가다 | **fling** 던지다, 내던지다 | **chunk** 큰 나무토막, 큰 덩어리 | **all at once** 갑자기 [보기] **fearful** 무서운 | **relieved** 안도하는 | **nervous** 신경질적인 | **ashamed** 부끄러운 | **horrified** 겁먹은 | **proud** 거만한, 자신감이 있는 | **lonely** 외로운

해설　① 무서워하는 → 안심한　　　　　② 신경질난 → 부끄러운
③ 겁먹은 → 자랑스러워하는　　　④ 외로운 → 기쁜

　　　◎ 눈사태로 죽을 고비를 맞이해 겁을 먹었지만, 갑자기 필자 앞에서 눈사태가 멈춰서 후에는 안심했음을 유추할 수 있다.

해석　나는 내 눈으로 눈이 내려오는 것을 놀라서 보았다. 나는 목까지 눈에 파 묻혔다. 단지 내 머리와 오른손만 자유로웠다. 내 다리는 나무 주위의 눈에 갇혔고, 눈 속에 갇혀서 그것이 콘크리트처럼 느꼈다. 곧 다른 무시무시한 소리가 났다. 산 절반 정도로 보이는 것이 무너져 내렸고, 20피트 높이의 눈이 내 쪽으로 곧바로 굴러 와서, 차 크기의 눈 덩어리가 나에게 던져졌다. 나는 전혀 움직일 수가 없었다. 나는 아내, 두 아들과 그들의 목소리를 생각했다. 신이시여! 나는 그들을 다시 보고 싶습니다. 갑자기 눈 덩어리가 30피트 거리에서 멈추었고. 눈이 딱 멈췄다.　　　　　　　　　　　　　　　　　　　　　　　**정답** ①

2 　[작가의 어조] 작가의 어조는?

어구　**in spite of** ~에도 불구하고 | **frustration** 좌절 | **root** ~에 뿌리를 내리다, ~에 근거를 두다 | **rise up** 상승하다, 반란을 일으키다 | **live out** ~을 경험하다, (특정 방식을 가지고) 살다 | **creed** 종교, 교의 | **hold A (to be) B** A를 B라고 주장하다 | **self-evident** 자명한 | **slave** 노예 | **brotherhood** 형제애, 협회, 단체 [보기] **humorous** 유머스러운 | **unprejudiced** 편견 없는 | **confessional** 참회하는, 자백하는 | **solemn** 엄숙한 | **regretful** 후회하는

해설　① 유머스럽고 비평적인　　　　② 희망적이며 편견이 없는
③ 슬프고 자백하는　　　　　　　④ 엄숙하고 후회하는

　　　◎ 모든 인간은 평등하게 창조되었다는 사실이 틀림없다는 작가의 의견을 보건대, 희망이 가득하고 인종 편견이 없다는 것이 이 글의 분위기로서 옳다.

해석　나는 오늘 나의 친구 당신에게 일시적인 어려움과 좌절에도 불구하고, 나에게는 아직도 꿈이 있다고 말한다. 그것은 미국인들의 꿈 속에 깊이 뿌리를 내리고 있는 것이다. 나는 어느 날 이 나라가 부흥하여 그 신조의 진정한 의미를 지키며 살 것이라는 꿈을 갖고 있다. 우리는 이런 진실, 즉 모든 인간은 평등하게 창조되었다는 이 진실이 자명하다고 주장한다. 나는 어느 날 Georgia의 언덕에서 예전의 노예의 아들들과 노예들의 주인의 아들들이 함께 형제의 식탁에 마주 보고 앉는다는 꿈을 갖고 있다.　　　　　　　　　　**정답** ②

Check

▶ 분사 구문

What looked like the 주어(what 관계대명사) entire top half of the mountain broke loose,
　　　　+ 동사　+ 부사

sending a 20-foot-high wall of snow/ 부대상황의 분사구문

rumbling right toward me,/ 선행사 snow를 수식하는 분사구문

flinging chunks of snow the size of a car./ 부대상황의 분사구문

▶ 동격의 that 절

truth, idea, news, belief와 같은 명사들은 동격의 that절의 수식을 받을 수 있는데, that 이하에는 완전한 문장이 위치하게 된다.

We hold these *truths* to be self-evident; *that* all men are created equal./ 선행사 truths를 수식하는 동격의 that절

⇒ 선행사 truths를 that절이 동격으로 수식해 주고 있는데, 세미콜론을 통해서 강조를 해준 형태이다.

3 The main intent of the author is __________.

The Metropolitan Museum of Art, which was founded in 1870 by a group of civic readers, financiers, industrialists, and art collectors, moved to its present location in Central Park in 1880.

Today the Metropolitan is the largest museum of art in the Western Hemisphere. Its collections include more than 3.3 million works of art from ancient, medieval, and modern times and from all areas of world.

The educational function of the Museum is implicit in every facet to the Museum's endeavors. The Museum's bimonthly Calendar/News provides a handy index to the many ongoing programs and activities.

① to introduce ② to invite
③ to report ④ to recommend

4 다음 글에서 주인공의 God에 대한 자세는?

He still believed that God might at any moment make himself manifest out of the winds or the clouds, but he no longer demanded such recognition. Instead he prayed for it. Sometimes he was altogether doubtful and thought God had deserted the world. He regretted the fate that had not let him live in a simpler and sweeter time when at the beckoning of some strange cloud in the sky men left their lands and houses and went forth into the wilderness to create new races.

① absolute ② skeptical
③ favorite ④ adoring

3 [작가의 의도] 작가의 의도는?

어구 **civic** 도시의 | **financier** 자본가, 금융업가 | **medieval** 중세시대의 | **implicit** 함축적인, 무조건적인 | **facet** 국면, 일면 | **endeavor** 노력; 노력하다 | **bimonthly** 2개월에 한 번 | **handy** 편리한, 알맞은 | **index** 지표, 색인 | **ongoing** 진행 중인 [보기] **invite** 초대하다, 야기하다 | **recommend** 추천하다

해설 ① 소개하는 것 ② 초대하는 것 ③ 보고하는 것 ④ 추천하는 것

◎ 이 글은 Metropolitan 미술 박물관의 설립과 취지, 규모와 수집품, 그리고 그 교육 활동을 소개하는 글이다.

해석 Metropolitan 미술 박물관은 1870년 일반 독자들, 자본가들, 산업가 그리고 예술 작품 수집가들이 설립하였으며, 1880년 센트럴 파크로 현재 이사를 왔다. 오늘날 이 박물관은 서반구에서는 가장 큰 예술 박물관이다. 이 박물관의 소장품은 고대, 중세 그리고 현대와 전 세계에서 수집된 330개 이상의 작품이 있다. 이 박물관의 교육적 역할은 이 박물관의 헌신적인 노력이 여려 면에 있어서 함축적으로 내포되어 있다. 이 박물관에서 2개월에 한 번 발간하는 Calendar News지는 많은 현재 진행 중인 프로그램과 활동에 대한 쉬운 지표를 제공해준다.

정답 ①

▶ Check

▶ 전치사구의 병치

Its collections include more than 3.3 million works of art ① from ancient, medieval, and modern times and ② from all areas of world.

⇨ 전치사구 두 개가 and에 의해서 병치되고 있다. 여기서 'from' 은 '출처 · 유래'의 속성을 띄고 있다.

4 [주인공의 태도]

어구 **at any moment** 언제라도, 당장이라도 | **manifest** 명백한, 분명한 **recognition** 인식, 승인 | **desert** 버리다 | **fate** 운명 | **beckoning** 손짓 | **go forth** 나가다, 공포되다 | **wildness** 황무지 [보기] **skeptical** 회의적인, 의심하는 | **favorite** 호의적인 | **adoring** 찬미적인

해설 ① 절대적인 ② 회의적인 ③ 호의적인 ④ 존경하는

◎ 그는 신이 세상을 버렸다고 의심했다는 문장을 통해서 '회의적이고 의심하는 태도' 임에 유추가 가능하다.

해석 그는 신이 언제라도 바람이나 구름 밖으로 자신을 나타낼지도 모른다고 여전히 믿었지만, 이제는 더 이상 그렇게 생각하도록 요구하지 않았다. 대신 그는 그것을 위해 기도했다. 때때로 그는 신이 세상을 버리지 않았는지 의심했고, 또 그렇게 생각했다. 그는 하늘의 어떤 이상한 구름의 신호로 사람들이 자신의 땅과 집을 떠나 새로운 민족을 창조하기 위해 황무지로 나아갈 때, 그는 자신을 보다 더 단순하고 행복했던 시대에 살도록 허락해 주지 않은 운명에 대해 안타까워했다.

정답 ②

▶ 삽입된 전치사구

~ when <*at the beckoning of some strange cloud in the sky*> men left their lands and houses and went forth into the wilderness to create new races.

⇨ when 절 안의 주어인 'men'과 동사 'left' 앞에 전치사구인 'at the beckoning of ~ the sky'가 삽입된 형태이다. 이하에서는 다시 동사 'left~'와 'went forth ~'가 and에 의해서 병치되고 있다.

memo

5 The tone of the following passage is __________.

Abraham Lincoln, the sixteenth president of the United States, may have received a message about his own death in a dream. One night in 1865, he had a strange dream. He dreamed he was inside the White House. A group of people were standing around a coffin in the East Room of the White House. Many of them were crying. "Who is dead" he asked. "The president." someone answered. "He was killed by an assassin." A few days after this, on April 14th, Lincoln was shot and killed while he was watching a play at Ford's Theater in Washington, D.C.

① pessimistic   ② mysterious
③ sarcastic   ④ sorrowful

6 The tone of the author is __________.

Some people insist on "love at first sight," but I insist that they calm down and take a second look. There is no such thing as love at first sight. Some of those attractive first-sight qualities may turn out to be genuine and durable, but don't count on the storybook formula. The other saying, "love is blind" is far more sensible. The young girl who believes herself to be in love can't see the undesirable qualities in her man because she wished not to see them.

① romantic   ② angry
③ critical   ④ ironic

5 [글의 분위기] 다음 글의 분위기는?

어구 coffin 관, 금고 | assassin 암살자 | watch a play 연극을 관람하다 [보기] pessimistic 염세적인 | mysterious 불가사의 한 | sarcastic 빈정대는 | sorrowful 슬픈

해설 ① 비관적인 ② 불가사의한 ③ 비꼬는 ④ 슬픈

◎ 꿈에서 링컨 자신이 죽었던 일이 현실로 나타났으니, 이 글의 분위기는 불가사의하다.

해석 미국의 16대 대통령인 아브라함 링컨은 꿈 자신의 죽음에 대한 메시지를 받았던 것 같다. 1865년 어느 날 밤, 그는 이상한 꿈을 꾸었다. 꿈에서 그는 백악관에 있었다. 백악관의 East Room에 있는 관 주위에 한 무리의 사람들이 서 있었다. 많은 사람들은 울고 있었다. "누가 죽었죠?"라고 그가 물었을 때 "대통령입니다."라고 어떤 사람이 말했다. "그는 암살자에 의해서 시해됐습니다." 꿈을 꾸고 난 며칠 후인 4월 14일에 워싱턴 D.C에 있는 포드극장에서 연극을 보던 중 총을 맞고 살해되었다. **정답** ②

6 [작가의 어조] 작가의 어조는?

어구 calm down 진정하다 | attractive 매력적인 | genuine 진짜의, 진심에서 우러난 | durable 영구적인 | count on ~을 신뢰하다 | formula 공식 | sensible 현명한, 분별이 있는 | undesirable 바람직하지 못한 [보기] ironic 반어의, 풍자적인 | critical 비평적인

해설 ① 로맨틱한 ② 화가 난 ③ 비평적인 ④ 아이러니컬한

◎ 첫눈에 반한 사랑과 같은 것은 없다는 내용 등을 미루어 보건데, 작가의 태도는 비평적이다.

해석 어떤 사람들은 "첫눈에 반한 사랑"을 주장하지만, 나는 그들이 침착해지고, 두 번 쳐다보아야 한다고 주장한다. 첫눈에 반한 사랑과 같은 것은 없다. 매력적인 첫눈에 반한 사랑의 몇 가지 특징들은 진실하고 오래 지속된다고 입증될지도 모르지만, 동화책에 나오는 공식대로 되는 것이 아니다. "사랑은 맹목적이다"라는 다른 속담이 오히려 분별력이 있다. 자신이 사랑에 빠졌다고 믿는 어린 소녀들은 자신의 남자에게서 좋지 못한 특성들을 볼 수 없다. 왜냐하면 그 소녀들이 그것들을 보기를 바라지 않기 때문이다. **정답** ③

Check

▶ "직접화법" + S + V

직접화법의 내용을 밝히는 주어와 동사는 "~" 뒤에 위치할 수 있다.

He asked "<u>Who is dead?</u>"
주어 동사 목적어

= "<u>Who is dead?</u>" he asked.
목적어 주어 동사

⇒ 직접화법인 "Who is dead?"의 '주어(he)와 동사(asked)'가 직접화법 뒤에 위치한 경우이다.

▶ should의 생략

insist, suggest, require, request 동사의 목적어 that 절의 내용이 '~해야 한다'는 당위절일 경우 'that 절' 안의 동사는 'should R'이 위치하는데, 이 경우 'should'는 생략이 가능하다.

I *insist* that they (*should*) *calm* down and *take* a second look

⇒ insist의 목적어인 that 절 안의 내용이 '침착하고 두 번 생각해 보아야 한다'는 당위절이므로 'should'가 생략될 수 있는 것이다.

7 The tone of the author is __________.

Killing animals for their fur is wrong. Consider the cute mink, the cuddly racoon, the lovable harp seal. These animals haven't hurt us, so why should we savagely murder these adorable creatures? Think of a puppy. Picture its soulful, trusting eyes. Would you want to wear Spot's hide on your back? The answer, from any thoughtful individual, must be a resounding "No!"

① neutral   ② friendly
③ furious   ④ ironic

8 The tone of the passage is __________.

The doctor's receptionist was startled when a nun stormed out of the examining room and left without paying. When the doctor appeared she asked what had happened. "Well," said the doctor, "I examined her and told her she was pregnant." "Doctor!" exclaiméd the receptionist. "That can't be!" "Of course not." he replied, "but it sure cured her hiccups."

① tragic   ② humorous
③ satiric   ④ surprising

7   [작가의 어조] 작가의 어조는?

어구   **fur** 모피 | **cute** 귀여운 | **cuddly** 껴안고 싶은 | **raccoon** 미국 너구리 | **lovable** 사랑스러운, 귀여운 | **seal** 바다표범 | **savagely** 야비하게 | **adorable** 사랑스러운, 귀여운 | **puppy** 강아지 | **soulful** 영혼이 담긴, 활기찬 | **spot** 점, 장소, 얼룩, 오점, 단편 광고 방송, 표범 | **hide** 가죽(leather); 숨기다 | **resounding** 반향하는, 울려 퍼지는 [보기] **neutral** 중립적인 | **furious** 화난

해설   ① 중립적인 ② 우호적인 ③ 화난 ④ 아이러니컬한

   ◑ 첫 번째 문장을 통해 인간의 의상을 위해서 동물을 죽이는 것을 잘못이라고 언급했으므로, 작가는 화가 나 있다는 것을 알 수 있다

해석   모피를 얻고자 동물들을 죽이는 것은 잘못이다. 귀여운 밍크, 안고 싶은 미국 너구리, 사랑스러운 물개를 생각해 보라. 이 동물들이 우리를 해치지를 않는데, 왜 우리는 이러한 사랑스런 동물들을 잔인하게 죽여야 하는가? 강아지를 생각해 보라. 그 활기차고 믿을 만한 눈을 상상해 보라. 당신 등에 Spot(표범)의 가죽을 입기를 원하는가? 생각 있는 사람에게서 나올 수 있는 대답은 틀림없이 'No!'일 것이다.   **정답 ③**

8   [글의 분위기] 글의 분위기는?

어구   **receptionist** 접수원 | **startled** 놀란 | **nun** 수녀 | **storm out** 뛰쳐나가다 | **examining room** 검사실 | **pregnant** 임신한 | **exclaim** 소리치다, 감탄하다 | **hiccup** 딸꾹질 [보기] **tragic** 비통한; 비극적 요소 | **satiric** 풍자적인

해설   ① 비극적인 ② 유머스러운 ③ 비꼬는 ④ 놀라운

   ◑ 의사가 수녀를 진찰한 후에 임신했다고 말하여, 수녀의 딸꾹질을 치료했다는 것은 humorous한 내용이다.

해석   한 수녀가 진찰실에서 화를 내며 뛰쳐나와 돈도 내지 않고 떠나자 접수원은 놀랐다. 의사가 나타났을 때 그녀는 어쩐 일이냐고 물어보았다. 의사는 "내가 그녀를 진찰하고서 그녀에게 임신했다고 말했어요."라고 말했다. 그 접수원이 "선생님!" "절대 그럴 리가 없어요."하고 소리쳤다. 의사가 답하기를 "물론 그럴 수는 없죠, 하지만 그녀의 딸꾹질을 분명히 치료해 주었지."라고 하였다.   **정답 ②**

Check

▶ 수사의문문

의문문에서 설사 형태는 긍정문일지라도 속뜻은 '강한 부정'을 나타내며, 또는 형태는 부정문일지라도 속뜻은 '강한 긍정'을 나타내는 문장을 '수사의문문'이라고 한다.

Why should we savagely murder these adorable creatures?

= We *should not* savagely murder these adorable creatures.

⇨ 형태는 긍정의 의문문일지라도, 내용 상 '강한 부정'을 전하는 수사 의문문이 되는 것이다.

▶ 인용문은 분리가 될 수 있다.

목적어로서 쓰인 인용문은 주어와 동사를 사이에 위치시켜 놓고 마치 두 개의 인용문처럼 분리시킬 수 있다.

The doctor said "Well, I examined her and told her she was pregnant."

= "Well," *said the doctor*, "I examined her and told her she was pregnant."

= "Well," *the doctor said*, "I examined her and told her she was pregnant."

⇨ said의 목적어로서 쓰인 "~" 인용문을 분리시켜서, 주어와 동사를 사이에 위치시킬 수 있게 된다. 또한 인용문이 목적어일 경우 두 번째 문장처럼 ["~"+동사(said)+주어(doctor)] 어순으로 도치가 가능하다.

9 다음 글의 어조로 가장 적절한 것은?

The boss was disturbed when he saw his employees loafing. "Look," he said, "everytime I come in here I see things I'd rather not see. Now, I'm a fair man, and if there are things that bother you, tell me. I'm putting up a suggestion box and I urge you to use it so that I'll never see what I just saw!" At the end of the day, when the boss opened the box, there was only one little piece of papar in it. It read: "Don't wear rubber-soled shoes!"

① upset   ② instructive
③ humorous   ④ critical

10 Which of the following best describes the tone of the passage?

Truman Capote's "In Cold Blood(1966)" is a well-known example of the "non-fiction novel," a recently popular type of writing based on factual events in which the author attempts to describe the underlying forces, thoughts, and emotions that lead to actual events. In the book, the author describes the sadistic murder of a family on a Kansas farm, often showing the point of view of killers. To research the book, Capote interviewed the murderers, and he maintains that his book presents a faithful reconstruction of the incident.

① descriptive   ② depressing
③ cold   ④ emotional
⑤ outraged

9 [글의 어조]

어구 **disturbed** 불안한, 교란된 | **loafing** 빈둥거리는 | **fair** 공평한 | **bother** 괴롭히다, 귀찮게 조르다 | **put up** 설치하다, 세우다 | **suggestion box** 제안함, 건의함 | **urge** 권고하다 | **rubber-soled** 밑창이 고무로 된 | **sole** 발바닥, 밑창 〔보기〕 **upset** 당황한, 뒤집힌 | **instructive** 교훈적인

해설 ① 분노한 ② 교훈적인 ③ 유머스러운 ④ 비평적인

▶ 사장이 고무밑창이 달린 신발을 신고 오기 때문에 피고용인들은 사장의 방문 사실을 알지 못하여 자신들이 게으름피우는 것을 적나라하게 발각됐는데, 건의함에 그러한 이유로 고무밑창이 달린 신발을 신으라고 쓴 내용은 humorous하다.

해석 사장이 그의 직원들이 빈둥거리는 것을 보았을 때 사장은 심기가 뒤틀렸다. 그가 말하기를, "내가 여기에 올 때마다 보지 않아야 할 것들은 보게 됩니다. 저는 공정한 사람입니다. 그래서 여러분들을 괴롭히는 것들이 있으면 말하십시오. 건의함을 설치할 것입니다. 그래서 내가 금방 보았던 것을 보지 않도록 여러분이 건의함을 사용하기를 권합니다." 그 날 퇴근할 때, 사장이 건의함을 열자 작은 종이 한 장이 있었다. "고무 밑창이 달린 신발을 신지 마세요."라고 써 있었다. **정답** ③

10 [글의 분위기] 글의 분위기를 가장 잘 묘사한 것은?

어구 **well-known** 유명한 | **non-fiction** 허구가 아닌, 진실된 | **underlying** 근원적인, 기초가 되는 | **sadistic** 슬픈, 비참한 | **reconstruction** 재구성 | **incident** 부수적으로 일어나는; 사건 〔보기〕 **descriptive** 묘사적인, 설명하는 | **depressing** 우울한 | **cold** 차가운, 냉정한 | **emotional** 감상적인 | **outraged** 분노한

해설 ① 설명적인 ② 우울한 ③ 냉정한 ④ 감정적인 ⑤ 격분한

▶ 'In Cold Blood' 라는 작품이 논픽션이라는 설명을 시작으로 하여, 실제 사건을 바탕으로 만들어진 책이며, 책의 저술 과정까지도 간단하게 '설명' 해주는 글이다.

해석 Truman Capote의 'In Cold Blood' (1966)이라는 소설은 논픽션의 본보기이며, 실제 사건에 입각한 최근에 인기를 얻고 있는 글 유형이다. 이 작품에서 작가는 실제 사건들을 일으키는 근원적인 힘들과 생각들 그리고 감정들을 묘사하려 한다. 이 책에서 작가는 칸사스 농장에서 일어난 비참한 한 가족의 살인을 묘사하며, 종종 살인자의 견해를 나타낸다. 이 책을 연구하기 위하여, Capote는 살인범들과 인터뷰를 했으며, 자신의 책이 그 사건을 가장 정직하게 재구성했다고 주장한다. **정답** ①

Check

▶ **so that**

콤마 없이 위치한 'so that'은 '~하기 위해서(= in order that)' 뜻을 가지게 된다.

I urge you to use it *so that* I'll never see what I just saw!

⇒ 콤마 없이 위치했으므로 '목적'의 부사절이 되는 것이다.

▶ **전치사＋관계대명사**

~ a recently popular type of writing/ based on factual events/ 선행사 writing을 꾸며주는 과거분사구문

writing based on factual *events*./ 선행사 writing과 후치 수식하는 과거분사구문

in which the author attempts to describe the underlying forces, thoughts, and emotions that lead to actual events / 선행사 events를 꾸며주는 '관계대명사 구문'

⇒ '전치사＋관계대명사'가 등장 시, 앞의 선행사와 그 전치사를 결합해서 뒤로 이어나가는 직역을 하면 된다.

11 다음 글을 쓴 목적으로 가장 적절한 것은?

We ordered sixty compact discs on 5 March and they were delivered yesterday. Unfortunately, I regret that ten of them were badly scratched. The package containing these goods appeared to be in perfect condition and I accepted and signed for it without question. It was on unpacking the compact discs when I discovered the damage, and I can only assume that this was due to careless handling at some stage prior to packing. I am enclosing a list of the damaged goods and shall be glad if you replace them. I hope to hear from you soon.

① to order　　　　② to thank
③ to advertise　　④ to complain

12 필자의 심리 상태는 어떠하다고 유추가 가능한가?

I am a healthy, 74-year-old mother of two grown daughters. I recently had a family dinner in my home. While they were here, both of my girls made remarks about "when we put you in a nursing home." The casual way they mention it indicates they have discussed it. I know the day may come when it will be necessary for them to do it, but I would hope it would be only as a last resort.

① sadness　　　　② joy
③ expectation　　④ jealousy
⑤ pride

11 [목적]

어구 **scratched** 기스가 간 | **unpack** 풀다, 고르다 | **on ~ing** ~하자마자 | **assume** 추정하다 | **be due to** ~ 때문이다 | **careless handling** 부주의한 관리 | **prior to** ~이전에 | **enclose** 동봉하다

해설 ① 주문하는 것 ② 감사해 하는 것 ③ 광고하는 것 ④ 항의하는 것
◉ 주문해서 받은 상품에 기스가 있어서 가벼운 항의를 하고 그에 대한 확인을 부탁하는 글이다

해석 3월 5일에 CD 60장을 주문했으며 어제 도착했습니다. 불행하게도 그 중 10개가 심하게 기스가 있습니다. 물건들을 포장한 소포는 완벽한 상태이고 수령을 해서 의심없이 사인을 했습니다. 물건을 풀자마자 기스가 간 것을 발견했고 제가 생각하기에는 아마도 포장하기 전에 부실한 관리 때문에 긁힌 것 같습니다. 기스난 물건들과 목록을 동봉했으니 교환해 주시기 바랍니다. 곧 답변이 있기를 바랍니다. **정답** ④

12 [심리상태]

어구 **healthy** 건강한 | **make a remark about** ~에 대해 언급하다 | **nursing home** 양로원, 보육원 | **casual** 우연의, 뜻밖의 | **resort** 수단, 방책 [보기] | **joy** 즐거움 | **expectation** 예상, 기대 | **ealousy** 질투

해설 ① 슬픔 ② 즐거움 ③ 기대 ④ 질투 ⑤ 자존심
◉ 두 딸이 자신을 보육원에 보내려는 말을 할 시기가 왔다는 것을 인정은 하지만 마지막 수단이 되기를 희망했다는 점으로 보아 섭섭하다는 심정이 유추가 가능하다.

해석 나는 두 큰 딸을 가진 74살 나이가 든 건강한 어머니이다. 나는 최근에 집에서 가족과 저녁식사를 했다. 두 딸들이 집에 있는 동안 "저희가 어머니를 양로원에 모시겠습니다."에 대해 말했다. 그들이 그것을 문득 언급한 이유는 둘이서 그들이 그것을 지금껏 논의했다는 것이다. 그들이 그것을 말할 필요가 있는 시기가 왔다는 것을 알지만, 그것이 마지막 수단이 되기를 희망했다. **정답** ①

Check

▶it is ~ that 강조구문

it is와 that 사이에는 '주어, 목적어, 명사 보어, 부사구, 부사절'을 강조할 수 있는데, 시간을 가리키는 부사구가 강조될 경우 that 은 'when' 으로 대체가 가능하다.

On unpacking the compact discs I discovered the damage.

= *It was* on unpacking the compact discs *that* I discovered the damage.

= *It was* on unpacking the compact discs *when* I discovered the damage.

⇨ 'on ~ discs' 라는 '시간' 의 전치사 구를 it is와 that 사이에 강조한 문장은 마지막 문장처럼 그 that을 'when' 으로 대체할 수 있다.

▶ 시간명사 + 관계부사 when

when은 부사절을 이끄는 접속사 기능 이외에, '시간명사' 를 수식하며 '형용사절 기능' 을 수행하는 '관계부사' 기능 또한 있다.

I know *the day* may come *when* it will be necessary for them to do it.

⇨ 문맥상 '그들이 그것을 해야할 필요가 있을 때, 그 날이 올 수도 있다는 것을 내가 안다' 는 'when ~' 을 부사절로 해석할 것이 아니라, '그들이 그것을 해야 할 필요가 있게 될 날이 올 수도 있다는 점을 내가 안다' 는 내용이 옳다. 여기서 when 절 이하는 the day 를 꾸미는 관계부사절이 되는 것이다.

▫ 다음 글을 읽고 물음에 답하시오.

Clay is a material that has the fundamental characteristics of becoming plastic when moist so that it can be modeled or molded. Clay hardens when allowed to dry in the air, but can still be softened again with water. Heat changes the nature of clay, however, so that it becomes rigid and stony. This change is almost irreversible when the clay is baked above a temperature of 600 centigrade. Throughout history, people have exploited these qualities of clay to make bricks, pottery, and porcelain.

13 What is the best topic of this passage?

① The characteristic of pottery
② The basic nature of clay
③ The properties of mud
④ The useful applications of clay
⑤ The exploitation of clay in history

14 The tone of the passage can best be described as ___________.

① philosophical   ② critical
③ humorous   ④ factual
⑤ instructive

어구   clay 점토 | fundamental 기초적인, 근본적인 | moist 습기 있는, 감상적인 | model (찰흙으로) 모형을 만들다 | harden 단단해지다 | soften 부드러워지다 | rigid 굳은, 완고한 | stony 돌의, 돌 같은, 무자비한 | irreversible 뒤집을 수 없는, 취소할 수 없는 | centigrade 섭씨의 | exploit 이용하다, 개발하다, 착취하다 | brick 벽돌 | pottery 도기 | porcelain 자기 〔보기〕 property 재산, 자산, 소유물 | mud 진흙, 찌꺼기 | exploitation 이용, 개발, 착취 | philosophical 철학적인 | critical 비평적인 | humorous 유머스러운 | factual 사실적인 | instructive 교훈적인

▶ 접속사+~ing/ pp

부사절의 주어와 주절의 주어가 같을 때, '접속사'를 생략하지 않고, '접속사+분사' 형태로 쓰일 수 있다.

Clay is a material that has the fundamental characteristics of becoming plastic *when it* is moist so that it can be modeled or molded.

= *Clay* is a material that has the fundamental characteristics of becoming plastic *when (being)* moist so that it can be modeled or molded.

⇒ when 부사절의 주어 'it'과 주절의 주어인 'moist'가 같으므로, 'when+being' 형태로 쓰일 수 있으며, '분사 being'은 생략이 자유롭다.

해설   **13_〔주제〕 이 글의 주제는?**

① 도기의 특징
② 점토의 기본 성질
③ 진흙의 특징들
④ 점토의 효율적인 응용
⑤ 역사에서 점토의 이용

◎ 점토의 성질을 이용하여 벽돌이나 도기와 자기를 만든다는 내용이 이 글의 주제이다.

정답 ②

14_〔글의 분위기〕 이 글의 분위기를 가장 잘 묘사한 것은?

① 철학적인
② 비평적인
③ 유머러스한
④ 사실적인
⑤ 교훈적인

◎ 글은 점토의 특징들을 객관적으로 전달하는 사실적인 묘사 분위기이다.

정답 ④

해석   점토는 주조될 수 있거나 주조되기 위하여 습기가 찼을 때, 플라스틱이 되는 기본적인 특징을 가지고 있는 물질이다. 점토는 공중에서 건조시킬 때에는 단단해지지만, 물을 사용하면 다시 여전히 부드러워질 수 있다. 그러나 열이 점토의 특질을 변화시켜서 점토가 단단해지고 돌같이 된다. 이 변화는 점토가 600도가 넘는 온도에서 구어지게 되면 거의 불가능하다. 역사를 통해서 사람들은 벽돌, 도기와 자기를 만들기 위하여 점토의 이러한 특성을 이용했다.

연결사

제4장
연결사

1. 유형 정의

연결사는 문장과 문장의 연결을 논리적으로 응집시키는 연결어구이며, 연결사 선택 문제는 특정 연결사를 생략한 채 주어진 문장들 간의 응집성을 완성시키기 위해 올바른 연결사를 선택하는 문제 유형이다.

2. 공략 방법

(1) 연결사 자체가 글의 전개 방식을 자연스럽게 해주는 장치이니, 글의 논리적 흐름을 살펴야 한다.

(2) 단락의 전개 방식을 자연스럽게 해주는 '주요연결사' 들을 숙지해야 한다.

3. 설문 유형

- Choose the one which is most appropriate for the blank.
- Choose the one that best completes the blank.
- Choose the one that is most appropriate for each blank.
- 밑줄 친 부분에 가장 알맞은 말은?
- 괄호에 알맞은 연결어를 고르시오.

4. 주요 연결사

(1) 열거

many, several, various, diverse, different, two, some, others, the first, the second, the third, ···, the last, one, another, the next, ···, the final, the most important (essential, necessary, chief) ~, the primary~

(2) 대조 · 역접

however, but, yet , instead, although, while(=whereas), in spite of, despite, with[for] all, nevertheless, in contrast (with), to the contrary, on the other hand, meantime, meanwhile, by the way

(3) 양보

although, even if, even when, despite, as, granting, admitting

(4) 예시

for example, for instance, such as

(5) 첨가

besides, in addition, furthermore, as well, also, too, moreover

(6) 인과

so, thus, therefore, hence, consequently, accordingly, as a result, as a consequence

(7) 결론 · 요약

after all, in conclusion, in the long run, in the end, ultimately, eventually, in short, in brief

(8) 부연

that is (to say), in other words, namely, as it were, so to speak, in deed, or

1 Choose the one that best completes the blank.

Tom Willard was ambitious for his son. He had always thought of himself as a successful man, __________ nothing he had ever done had turned out successful. However, when he was out of sight of the New Willard House and had no fear of coming upon his wife, he swaggered and began to dramatize himself as one of the chief men of the town. He wanted his son to succeed.

① when　　　　② for
③ because　　　④ although

2 괄호에 알맞은 연결어를 고르시오.

There is a balance in nature that can be hurt by the smallest change in living conditions. __________, in a healthy environment, the amount of plant food is just right for the number of fish in a river ; __________, when the river is dammed, the balance changes. Too many fish or too much plant life can make the river unliveable.

① For instance - in addition
② For example - however
③ However - for instance
④ For example - otherwise

1 [연결사] 괄호에 알맞은 연결어를 고르시오.

어구 **think of A as B** A를 B라고 생각하다 | **turn out** ~임이 밝혀지다 | **be out of sight** 눈에서 사라지다 | **come upon** 우연히 마주치다 | **swagger** 뽐내며 걷다 | **dramatize A as B** A를 B로 과장하여 표현하다

해설 ① ~했을 때 ② ~이기 때문에 ③ ~ 때문에 ④ ~일지라도

◐ 자신이 성공한 사람이라고 생각했다는 내용과 실제로는 성공한 것이 없었다고 판명되었다는 관계는 '역접-양보' 의 관계이다.

해석 Tom Willard는 자신의 아들에 대해서 큰 기대를 했다. 그가 했던 어떤 것도 실패로 끝났지만, 그는 자신을 성공적인 사람이라고 항상 생각했다. 그러나 그가 New Willard House에서 먼 곳에 있었고 아내와 우연히 만나게 될 것이라는 걱정이 전혀 없었을 때에 그는 으스대면서 걸었고 자신을 마을의 중요 인물로서 과장되게 행동하기 시작했다. 그는 아들이 성공하기를 기원했다. **정답 ④**

2 [연결사]

어구 **balance** 균형 | **healthy** 건강한 | **dam** 댐을 건설하다 | **unliveable** 살 수 없는 [보기] **for instance** 예를 들면(for example) | **in addition** 게다가(besides) | **otherwise** 그렇지 않는다면

해설 ① 예컨대 – 게다가　　　　② 예컨대 – 그러나
③ 그러나 – 예컨대　　　　④ 예컨대 – 그렇지 않다면

◐ 첫 문장에 대한 예를 이하에서 총괄적으로 들어 주므로, 첫 괄호는 '예컨대' 라는 표현이 옳다. 두 번째 괄호는 첫 예시 문장의 물고기 총수에 맞다는 내용과 역접의 관계인 생존 불가능의 내용이 나오므로 '역접-양보' 의 관계인 '그러나' 가 옳다.

해석 자연의 균형은 생활 조건에서는 가장 적은 변화에 의해 손상될 수 있다. 예컨대, 건강한 환경 속에서는 식물 형태 먹이의 양이 강의 물고기 총수에 딱 알맞다. 그러나 그 강을 댐으로 막는다면 그 균형이 변한다. 물고기가 너무 많아지거나 식물이 너무 많아지면 강에서는 살 수 없게 할 수 있다. **정답 ②**

Check

▶ 목적격관계대명사의 생략

목적격관계대명사는 '전치사의 목적어' 또는 '콤마 뒤 계속적 용법' 으로 쓰이지 않은 한, 생략이 자유롭다.

Nothing (that) he had ever done had turned out successful.

⇨ 선행사 nothing을 꾸며주는 목적격관계대명사 절 'that he had ever done' 의 목적격관계대명사 'that' 이 생략된 형태이다.

▶ 세미콜론(;)의 기능

두 개의 독립된 문장을 연결할 때 세미콜론을 사용한다. 즉, 접속사 대용 구두점 역할이 가능하다.

The amount of plant food is just right for the number of fish in a river. *But* when the river is dammed, the balance changes.

= The amount of plant food is just right for the number of fish in a river when the river is dammed, the balance changes.

= The amount of plant food is just right for the number of fish in a river *however*, when the river is dammed, the balance changes.

⇨ 두 개의 문장의 관계가 '역접' 의 관계이므로 'but' 을 이용할 수 있지만, 두 번째 문장처럼 '세미콜론' 만으로 연결할 수 있다. 이는 다시 마지막 문장처럼, 두 문장의 관계가 역접임을 강조하기 위해서 'however' 라는 접속부사를 삽입시켰다.

3   Choose the one that is most appropriate for each blank.

Some people carry on active social lives with computers - their own or the ones available at terminals in public places like cafes, social centers, libraries, etc. Communicating with others on "bulletin boards", they get to know people they might never meet in traditional way. ________, a graduate student in San Francisco, California, has made more than fifty "net friends", including a homeless vegetarian who gets around on roller-blades, an HIV-positive police officer, some members of an Iranian family, an 80-year-old detective, and a medical geneticist who studies DNA. She has gone out on dates with about ten of her "network contacts". In fact, she almost married one. The romance didn't last, ________. She doesn't blame the computer for breaking up the relationship.

① Therefore - in addition
② By the way - nevertheless
③ For example -however
④ As a result - that is

3 [연결사] 괄호에 알맞은 연결어를 고르시오.

어구 **carry on** 실행하다, 수행하다, 계속 일하다 │ **active** 능동적인, 활동적인 │ **available** 이용할 수 있는 │ **terminal** 컴퓨터 단말기, 종착역, 병 말기의 │ **bulletin** 게시, 고시, 보고서, 회보 │ **traditional** 전통적인, 인습의 │ **vegetarian** 채식주의자 │ **roller-blade** 롤러스케이트 │ **get around** 여기저기 돌아다니다. │ **HIV-positive** 에이즈 바이러스 양성 반응의 │ **Iranian** 이란 사람의 │ **detective** 탐정 │ **geneticist** 유전학자 │ **last** 지속하다 │ **blame A for B** B라는 이유로 A를 비난하다 │ **break up** 깨지다, 단절되다 〔보기〕 **therefore** 그러므로 │ **by the way** (화제를 바꿀 때) 그런데, 여담이지만 │ **nevertheless** 그럼에도 불구하고 │ **as a result** 결과로서 │ **that is** 즉, 다시 말하자면

해설 ① 따라서 – 게다가   ② 여담이지만 – 그럼에도 불구하고
③ 예컨대 – 그러나   ④ 결과로서 – 다시 말하자면

　첫 괄호는 앞 문장에서 알고 지내게 된 사람들의 예를 들어주므로, '예컨대'가 옳으며, 두 번째 괄호는 결혼 생활이 오래 가지 못했다는 내용에 대한 '역접'의 관계로서 '컴퓨터를 비난하지 않는다'고 했으므로, '그러나'가 옳다.

해석 어떤 사람들은 컴퓨터로 능동적인 사회 생활을 해나간다 – 예컨대, 카페나 사회 센터나 도서관 등과 같은 공공장소를 컴퓨터 단말기를 통하여 이용한다. 게시판에서 다른 사람과 대화를 나누는 그들은 전통적인 방식으로는 만날 수 없는 사람들을 알게 된다. 예를 들어, 캘리포니아 샌프란시스코의 한 대학원생은 컴퓨터로 50명 이상의 친구를 사귀게 됐는데, 그 중에는 집 없이 롤러스케이트 타고 돌아다니는 채식주의자, 에이즈 바이러스 양성 반응의 경찰관, 이란 출신 가정의 사람들, 80세의 형사와 DNA를 연구하는 유전학자 등이 있다. 그녀는 인터넷으로 알게 된 약 10명의 사람과 데이트도 했다. 사실 그녀는 한 명과 결혼까지 했다. 그 사랑은 오래 가지 못했다. 그러나 그녀는 그 관계가 깨진 것에 대해 컴퓨터를 비난하지 않는다.

정답 ③

Check

▶ 주격관계대명사+be동사는 생략이 가능

Some people carry on active social lives with computers - their own or the ones *(which is)* available at terminals in public places.

= Some people carry on active social lives with computers - their own or the ones *(being)* available at terminals in public places

⇒ '주격관계대명사+be 동사'는 분사 'being'으로 줄일 수 있는데, be 동사를 이용한 분사는 생략이 가능하다.

4 다음 밑줄 친 곳에 가장 알맞은 것은?

The Mediterranean Sea linked three continents Europe, Asia and Africa. Surrounding that sea was a world of diverse peoples, languages, and religions. Even its northern shores, largely united by Christianity, exhibited a remarkable variety of languages, customs, currencies, and political economies. _______, the peoples who inhabited the shores of the Mediterranean were united in common world view — as the name suggests, they saw themselves as living at the center of the world.

① Moreover
② In brief
③ Therefore
④ However
⑤ As a matter of fact

5 Choose the one that best completes the blank.

The typical American student is generally friendly and open-minded. He is physically helpful and generous with his time. He is mentally alert and likes to discuss new ideas. _________, his friendship is often shallow, and his tolerance of and respect for other cultures is often limited.

① Hence
② Moreover
③ Therefore
④ Furthermore
⑤ Nevertheless

4 [연결사]

어구 mediterranean 지중해 | link 이어지다, 연결되다 | diverse 다양한 | shore 해안 | largely 대부분, 크게 | christianity 기독교(신앙) | exhibit 전시하다, 제시하다, 나타내다 | a variety of 다양한 | remarkable 두드러지는 | currency 화폐, 유통, 시세 | in common view 공통의 견해로 | see A as B A를 B라고 간주하다 [보기] moreover 더욱이 | in brief 말하자면, 요컨대 | as a matter of fact 사실상

해설 ① 더욱이
② 요컨대
③ 그러므로
④ 그러나
⑤ 사실상

➎ 앞 문장의 내용은 다양한 언어들, 관습들, 화폐들 등을 설명하는데, 다음 문장에서 다양성과는 역접의 관계인 견해의 공통성을 설명하므로 역접의 관계가 옳다.

해석 지중해는 유럽, 아시아와 아프리카의 세 개의 대륙을 연결했다. 다양한 민족들과, 언어들과 종교들의 세계가 이 바다를 둘러싸고 있다. 심지어 지중해 북쪽 해변들은 주로 기독교로 통합되었는데, 두드러진 다양한 언어들, 관습들, 화폐들 그리고 정치 경제들을 드러낸다. 그러나 지중해 해변에 거주하는 민족들은 공통의 견해로 통합되었다. 이름이 암시하듯이, 그들은 자신들을 세계의 중심에 사는 것으로 간주했다. **정답 ④**

▶ Check

▶ 분사 도치

be 동사의 진행형으로 쓰인 'ing' 또는 과거분사로 쓰인 'pp'가 문두로 위치할 경우 주어가 일반명사라면 도치가 발생한다.

A world of diverse peoples, languages, and religions was surrounding that sea.

= *Surrounding* that sea was a world of diverse peoples, languages, and religions.

5 [연결사] 괄호에 알맞은 연결어를 고르시오.

어구 typical 전형적인, 모범적인 | friendly 호의적인 | open-minded 개방적인 | generous 관대한 | alert 경계하는 | friendship 우정 | shallow 피상적인 | tolerance 인내심 [보기] hence 그러므로 | moreover 더욱이 | therefore 따라서 | furthermore 더군다나 | nevertheless 그럼에도 불구하고

해설 ① 그러므로
② 더욱이
③ 따라서
④ 더군다나
⑤ 그럼에도 불구하고

➎ 정신적으로 빈틈이 없고 새로운 생각에 대해 토의하기를 즐긴다는 내용과 교우 관계는 협소하다는 내용은 역접-대조의 관계이다.

해석 전형적인 미국 학생은 일반적으로 친절하고 개방적이다. 육체적으로도 건강하고 시간도 잘 내준다. 정신적으로 경계심이 강하고 새로운 아이디어에 대해서 토론하기를 좋아한다. 그럼에도 불구하고 그의 우정은 이따금씩은 협소하며, 다른 문화에 대한 인내심과 존경심은 종종 편협한 편이다. **정답 ⑤**

▶ minded

'minded'가 'hyphen'에 의해서 다른 단어와 결합이 되면 '마음이 ~한, 기질이 ~한'이란 뜻을 가진다.

absent-minded 얼빠진, 건성의

bloody-minded 살벌한, 잔인한

6   **Choose the one that best completes the blank.**

Admirers of modern science boast that man's cleverness will find ways to sustain any number of people by using to the fullest every inch of space. _________ even now we are victims of many scientific solutions that cause more problems than they solve. Science does not always have the answer at the precise time it is needed.

① But
② Moreover
③ Therefore
④ Finally

7   **Choose the one that best completes the blank.**

Sign and signal language is a system of communication that does not use the human voice or natural speech. Some sign language is based on a code of hand and arm gestures or movements of other parts of the body. Other sign language, called signaling, refers to the transmission of information by visible and audible signals. Some gestures and signals in sign language may convey actual ideas or directions. For example, a traffic director blows a whistle and holds up his or her hand, palm facing out, in order to make traffic stop. _________ , other signals are symbolic; that is, they convey some idea associated with, but not the same as, themselves.

① Fortunately   ② For this reason
③ As a result   ④ In short
⑤ In contrast

6   [연결사] 괄호에 알맞은 연결어를 고르시오.

어구   **admirer** 존경하는 사람(찬미자) | **boast** 자랑하다 | **sustain** 유지하다, 부양하다 | **victim** 희생자 | **at the precise time S+V** ~하는 정확한 시기에

해설   ① 그러나   ② 더욱이
       ③ 따라서   ④ 마침내

   ◐ 인간의 지혜가 아무리 많은 이들이라도 부양할 수 있는 방책이 있다는 앞 문장의 내용과 과학 해결책의 희생자라는 내용은 역접의 관계이다.

해석   현대 과학을 존경하는 사람들은 인간의 총명함이 모든 공간 구석을 최대치로 이용함으로써 아무리 많은 사람들이든지 부양할 방법을 찾을 것이라고 자랑한다. 그러나 심지어 아직껏 우리는 많은 과학적 해결책들의 희생자이다. 그것들은 해결하는 것보다 더 많은 문제들을 불러일으킨다. 과학이 필요로 하는 시기에 언제나 해답을 가지고 있는 것은 아니다.   **정답** ①

---

7   [연결사] 괄호에 알맞은 연결어를 고르시오.

어구   **be based on** ~에 근거하다 | **signaling** 신호법, 신호표시 | **refer to** ~을 언급하다, ~과 관계가 있다 | **transmission** 전달, 전송 | **visible** 눈으로 볼 수 있는 | **audible** 귀로 들을 수 있는 | **convey** 나르다, 전달하다 | **traffic director** 교통 통제원 | **blow a whistle** 호각을 불다 | **palm** 손바닥 | **symbolic** 상징적인 | **that is** 즉, 다시 말하자면

해설   ① 운이 좋게도
       ② 이와 같은 이유 때문에
       ③ 따라서
       ④ 요컨대, 결국
       ⑤ 대조적으로

   ◐ '호각을 불고', '손을 올리는' 구체적인 행동이 제시되는 앞 문장과 '다른 신호들은 상징적이라는 내용'은 대조의 관계이다.

해석   기호와 기호언어는 인간 목소리와 자연스러운 말을 사용하지 않는 의사 전달 체계이다. 어떤 기호언어는 손과 팔 동작 신호 또는 신체의 다른 부분의 운동에 근거한다. 신호법이라 불리는 다른 기호언어는 눈으로 볼 수 있고 귀로 들을 수 있는 신호를 통해 정보를 전달하는 것과 관련이 있다. 기호언어의 일부 동작과 신호들은 실제 생각이나 방침을 전달할 수도 있다. 예컨대, 교통 통제원이 교통을 통제하기 위하여 호각을 불고 자신의 손을 밖으로 향하게 한 채로 손을 드는 경우가 있다. 이와는 대조적으로 다른 신호들은 상징적이다. 즉, 이들 신호가 동일하지는 않지만 그와 관련된 생각을 전한다.   **정답** ⑤

▶ 전치사+동명사 구문

by ~ing ~함으로써 in ~ing ~할 때, ~하는데 있어서
(up)on ~ing ~하자마자
far from ~ing ~하기는 커녕
instead of ~ing ~대신에
besides ~ing ~뿐만 아니라

by using <u>to the fullest</u>
        전치사구
every inch of space

⇨ 'to the fullest'는 삽입된 전치사구로서 동명사 'using'의 목적어는 'every inch of space'가 된다.

▶ 독립분사구문

분사구문의 주어가 주절의 주어와 다를 경우 별도의 의미상의 주어를 분사 앞에 위치시킨다.

A traffic director blows a whistle and holds up his or her hand, *as palm faces out*.

= A traffic director blows a whistle and holds up his or her hand, *palm facing out*.

⇨ 주절의 주어인 'a traffic director'와 as 부사절의 주어인 'palm'이 다르므로, 분사로 축약 시 별도의 의미상의 주어인 palm을 그대로 위치시켰다. 문장이 끝나고 나오는 분사구문의 해석은 '그리고 · 그래서/ ~하는 채로' 정로로 해석해 주면 된다.

8 Choose the one that best completes the blank.

Presidents were not so remote and sheltered from the people in the late nineteenth century, as Garfield's assassination shows. When he was shot, the president of the United States was waiting for a train on a public platform. An incident that involved Rutherford B. Hayes after he left the White House illustrates the point more amusingly. While attending a political rally, Hayes was stopped by a policeman, who brusquely pulled him back to a pathway and gave him a finger-shaking lesson because he was walking on the grass. __________. President Grant, who never lost his love for fast horses, was written a ticket by a Washington officer for speeding.

① However   ② Conversely

③ Likewise   ④ Consequently

⑤ Rather

9 Choose the one that best completes each blank.

Modern humans are becoming aware that forms of energy such as oil, coal and natural gas do not exist in unlimited supplies and could dwindle down to nothing in the near future. __________, they are difficult to obtain, they pollute the atmosphere, and the cost of refining and transporting them is immense. __________ humankind must find new sources of energy. One alternative source is solar energy.

① Furthermore - Otherwise   ② However - By the way

③ In addition - Thus   ④ Therefore - Consequently

⑤ Yet - Besides

8 [연결사] 괄호에 알맞은 연결어를 고르시오.

어구 remote 먼, 외딴 | shelter 보호하다, 숨기다 | assassination 암살 | illustrate 예증하다 | political rally 정치 집회 | brusquely 퉁명스럽게 | give a lesson 강의하다 | speeding 속도 위반 | write a ticket 딱지를 떼다 〔보기〕 conversely 반대로, 그에 비해 | likewise 마찬가지로 | consequently 결론적으로 | rather 오히려

해설
① 그러나
② 반대로
③ 마찬가지로
④ 결론적으로
⑤ 오히려

　　헤이스 대통령에게 훈계를 했다는 앞 문장의 내용과 그랜트 대통령에게 속도 위반 증서를 물게 했다는 내용은 순접·비유의 내용이다.

해석 가필드 대통령 암살사건이 보여주듯이, 19세기 후반에 대통령들은 사람들과 그리 멀거나 보호받지도 않았다. 가필드가 총에 맞았을 때, 그는 일반 플랫폼에서 기차를 기다리고 있었다. 러더퍼드 B. 헤이스가 백악관을 떠난 후, 그와 관련된 사건은 그 점을 보다 재미있게 설명해 준다. 정치 집회에 참석하는 동안, 경찰이 헤이스 대통령을 세웠는데, 그는 퉁명스럽게 헤이스를 다시 길로 잡아끈 뒤 손가락을 흔들어 보이며 훈계했는데, 왜냐하면 그가 잔디를 밟고 있었기 때문이다. 마찬가지로, 준마에 대한 애정이 식었던 적이 없는 그랜트 대통령은 워싱턴 경찰관에게 속도위반 증서를 받았다.　　**정답** ③

▶ 4형식 동사의 수동태 = 3형식

4형식 동사인 'give, write, send' 등이 수동태로 전환되면 'be pp + 목적어' 구조를 취하는데, 기본적인 속성은 '~을 받다'는 의미를 가지게 된다.

A Washington officer wrote president Grant a ticket
　　　　간·목　　　　진·목
for speeding.

= President Grant was written a ticket
　동사(수동태)　　목적어
by a Washington officer for speeding.

---

9 [연결사] 괄호에 알맞은 연결어를 고르시오.

어구 become aware that S+V ~을 알다 | coal 석탄 | unlimited 무제한의 | supply 공급 | dwindle down to 줄어서 ~이 되다 | pollute 오염시키다 | refine 정제하다 | immense 막대한 | source 근원 | alternative energy 대체 에너지 〔보기〕 furthermore 더욱이 | otherwise 그렇지 않으면 | however 그러나 | by the way 그런데, 말이 나온 김에 | therefore 따라서 | consequently 따라서 | yet 그럼에도 불구하고 | besides 게다가; 그 밖에

해설
① 더욱이 – 그렇지 않다면　　② 그러나 – 그런데, 말이 나온 김에
③ 게다가 – 따라서　　　　　　④ 그러므로 – 따라서
⑤ 그럼에도 불구하고 – 게다가

　　첫 괄호는 '에너지가 고갈된다'는 앞의 내용과 '에너지를 얻기 힘들다'는 내용은 '첨가'의 'in addition'이 옳다. 두 번째 괄호는 '기존의 에너지가 아닌 새 에너지를 구해야 한다는 객관적 의무'를 제시하므로 '결론'인 'thus'가 옳다.

해석 현대인은 석유, 석탄, 천연가스와 같은 형태의 에너지가 엄청난 공급을 받으며 존재하지 않고 가까운 장래에 줄어들어 없어질 것이라는 것을 알고 있다. 게다가 이것들은 획득하기도 힘들며, 대기를 오염시키고 이것들을 정제하거나 운반하는 비용도 막대하다. 그러므로 인류는 새로운 에너지원을 찾아내야 한다. 한 대체 에너지는 태양 에너지이다.　　**정답** ③

▶ 난이 형용사 구문

'difficult, easy, hard, possible, impossible' 형용사가 이끄는 구문은 'it is difficult/ easy/ hard to R'로 즐겨 쓰는데, to 부정사의 목적어가 문장의 주어로 위치가 가능하며, to 부정사의 목적어가 비어 있게 된다.

It is difficult to obtain them.
가주어　　　　진주어

= They are difficult to obtain.

⇒ 진주어 to 부정사의 목적어인 'them'이 문장의 주어인 'they'로 위치하여 to obtain의 목적어가 없는 문장이다.

10 **Choose the one that best completes the blank.**

Eating is not easy abroad the spacecraft. If you spill coffee or juice, it just floats around the cabin in balls. Salt is impossible to use in space. The grains of salt won't come out of the salt shaker. __________, you have to use salt and pepper in liquid form. Astronauts now know that they must not take chili into space. On one flight, containers of food with chili exploded when the astronauts opened them.

① For example
② Moreover
③ Above all
④ Instead

10 [연결사] 괄호에 알맞은 연결어를 고르시오.

어구 spacecraft 우주선 | spill 흘리다 | float around 주변을 떠돌아다니다 | cabin 선실 | grain 알갱이 | pepper 후추 | astronaut 우주 비행사 | explode 폭발하다 | nevertheless 그럼에도 불구하고 [보기] moreover 게다가 | above all 무엇보다도 | instead 대신

해설 ① 예컨대 ② 더욱이 ③ 무엇보다도 ④ 대신에

◎ 소금을 사용할 수 없다는 앞 문장의 내용과 액체로 구성된 소금과 후추를 사용해야 한다는 내용은 역접-양보의 관계이다.

해석 우주선에서 먹는 일은 쉽지 않다. 커피나 주스를 흘리면, 그것들은 공 모양이 되어 선실 여기저기를 떠다닌다. 소금은 우주선에서 사용할 수가 없다. 소금 알갱이가 소금 그릇에서 나오지 않는다. 대신 액체 상태의 소금과 후추를 사용해야 한다. 우주 비행사들은 이제 우주선에 칠리를 가져가서는 안 된다는 것을 알고 있다. 언젠가 비행 중에 우주 비행사들이 칠리가 들어 있는 음식용기를 열자 폭발했기 때문이다. **정답** ④

Check

▶ **out of의 해석**

out of는 첫째, 분리·이탈의 기능을 가지게 되어 '~로부터' 해석이 대다수를 차지하며, 둘째, 감정의 동기를 나타내어 '~때문에' 라는 뜻도 가질 수 있다. 이는 해석상의 구분이다.

The grains of salt won't come *out of* the salt shaker.
[분리·이탈; ~로부터]
소금 알갱이가 소금 그릇에서 나오지는 않을 것이다.

I love her *out of* pure pity.
[감정의 동기; ~ 때문에]
나는 순수한 동정심 때문에 그녀를 사랑한다.

▫ Read the following passage and choose the best answer to each question.

He wasn't a scientist, but scientists of his day revered Alan Owston. One scientist hailed the prodigious number of bird specimens he collected and added that one need only look at the number of animals named after him to gauge his importance. Another said his array of fish from Japan and China was one of the most important collections of its kind. __________ he is almost forgotten today.

The English-born Alan moved to Japan in 1871 at the age of 18 and became a merchant and naturalist. He married a Japanese woman, helped found the Yokohama Yacht Club and was buried in the foreigner's cemetery of that city after his death in 1915.

11 Which would be the best title of the passage?

① Forgotten Collector of Asian Animal Life
② The First British Merchant in Japan
③ The Oldest Yokohama Yacht Club
④ A Variety of Mr. Owston's Fish
⑤ The First Foreign Immigrant in Japan

12 Which would be most appropriate for the blank?

① Since   ② Yet
③ Otherwise   ④ For
⑤ Likewise

13 According to the passage, which one is NOT true of Mr. Owston?

① He was interested in the animals in Japan.
② He lived in Japan more than 40 years.
③ He got married to a Japanese woman.
④ He died at the age of 62 in Japan.
⑤ He wanted to be buried in his hometown.

□ **다음 글을 읽고 각 물음에 알맞은 답하시오.**

어구　**revere** 존경하다, 숭배하다 | **hail** 환호·환영하다 | **prodigious** 거대한, 놀라운 | **specimen** 표본, 견본 | **gauge** 평가하다, 측정하다 | **merchant** 상인 | **naturalist** 박물학자 | **cemetery** 묘지 [보기] **forgotten** 잊혀진 | **hometown** 고향

해설　**11_〔제목〕이 글의 알맞은 제목은 다음 중 무엇인가?**

① 아시아 동물 생명체의 잊혀진 수집가
② 일본의 첫 영국 상인
③ 가장 오래된 요트 클럽
④ Owston 씨의 다양한 물고기
⑤ 일본의 첫 외국 이주자

◎ 영국 태생인 Alan Owston이 동양 동물들을 연구하여 찬사를 받았지만, 오늘날 잊혀진 일대기를 간략하게 언급한 글이다.

정답 ①

12_〔연결사〕괄호에 가장 적절한 것은 무엇인가?

① ~ 때문에, ~이후로
② 그러나
③ 그렇지 않다면
④ 때문에
⑤ 마찬가지로, 게다가

◎ 앞 문장까지는 '과거시제'를 통해서 찬사를 받았다는 내용이 이어졌지만, 첫 단락 마지막 문장에서 '현재시제'를 통해 거의 잊혀진 존재라고 설명하므로 '대조'의 'yet'이 옳다.

정답 ②

13_〔세부사항〕Owston 씨에 대한 설명으로 틀린 것은?

① 그는 일본의 동물들에게 관심을 가졌었다.
② 그는 40년 넘게 일본에서 살았었다.
③ 그는 일본 여성과 결혼했었다.
④ 그는 일본에서 62세의 나이에 사망했다.
⑤ 그는 고향에 묻히기를 원했다.

◎ 자신의 주검이 어느 나라에 안치되어야 할지 자신의 판단이 언급된 바 없다.

정답 ⑤

해석　그는 과학자는 아니었지만, 그가 살던 시대의 과학자들은 Alan Owston을 존경했다. 한 과학자는 Alan이 수집한 엄청난 수의 새 표본에 감탄했으며, Alan의 관록을 판단하기 위해 그의 이름을 붙인 많은 동물들을 봐야만 한다고 덧붙였다. 다른 과학자가 말하기를, Alan이 일본과 중국에서 수집한 물고기 무리가 그 종류에 있어서 가장 중요한 수집품들 중 하나라고 했다. 그러나 Alan은 오늘날 거의 잊혀졌다.
영국 태생인 Alan은 18살의 나이에 1871년에 일본으로 와서 상인 겸 박물학자가 되었다. 그는 일본인과 결혼하여, 요코하마 요트클럽을 창시하는 데 도움을 주었으며, 그가 1915년에 죽은 뒤 외국인 묘지에 묻혔다.

Check

▶ **help + (to) R**

help 동사는 'to 부정사'를 목적어로 취하는데, 이 때 'to' 없이 원형 부정사만 목적어로 취할 수 있다.

He ① <u>married</u> a Japanese woman, ② *helped (to) found* the Yokohama Yacht Club and ③ <u>was</u> buried in the foreigner's cemetery of that city after his death in 1915.

⇨ 병치되고 있는 두 번째 동사인 'helped'의 목적어 'to found'에서 'to'가 생략되고 '원형부정사'만 목적어로 위치한 경우이다.

Chapter **5**

특정정보

특정정보

1. 유형 정의

주어진 지문의 내용을 바탕으로 하여, 출제교수가 구체적인 세부 정보를 문제화시킨 후 문제에서 요구하는 정보를 지문의 내용 안에서 파악해야 하는 유형이다. 즉, 문제에서 요구하는 조건에 합당한 특정 정보를 주어진 지문에서 옳게 추출된 보기항을 선택하는 유형이다.

2. 공략 방법

(1) 어떠한 특정 정보 추출을 요구하는지 알아야 하므로, 문제부터 반드시 봐야 한다.

(2) CBT TOEFL 이나 TOEIC의 경우는 문제만 읽은 후 지문만 훑어나가도 문제에서 요구하는 쟁점을 발견하여 문제를 쉽게 풀 수 있지만, 국내 수험영어인 '공무원과 편입' 영어 문제는 이 방법이 통하지 않는다. 즉, Skip과 Scanning을 통해서 문제해결을 할 수 있다는 것은 결과적인 측면일 뿐, 실제 시험에서는 통하지 않으므로, 순서대로 지문을 읽으면서 머릿속에 기억된 설문에서 요구한 특정 정보를 골라내야 된다.

(3) 일치 · 불일치 유형과 마찬가지로 주어진 지문에 있는 내용과 동일한 문장 그대로 보기항에 진술되는 경우는 드물며, 거의 대개가 재진술되어 있는 점을 조심해야 한다.

(4) 보기항에 있는 오답들의 내용이 지문의 내용과는 일치할지라도 주어진 문제의 조건과 상반되지 않는지 조심해야 한다.

(5) 수험영어는 수험생의 상식을 요구하는 것이 아닌, 주어진 글 안의 내용을 얼마나 신속하고 정확하게 파악하느냐의 사고 능력 테스트이다. 따라서 주어진 지문의 내용을 벗어나는 상식을 동원해서는 안 된다. 상식적인 면에서 동전은 두 면이지만, 작가가 동전은 세 개의 면이라고 한다면 그 글에서는 '동전의 면은 3개이다' 가 진리가 된다.

3. 설문 유형

- According to the passage, a murder would most likely occur on __________.
- Which of the following is not true about Death Valley?
- Who take the strictest stand to the genetically engineered products in the passage?
- What seems to be the problem between the mother and her son?
- How does religion affect business according to the paragraph?
- A man's first mistake is usually his last because __________.

1 다음 글 중 Asia에서 cellular phone 소비자 증가 요인으로 나타나 있지 않은 것은?

The number of cellular phone subscribers in Asia is predicted to rise from the current figure of around 10 million to 72 million by the year 2000. Fueling this boom are the region's dramatic economic growth, an abiding preoccupation with high technology and increased competition among cellular operators caused by market liberalization and the onset of new digital systems. Another factor stoking the cellular revolution is Asia's insatiable appetite for status symbols. In many parts of the region, having a cellular phone by one's side is as crucial to overall image as being well - dressed.

① politic stability

② economic growth

③ preoccupation with high technology

④ desire for high standing

2 Language is not inherited, but is acquired by __________ .

Language is so much a part of our daily activities that some of us may come to look upon it as a more or less automatic and natural act like breathing or winking. Of course, if we give the matter any thought at all, we must realize that there is nothing automatic about language. Children must be taught their native tongue and the necessary training takes a long time. Language is not something that is inherited ; it is an art that can be passed on from one generation to the next only by intensive education.

① reading ② writing

③ speaking ④ training

1 [특정정보]

어구 **cellular phone** 휴대전화 | **subscriber** 신청자, 예약자, 기부자 | **current figure** 현재 숫자 | **fuel** 가속화시키다 | **boom** 벼락 경기, 급등, 급속한 발전 | **dramatic** 극적인 | **abiding** 지속인, 영속적인 | **preoccupation** 몰두, 선점, 편견 | **region** 지역 | **operator** 사업자, 기사, 운전자 | **market liberalization** 시장 자유화 | **stoke** 불을 지피다, 연료를 지피다 | **onset** 시작, 개시, 착수 | **insatiable** 만족할 줄 모르는, 탐욕스러운 | **status symbol** 신분상징 | **crucial** 결정인, 중요한 | **overall** 전체의, 종합적인 [보기] **stability** 안정 | **high standing** 높은 지위

해설 ① 정치적 안정　　　② 경제의 성장
③ 첨단 기술에 대한 몰두　④ 높은 지위에 대한 열망
○ Asia에서 휴대전화 소지자 증가 요인을 설명한 것 중에서 정치적 안정에 대해서는 설명된 바 없다.

해석 아시아에서 무선전화를 신청하는 사람들의 수가 현재 약 천만 명에서 2000년까지는 7천 2백만 명으로 증가할 것이라고 예상한다. 이런 붐(boom)을 야기시키는 것은 아시아의 급격한 경제 성장과 지속되는 첨단 기술에 대한 몰두 그리고 시장 개방과 새로운 디지털 시스템의 착수로 야기된 무선전화 사업자들 간의 증가하는 경쟁 때문이다. 무선전화 혁명을 부추기는 또 다른 요인은 아시아의 탐욕스러운 지위에 대한 욕망 때문이다. 아시아의 많은 나라에서 어떤 사람의 옆구리에 무선전화를 가지고 다니는 것은 옷을 잘 차려 입은 것만큼이나 전체 이미지에 중요하다.

정답 ①

2 [특정 정보] 언어는 타고나는 것이 아니라 어떻게 후천적으로 얻어지는 것인가?

어구 **daily activity** 일상 활동 | **come to R** ~하게 되다 | **look upon A as B** A를 B로 간주하다 | **more or less** 다소나마, 얼마간 | **give ~ one's thought** ~을 생각하게 하다 | **automatic** 자동적인 | **native tongue** 모국어 | **take a long time** 오랜 시간이 걸리다 | **inherit** 상속하다 | **pass on** (정보 등을) 제공하다, 건네주다, (병을) 옮기다 | **acquire** 습득하다 | **art** 기술, 예술

해설 ① 독서 ② 작문 ③ 회화 ④ 교육
○ 언어는 유전되는 것이 아니고 오랜 시간에 걸쳐서 습득되어진다고 본문에 설명되어 있다.

해석 언어는 우리 생활에서 너무나 많은 부분을 차지하고 있어서 우리들 중 일부는 숨을 쉬거나 눈을 깜박거리는 것처럼 자동적이고 당연한 행위로 간주할 것이다. 물론, 우리가 기왕에 그 문제를 생각한다면, 우리는 언어가 전혀 자동적이지 않다는 것을 알아야 한다. 아이들은 자신의 모국어를 배워야만 하고 그 습득 기간이 오랫동안 필요하다. 언어는 유전되는 것이 아니다. 즉, 언어는 오로지 철저한 교육을 통해서만 한 세대에서 그 다음 세대로 전해질 수 있는 하나의 기술인 것이다.

정답 ④

 **Check**

▶**be 동사 이하의 보어/ ~ing 가 문두로 위치하여 도치가 발생한다.**

be 동사의 보어 또는 본문처럼 현재진행형의 동사 '~ing'가 문두로 위치할 경우, 그 주어가 일반명사이라면 도치가 발생한다.

The region's dramatic economic ① *growth*, an abiding ② *preoccupation* and increased ③ *competition* are fueling this boom

= *Fueling* this boom *are* the region's dramatic economic ① *growth*, an abiding ② *preoccupation* with high technology and increased ③ *competition*.

⇨ 현재진행형의 '~ing'가 be동사를 내버려둔 채 단독으로 문두로 위치하거나, 목적어와 함께 문두로 위치할 경우 그 주어가 일반명사라면 도치가 발생한다.

▶ **look upon A as B**

look upon A as B는 'A를 B로 간주하다'로 해석해주면 된다. 이러한 유형의 동사로서, 'think of A as B, speak of A as B, refer to A as B' 등이 있다.

Some of us may come to look upon it as a <u>more or less</u>
　　　　　　　　　부사구
automatic and natural act.

3 다음 글에 나타난 필자 어머니의 성격은?

Mom took time for everyone. One cold day, she saw the neighbor's three young children playing in our yard. They were shivering in thin, worn sweaters. She hustled them in, fed them and rummaged through our closets for extra coats. From that day, mom often brought stew, soup and pasta to their home. She telephoned the children in the morning to make sure they got up for school. Often, she walked them down the lane and waited with them for the bus.

① sociable   ② imaginative
③ selfless   ④ belligerent

4 Who take the strictest stand to the genetically engineered products in the passage?

Consumer advocates call for additional testing of crops and mandatory labeling of genetically engineered products. Administration officials say that it is unnecessary, and the food industry has argued that it would unfairly stigmatize biotech food.

① Consumer advocates
② Engineers
③ Administration officials
④ People in the food industry

3 [특정정보]

어구 shiver 떨다 | thin 얇은, 가는 | hustle 재촉하여 ~시키다, 밀다 | feed 먹이다, 기르다 |
rummage 샅샅이 뒤지다 | make sure 확인하다 | lane 좁은 길, 골목길, 샛길 〔보기〕
sociable 사교적인 | imaginative 창의적인 | selfless 헌신적인, 이기적이지 않은 |
belligerent 호전적인

해설 ① 사교적인   ② 창의적인
③ 헌신적인   ④ 호전적인
◑ 이 글에 나타난 어머니의 성격은 이웃을 헌신적으로 돕는 봉사적인 성격이다.

해석 엄마는 모든 사람들을 위해서 시간을 보냈다. 어느 추운 날 그녀는 이웃 3명의 어린 아이들
이 우리 마당에서 놀고 있는 것을 보았다. 그들은 얇고, 헐은 스웨터를 입고 떨고 있었다. 그
녀는 서둘러 그들을 불러들였고, 그들에게 음식을 줬고, 여분의 코트를 찾기 위해 장롱을 샅
샅이 뒤졌다. 엄마는 종종 스튜, 파스타를 그들의 집에 가지고 가셨다. 그들이 학교 가기 위
해서 일어났는지를 확인하시기 위해서 아침에 아이들에게 전화를 걸었다. 이따금씩 그녀는
길 아래까지 데려가서 함께 버스를 기다리셨다.

정답 ③

▶ 타동사구

hustle in(들여보내다), bring
up(키우다), turn on (켜다)와
같은 '타동사+부사' 형태의 타
동사구의 목적어가 대명사일 경
우 그 대명사는 타동사와 부사
사이에 위치해야 한다.

She *hustled* them *in*.
주어 타동사 목적어 부사

My husband *brought up
our children*, and I will
bring them up.

4 [특정정보] 누가 유전공학 생산품에 대하여 가장 엄격한 입장을 취하는가?

어구 advocate 옹호자 | mandatory 의무적인 | genetically engineered product 유전
공학 제품 | unfairly 부당하게 | stigmatize 낙인찍다, 비난하다 | biotech 유전공학 | strict
엄격한

해설 ① 소비자 옹호자들   ② 기술자들
③ 행정부 공무원들   ④ 음식업계에 종사하는 이들
◑ 소비자를 옹호하는 사람들이 유전공학 제품에는 의무적으로 표시가 되어야 한다고 주장하므로, 유전
공학 제품에 대한 가장 엄격한 입장을 취하고 있음이 첫 문장에서 설명되고 있다.

해석 소비자를 옹호하는 이들은 곡물에 대한 추가적인 실험과 유전공학 제품에 대한 의무적인 표
시를 요구하고 있다. 행정공무원들은 그것이 불필요하다고 말하고 있으며, 식품업계는 그것
을 생물공학 식품을 불공평하게 비난하는 일이라고 주장하고 있다.

정답 ①

▶ 병치

Consumer advocates call
for additional *testing*
             명사 목적어 1
of crops and mandatory
labeling.
명사 목적어 2

5 Who shows the strong tendency of being afraid of crime?

A growing body of research by automakers is finding that buyers of these two kinds of vehicles are very different psychologically. Sport utility vehicle buyers tend to be more restless, more extravagant, less social people who are "self-oriented," according to the automakers' words, and who have strong conscious or subconscious fears of crime. On the contrary, minivan buyers tend to be more self-confident and more "other-oriented" — more involved with family, friends and their communities.

① Automaker
② Sport utility vehicle buyer
③ Minivan buyer
④ Criminal

6 다음 글의 내용에서 사회 보존에 가장 필요한 것은?

More effective than all the laws society has made for its self-preservation is the function of conscience, setting thereby a policeman in every man's bosom to see that its laws are obeyed. It is remarkable that even in a man's most private affairs, where one might imagine society has no concern, conscience leads him to act according to the good of this organism outside himself.

① observing the law
② telling the difference between the good and the evil
③ the exclusion of personal problem
④ the function of conscience

5   [특정정보] 누가 범죄를 무서워하는 경향을 보이는가?

어구 **automaker** 자동차 제조업자 | **vehicle** 자동차 | **sport utility vehicle** 스포츠용 자동차 | **restless** 침착하지 못한, 불안한 | **extravagant** 낭비하는, 사치하는 | **self-oriented** 자기 지향적인

해설 ① 자동차 제조업자   ② 스포츠용 자동차 구매자
③ 미니밴 구매자   ④ 범죄인
　◐ 스포츠용 자동차 구매자가 범죄에 대해 의식적이든 잠재적이든 두려움을 지니고 있다고 했다.

해석 자동차 제조업체의 유력 연구단체가 두 종류의 자동차에 대한 구매자들은 심리적으로 매우 다르다는 사실을 알아내고 있다. 스포츠용 자동차 구매자들은 자동차 제조업자들의 말에 따르자면 자기 지향적이며 범죄에 대한 강한 의식적이든 잠재적이든 간에 두려움을 지녀 더 불안해 하고, 보다 사치스럽고, 보다 덜 사교적인 사람인 경향이 있다. 그와는 반대로, 소형 밴 구매자들은 보다 자신이 있고 외향적이며, 가족, 친구와 사회에 대해 보다 더 많은 연관성을 갖는 경향이 있다.　　　　　　　　　　　　　　　　　　　　　　　　　**정답** ②

6   [특정정보]

어구 **self-preservation** 자기 보존, 자기 방위 | **conscience** 양심 | **bosom** 가슴, 흉부 | **remarkable** 두드러진, 주목할 만한(noticeable) | **organism** 생물, 유기체 〔보기〕 **observe** 주목하다, 준수하다 | **tell the difference between A and B** A와 B를 구별하다 | **exclusion** 배제

해설 ① 법의 준수   ② 선과 악의 구별
③ 개인문제의 배제   ④ 양심의 기능
　◐ 첫 문장에서 사회 보존을 위해서는 양심의 기능이 법보다 더 필요하다고 서술하고 있다.

해석 사회의 자기 보존을 위해서 사회가 만들었던 모든 법보다 더 효과적인 것은 양심의 기능이다. 그래서 양심의 기능은 법이 준수되는가 보기 위해서 모든 사람의 가슴 속에 경찰관을 두는 것이다. 사회가 전혀 관심이 없다고 생각하는 곳인 인간의 가장 사적인 부분에서 양심은 그로 하여금 그 자신의 밖에 있는 이 기관의 유익에 따라서 행동하도록 이끈다는 것은 주목할 만하다.　　　　　　　　　　　　　　　　　　　　　　　　**정답** ④

Check

▶형용사의 병치

형용사가 병치될 경우에는 접속사가 없어도 무방하다.

Sport utility vehicle buyers tend to be more *restless*,
　　　　　　　형용사1
more *extravagant*,
　　　　형용사2
less *social* people.
　　형용사3

⇨ 형용사 'restless, extrav-agant, social'이 명사 people을 꾸미기 위해서 접속사 없이 콤마만으로 병치된 형태이다.

▶ be 동사의 보어가 문두로 위치한 경우 도치가 발생한다.

be 동사의 보어가 문두로 위치할 경우, 그 문장의 주어가 일반명사라면 도치가 발생한다.

The function of conscience *is* more *effective* than all the laws/ 비교급 구문
(society has made for its self-preservation)/선행사 laws 를 꾸며주는 목적격관계사절

= More *effective* than all the laws (society has made for its self-preservation) *is* the function of conscience.

⇨ be 동사의 보어인 'effective'가 비교급 구문인 'more ~ than' 의 수식을 받으며 문두로 위치하여 '동사(is)+주어(the function of conscience)' 로 도치되었다.

7 What is a correct statement about the First Continental Congress?

George Washington, Patrick Henry, and John Adams were among the fifty-six men who met in Philadelphia in September 1774. They were from the different American colonies, meeting to talk about the way Great Britain had been governing the colonies. At the meeting, called the First Continental Congress, the men agreed that the colonies had not been treated fairly. They sent a polite letter to Great Britain. In the letter, they asked for changes in trade and tax laws.

① They declared an independence.
② They demanded a fair treatment.
③ They agreed to organize an army.
④ The representatives came from Britain.

8 다음 글에서 섬유광학을 사용함으로써 얻는 이득은?

Communication systems using fiber optic technology provide a high degree of reliability which allows complex digital signals to be transmitted, including a high volume of data base information. In the audio field, fiber optics provide high quality for international communications going through a number of relay points. The world-wide fiver optic network is constantly expanding and is never likely to be really completed as points are added to better serve customers.

① Higher volume   ② Fewer relay points
③ More reliability   ④ Less complex signals

7 [특정정보] 첫 대륙회의에 관한 설명은 무엇인가?

어구 colony 식민지 | fairly 정당하게, 공정히 [보기] declare 선언하다 | independence 독립

해설 **첫 대륙회의에 관한 설명은 무엇인가?**
① 독립을 선언했다.　　　　　　② 공정한 처우를 요구했다.
③ 군대를 조직하는 데 동의했다.　④ 대표들이 영국에서 왔다.

◎ 마지막 두 문장을 통해 미국 식민지들에 대한 공정한 대우를 요구했다는 설명이 옳다.

해석 워싱턴, 헨리와 아담은 1774년 9월 필라델피아에서 만난 56명 중에 있었다. 그들은 미국의 모두 다른 식민지 출신들이었고, 영국이 어떻게 식민지들을 통치를 할 것인지에 대해 이야기하기 위해 모였다. 첫 번째 대륙회의라고 일컫는 그 모임에서, 그들은 식민지들이 정당하게 대우를 받지 못한다는 데 동의를 했다. 그들은 영국에서 서신을 보냈다. 그 서식을 통해, 무역과 세금 법의 개정을 요구했다.　　　　　　　　　　　**정답** ②

---

8 [특정정보]

어구 fiber optic technology 광섬유기술 | a high degree of 고급의 | reliability 신뢰도 | complex 복잡한 | transmit 전송하다 | a volume of 상당한 | relay point 중계소

해설 ① 높은 소리　　　　　　② 더 없는 중계소
③ 높은 신뢰도　　　　　　④ 덜 복잡한 신호 체계

◎ 첫 문장에서 섬유광학 기술은 높은 신뢰도를 제공한다고 설명되어져 있다.

해석 섬유광학 기술을 사용하는 통신체계는 복잡한 디지털 신호를 전송하게 하는 고급의 신뢰도를 제공하며, 상당한 데이터베이스 정보를 포함한다. 음성 분야에서는 광섬유가 많은 중계소를 통과하는 국제통화를 위해서 최상의 질을 제공한다. 세계적인 광섬유통신망은 계속해서 증가하고 있으며, 보다 잘 고객들을 돌보기 위한 중계소가 증가해야 하기 때문에 그 통신망은 실제적으로 결코 완성될 것 같지 않다.　　　　　**정답** ③

Check

▶ **주격관계대명사+be 동사는 생략이 가능하다.**

At the meeting, *which was* called the First Continental Congress ~

= At the meeting, called the First Continental Congress~

⇨ 선행사 meeting을 수식해 주는 관계대명사절의 관계대명사 which와 be동사가 생략되어 분사만 남겨진 형태이다.

▶ **후치수식하는 분사**

분사가 의미상의 목적어 또는 보어를 취하거나, 부사(구) 등의 수식어구를 동반할 때에는 명사 뒤에 위치한다. 이는 '주격관계대명사+동사'가 축약된 형태로 보아도 무방하다.

Communication systems *which use* fiber optic technology provide a high degree of reliability

= Communication systems *using* fiber optic technology provide a high degree of reliability

9 What made her feel ill?

I travelled to South America on a cargo boat which took a whole month to reach Buenos Aires. Before I set sail I was sure I had in me more of the pioneering spirit than even Columbus himself, but I soon decided that riding the waves was not one of my strong points, for the smell of the engines on our small ship and the constant vibration turned my stomach, and I experience none of the joys of the cruel sea. In fact, I was horribly ill for almost the entire journey, although I was just able to emerge at the end of it to enjoy the unbelievable beauties of Rio with its mountains behind, the gigantic blue butterflies, and the blue and white foam of the enormous breakers on its honey coloured sand.

① cargo   ② blue butterflies
③ engine fumes   ④ colored sand

10 A man's first mistake is usually his last because __________.

"A man's first mistake in the Arctic is usually his last." says Squadron Leader Scott Alexander of the Royal Canadian Air Force's survival training school at Cambridge Bay, 200 miles above the Arctic Circle. Here, in a land of snow, ice and rock, mauled by vicious polar winds, a handful of experts are teaching Canadian airmen how to stay alive in the event of an emergency landing. More than 2000 students take this course annually, "If you survive, you've passed." the men jest.

① he learns quickly.   ② a mistake usually causes death.
③ he learns slowly   ④ he is only allowed to make mistake.

9 [특정정보] 무엇이 그녀를 아프게 했는가?

어구 **cargo boat** 화물선 | **set sail** 항해를 하다 | **pioneering** 개척적인, 선구적인 | **point** 요점, 목적, 취지 | **vibration** 진동 | **turn one's stomach** 위(속)를 뒤집다 | **cruel** 잔인한 | **horribly** 끔찍하게 | **journey** 여행 | **emerge** 나타나다 | **unbelievable** 믿기 힘든, 거짓말 같은 | **gigantic** 거대한 | **foam** 거품 | **enormous** 거대한 | **breaker** 파도, 파괴자 cf) breaker foam 파도거품 [보기] **cargo** 선화, 화물 | **fume** 증기, 가스, 발연

해설 ① 화물 ② 파란 나비들
③ 엔진 냄새 ④ 색깔이 있는 모래

　　　⟹ 배의 엔진냄새와 진동이 그를 아프게 했다.

해석 나는 화물선을 타고 남아프리카로 여행을 갔는데, Buenos Aires로 가는 데 한 달이 꼬박 걸렸다. 항해를 하기 전에 내 안에 심지어 콜럼버스 이상의 개척자 정신이 있음을 확신했지만, 나는 파도를 탄다는 것(항해)이 나의 강력한 목표 중 한 가지는 아니라는 것을 곧 결심했다. 왜냐하면 작은 배 안의 엔진 냄새와 지속적인 진동이 내 배(신체)를 뒤집었고, 잔인한 바다에서 즐거운 일은 전혀 경험을 못했기 때문이었다. 비록 여행의 막바지에는 Rio의 산 뒤에 있는 믿을 수 없는 아름다움과, 큰 파란색의 나비들과 꿀 빛 모래 위에 있는 거대한 푸르고 하얀 파도 거품들을 즐기기 위해서 머물 수 있었지만, 사실, 여행 대부분의 기간 동안 몹시도 아팠다.　　　**정답 ③**

▶with 부대상황

'with＋목적어' 뒤에 위치한 '분사, 형용사, 부사(구)'가 모두 위치할 수 있는데, 형용사와 부사구 앞에는 'being'이 생략된 것으로 본다. 해석은 '~한 채, ~하면서'라는 의미를 가진다.

with its mountains *behind*
= *with* its mountains *(being) behind*
그것의(리오의) 산이 뒤에 있는 채로

with the television *on* =
with the television (being) *on*
TV가 켜진 채로

---

10 [특정정보] 한 번의 실수로 인해 최후를 맞이하는 이유는 무엇인가?

어구 **the Arctic** 북극 | **squadron** 기병대대, 함대, 비행대 | **maul** 상처를 내다, 비난하다 | **polar** 북극의 | **a handful of** 소량의 | **in the event of** ~할 경우에 | **emergency landing** 비상 착륙 | **take course** 교육 과정을 수료하다 | **jest** 농담하다, 비웃다

해설 ① 빨리 배우기 때문에 ② 한 번의 실수가 대개는 죽음을 야기하기 때문에
③ 느리게 배우기 때문에 ④ 실수를 범해도 된다고 허락되기 때문에

　　　⟹ ①, ③번은 언급된 바 없는 정보이며, ④번은 잘못된 진술이다. '북극에서 사람들이 처음 저지른 실수는 늘 자신의 마지막이 된다.'는 말은 '한 번의 실수도 죽음으로 귀결된다.'는 논리와 같다.

해석 "북극에서 사람들이 처음 저지른 실수는 늘 자신의 마지막이 된다."라고 북극권 경계에서 200마일이나 더 떨어져 위에 있는 캠브리지 만에 있는 캐나다 왕립 공군 생존학교의 비행대대 Scott Alexander가 말한다. 따라서 눈, 얼음, 바위가 있는 땅에서는 사악한 북극바람에 의해 공격받은 일부 전문가들이 캐나다의 조종사들에게 비상 착륙 상황이 발생하였을 경우 생존 방법에 대해 가르치고 있다. 2000명 이상의 학생들이 이 교육과정을 1년에 한 번씩 듣는다. "만일 당신이 살아 남는다면, 당신은 통과한 것이다."라고 그들은 농담한다.　　　**정답 ②**

▶ 직접화법 뒤에서 도치는 임의적이다.

직접화법 '…' 이하에 'ask/ say/ suggest/ jest' 같이 '설명류' 동사들이 등장할 경우, 주어가 대명사이면 도치를 할 수 없지만, 일반명사가 주어인 경우에는 도치를 해도 되고, 안 해도 상관없다.

Squadron Leader says "A man's first mistake in the Arctic is usually his last."

= "A man's first mistake in the Arctic is usually his last." *Squadron Leader says*

= "A man's first mistake in the Arctic is usually his last." *says Squadron Leader*

11 What seems to be the problem between the mother and her son?

My son is engaged to a girl whom I'll call Lucy. Lucy has eaten dinner at our house every Sunday for the last seven months. I fix good meals and she eats heartily and acts like she enjoys the meal, but she has never once offered to help me with the dishes, or even take her plate into the kitchen. My son says Lucy is a guest and she's not supposed to. I say he's wrong. What do you say?

① Disagreement in their interests in Lucy.
② Difference in their attitudes toward woman's habits.
③ Difference in their tastes in food.
④ Disagreement in their attitudes about the way of treating Lucy.

12 Approximately how many bottles are recycled each year?

Today, many people think more carefully about what they throw away, and many things are saved and used again. Each year, for example, forty-six billion glass bottles or jars are produced. One in fifteen of these bottles will be used again. Almost fifty percent of all aluminium cans come from recycled aluminium.

① one billion   ② three billion
③ fifteen billion   ④ twenty-three billion

11 [특정정보] 어머니와 아들 사이의 문제는 무엇인가?

어구   **be engaged to** ~와 약혼하다 | **fix** (식사·요리 등을) 준비하다, 고정시키다, 고치다 | **heartily** 배불리, 진심을 다하여 | **be supposed to** ~하기로 되어 있다 〔보기〕 **disagreement** 차이, 불일치 | **treat** (사람·동물을) 대우하다, 다루다

해설   ① Lucy에 대한 그들의 이해 관계의 차이
② 여성의 태도에 대한 그들의 태도의 차이
③ 음식 취향의 차이
④ Lucy를 대하는 방식에 대한 그들 태도의 차이

◎ 아들은 Lucy가 아직 결혼은 하지 않았으므로 손님으로 대해야 한다는 것이고, 어머니는 며느리로 생각되어 어느 정도의 가사는 도와줄 수 있는게 아니겠느냐는 Lucy를 대하는 방식의 태도에 대한 차이가 옳다.

해석   내 아들은 내가 Lucy라고 부르는 한 소녀와 약혼했다. Lucy는 지난 7개월 동안 매주 일요일마다 우리 집에서 저녁을 먹었다. 나는 훌륭한 음식을 준비하고 그녀는 마음껏 먹으며 그 음식을 좋아하는 것처럼 행동을 한다. 그러나 Lucy는 설거지하는 것을 도운 적이 이제껏 전혀 없으며, 심지어 자신의 접시를 부엌에 가져오지도 않는다. 내 아들이 말하기를 Lucy는 손님이고 그럴 필요가 없다고 한다. 당신은 뭐라 말하겠는가?   **정답 ④**

12 [특정정보] 대략 얼마나 많은 병들이 연간 재활용되는가?

어구   **throw away** 버리다, 소비하다 | **jar** 항아리, 단지, 병 | **come from** ~에 기인한 것이다

해설   **대략 얼마나 많은 병들이 연간 재활용되는가?**
① 10억 ② 30억 ③ 150억 ④ 230억
◎ 연간 총 병 생산량이 460억 개이고, 15개 중 하나가 재활용된다는 논리는?

해석   오늘날, 많은 이들이 자신들이 버렸던 것들에 대해서 조심스럽게 생각하여, 많은 물건들을 아끼고 다시 사용한다. 예컨대, 매해마다 460억의 유리병 또는 단지가 생산된다. 이 병들 중 1/15이 다시 사용되어질 것이다. 모든 알루미늄캔들 중 거의 50% 가량이 재활용 알루미늄을 통한 것이다.   **정답 ②**

 **Check**

▶ **대부정사**

앞서 나온 동사가 뒤에서 다시 'to 부정사'에 반복될 때, to 뒤의 동사원형을 생략하고 to 자체만 남겨두는 것을 말한다.

She has never once offered to *help* me with the dishes, or even *take* her plate into the kitchen. My son says (생략) ... she's not supposed to *help* me with the dishes, or even *take* her plate into the kitchen.

= ~ My son says (생략) .... she's not supposed *to.*

⇨ 앞서 나온 동사인 'help 이하'와 'take 이하'가 'be supposed to'의 '원형부정사'로 반복되기 때문에 'to'만 쓰인 것이다.

▶ **부분 표시어의 수**

'half/ part/ the rest/ the majority/ three fourths/ 20 percent of 명사'의 동사 수 판단은 of 뒤에 위치한 명사의 수에 일치시킨다.

Fifty *percent of* all aluminium *cans come* from recycled aluminium.

⇨ fifty of 복수명사가 주어이므로 동사의 수 또한 복수 취급이 옳다.

13 **Which of the following is not mentioned in the passage concerning people that contribute to traffic accidents?**

In addition to poor highway design, people's attitudes about driving also contribute to the high rate of traffic accidents. Some people persist in believing that they can drink and be alert drivers. Yet alcohol is estimated to be a factor in at least half of all fatal highway accidents. Refusing or forgetting to wear safety belts also increases fatalities. A negative attitude about wearing seat belts is not inconsistent with statistics showing that the chances of being seriously hurt or dying in a car accident are greater when a seat belt is not worn.

① Drunken drivers
② Highway carers
③ Highway designers
④ Drivers refusing to wear seat belts

14 **The author's parents felt __________ about his choice of majors.**

In some ways I am like some of my college friends: in some ways I am different. My parents really pushed me to go to college, although I had no burning desire to do so. Of course, now I am glad they did. They also wonder what good a degree in psychology is, but I accept the fact that parents often don't understand the interests and ambitions of their children.

① satisfied   ② disappointed
③ upset   ④ excited

Check

13   [특정정보]교통사고를 야기하는 사람들로 언급되지 않은 이유는?

어구   **in addition to** ~ 뿐만 아니라 | **contribute to** ~에 기여·공헌·이바지하다 | **alert** 주도면밀한, 경계하는 | **be estimated to R** ~으로 측정되다 | **fatal** 치명적인 | **fatality** 참사, 재난, 죽음 | **statistics** 통계수치(복수 취급), 통계학(단수 취급) 〔보기〕 **highway carer** 고속도로 관리자

해설   ① 음주 운전자
② 고속도로 관리자
③ 고속도로 설계자
④ 안전벨트 착용을 거부하는 운전자
◎ 고속도로를 관리하는 이들에 대한 설명은 언급된 바 없다.

해석   열악한 고속도로 설계 이외에도 사람들의 운전 습관 또한 높은 교통 사고율에 기여한다. 그들은 술을 마시고도 정신을 바짝 차린 운전자라고 주장한다. 그러나 알코올은 모든 치명적인 교통사고들 중 적어도 절반의 원인이라고 추정된다. 안전벨트를 거부하고 착용을 망각하는 것 또한 사상자 수를 증가시킨다. 안전벨트 착용에 대한 부정적인 태도는, 안전벨트를 매지 않았을 때, 자동차 사고에서 중상을 입거나 죽을 가능성을 더 높인다는 사실을 드러내는 통계수치와 모순되는 것이 아니다.   **정답** ②

명사절을 이끄는 종속 접속사 that 이하에는 완전한 문장이 위치해야 한다.

statistics showing/ statistics를 후치 수식하는 분사

that the chances of being seriously hurt or dying in a car accident are greater/ 분사 showing의 목적어 that 절

when a seat belt is not worn/ 명사절 안에 위치한 부사절

14   [특정정보]작가의 부모는 작가의 학과 선택에 대해서 어떻게 느끼는가?

어구   **push A to R** A가 ~하도록 강요하다 | **burning** 열렬한, 불타는 | **degree** 등급, 계급, 학위 | **ambition** 야망 〔보기〕 **satisfied** 만족한 | **disappointed** 불만족스러운 | **upset** 혼란스러운, 혼란을 일으키다, 혼란

해설   ① 만족한 ② 불만족스러운 ③ 혼란스러운 ④ 흥분한
◎ 네 번째 문장에서 부모님이 심리학의 학위가 쓸모가 있을지 의아해 한다고 설명이 되어 있다. 의아해 하는 것은 불만족스러워하는 것이지, ③번처럼 혼란스러워하는 것은 아니다.

해석   몇 가지 방식에 있어서는, 나는 대학 친구들과 유사하지만, 어떤 방식에 있어서는 다르다. 비록 내가 대학에 가려는 열정은 없었을지라도, 나의 부모님은 나를 대학에 보내려고 안간힘을 쓰셨다. 물론, 이제는 부모님이 그렇게 하셨던 것에 감사드린다. 부모님은 또한 심리학의 학위가 쓸모가 있을지 의아해 하시지만, 나는 부모님들이 종종 아이들의 관심과 야망을 이해하시지 않는 점을 인정한다.   **정답** ②

▶ 대격 so

so는 앞서 나온 동사를 대신할 'do' 동사의 목적어로도 쓰인다.

My parents really pushed me to go to college, although I had no burning desire *to go to college*.

⇒ My parents really pushed me to go to college, although I had no burning desire *to do so*.

⇒ 앞서 나왔던 동사인 'go to college'를 대신해서 'do'동사만으로 대체한 것이다.

15 Which of the following is irreverent to Wind-Wolf?

> Dear Teacher,
> I would like to introduce my son Wind-Wolf to you. He is probably what you would consider a typical Indian kid. He was born and raised on the reservation. He has black hair, dark brown eyes, and an olive complexion. And, like so many Indian children of his age, he is shy and quiet in the classroom. He is five years old, in kindergarten, and I don't understand why you have already labeled him a "slow learner."

① His father seems to be complaining to his teacher.
② He was brought up on the Indian reservation.
③ He looks like a typical Indian boy.
④ He is very active in class.
⑤ He has an olive-colored skin.

16 아래의 "독자투고"에 담겨있는 불만으로 가장 적절한 것을 고르시오.

> Your "50-year face-off" timeline on Korean history states: "1950-1953: North Korea invades South. U.S. and China fight proxy war on Korean soil." Some 40,000 U.S. soldiers died during the Korean War, along with several thousand more allied troops; an estimated 400,000 Chinese troops were killed. Describing that as a proxy war is plain wrong.

① 북한의 남침으로 한국전쟁이 시작되었다고 지적한 점
② 통계 숫자가 잘못 인용되었다는 점
③ 한국전쟁이 정의로운 것이었다고 지적한 점
④ 한국전쟁이 미국과 중국의 대리전쟁이었다고 정의한 점
⑤ 한국전쟁에서 미군이 중국군에 일방적으로 승리했다고 지적한 점

15 [특정정보] Wind-Wolf에 대한 설명으로서 틀린 내용은?

어구 **typical** 전형적인, 모범적인 | **on the reservation** 인디언 보호 구역에서, 특정 집단에 소속되어 | **complexion** 피부색, 안색, 양상, 국면 | **kindergarten** 유치원 | **label A (as) B** A를 B라고 부르다, 명칭을 달다 | **slow learner** 지진아 [보기] **active** 능동적인 | **bring up** 키우다 | **in class** 수업에서 | **-colored** ~한 색의

해설 ① 그의 아버지는 선생님에게 불만을 토로하고 있는 것으로 보인다.
② 그는 인디언 보호 구역에서 성장했다.
③ 그는 모범적인 인디언 아이인 것 같다.
④ 그는 수업 때 매우 능동적이다.
⑤ 그는 올리브 피부색을 갖고 있다.
◐ 아들은 교실에서 수줍어하고 조용하다고 했으므로 능동적이라는 설명과 상반된다.

해석 선생님께,
저는 선생님에게 나의 아들 Wind-Wolf를 소개하고 싶습니다. 내 아들은 아마도 당신께서 모범적인 인디언 어린이라고 생각할 아이이랍니다. 그는 보호를 받으며 태어났고 키워졌습니다. 그는 검정머리이며, 짙은 갈색 눈에, 올리브색의 피부를 갖고 있습니다. 그리고 그 또래의 많은 인디언계 아이들처럼, 내 아들은 교실에서 수줍어하며 조용합니다. 유치원에 다니는 다섯 살밖에 안 됐으며, 왜 당신께서 내 아이를 아직도 '지진아'로 부르는지 이해할 수 없습니다. **정답 ④**

---

16 [특정정보]

어구 **face-off** 대결, 승부, 시합 개시 | **proxy war** 대리전 | **along with** ~과 함께 | **plain** 분명히, 솔직히; 분명한, 솔직한, 검소한, 못생긴, 평평한

해설 ① 북한의 남침으로 한국전쟁이 시작되었다고 지적한 점
② 통계 숫자가 잘못 인용되었다는 점
③ 한국전쟁이 정의로운 것이었다고 지적한 점
④ 한국전쟁이 미국과 중국의 대리전쟁이었다고 정의한 점
⑤ 한국전쟁에서 미군이 중국군에 일방적으로 승리했다고 지적한 점
◐ 마지막 문장을 통해 이러한 참사가 벌어진 '한국전쟁을 대리전이라고 묘사하는 것은 명백히 잘못이다.' 라고 했다.

해석 당신이 한국역사에 있어서 "50년간 대치"를 설명하기를 "1950~1953년까지 북한이 한국을 공략했고, 미국과 중국이 한반도에서 대리전을 벌였다."고 한다. 약 수천 명 이상의 연합군과 약 4만 명의 미군이 한국전쟁에서 죽었으며, 약 40만 명의 중국군이 죽었다. 이러한 사실을 대리전이라고 묘사하는 것은 명백히 잘못됐다. **정답 ④**

▶**what은 불완전한 문장을 이끈다.**

what 이하에는 '주어, 목적어 또는 목적보어'가 누락되어 있어야 한다.

He is probably <u>what you would consider a typical Indian kid.</u>/ be 동사의 보어로서 명사절

⇨ what 절은 문장 전체 내에서 be 동사의 보어로서 명사절 기능을 한다. what 이하에 consider라는 5형식 동사가 위치해 있는데, consider 동사는 '목적어+목적보어'라는 5형식 구문을 이끈다. 따라서 what 이란 관계대명사는 consider 동사의 목적어 수행까지 하는 것이다.

▶ **콜론의 기능**

앞서 나온 내용에 대한 '설명', '인용', 또는 '예시'를 들어줄 때 사용한다.

Your "50-year face-off" timeline on Korean history states ① : "1950-1953 ②_: North Korea invades South. U.S. and China fight proxy war on Korean soil."

⇨ 1번 콜론은 states 동사의 목적어로서 '인용'을 하기 위해 쓰인 것이며, 2번 콜론은 '1950년부터 1953년까지 상황에 대한 설명'을 하기 위해 쓰인 것이다.

□ 다음 글을 읽고 물음에 답하시오.

Therapists examining the Friends Reunified Phenomenon say that the pull of an old relationship, particularly a first love, can be overwhelming, particularly to those who feel unhappy, unloved, neglected, irritated or just suffused with boredom in their middle-aged marriages. "It is getting back into that vital happy" said Phillip Hudson, a psychotherapist who was recently contacted by an ex-girl friend (he is married, and remained friendly ...) "First love is well hunger to experience that again before you die, if the alternative is going into a sexual frustration or difficulty or boredom in your current relationship. I know what most people would choose."

17 Phillip Hudson에 대한 설명이 아닌 것은?

① He is a psychotherapist.
② He had a girl friend.
③ He is middle-aged.
④ He is married.
⑤ He has never been loved.

18 'the Friends Reunified Phenomenon'을 경험할 가능성이 높은 사람은?

① teenager
② the accused
③ juveniles
④ a divorced senior citizen
⑤ bully

어구 therapist 치료사 | pull 매력, 끌어당기기, 이점; 매혹하다, 끌어당기다 | be overwhelming to ~에 압도적이다 | unloved 사랑받지 못한 | neglected 무시당한 | irritated 짜증나는 | be suffused with ~으로 가득 차 있다 | boredom 권태, 지루함 | vital (생명에게) 중요한, 생명의 | psychotherapist 정신심리학자 | ex-girl friend 전 애인 | go into (상태에) 빠지다 | frustration 좌절 (보기) bully 깡패; 훌륭한; 괴롭히다

해설 **17_(특정정보)**

① 그는 심리 치료사이다.
② 그는 여자친구가 있었다.
③ 그는 중년이다.
④ 그는 유부남이다.
⑤ 그는 사랑받은 적이 결코 없다.

◐ Phillip Hudson은 심리치료사이며, 애인이 있었고, 중년이며, 기혼남인 설명은 옳다. 애인이 있었고 현재 부인이 있다는 얘기는 사랑을 받기 때문에 가능한 내용이므로, 사랑받지 못한다는 내용은 잘못된 진술이다.

정답 ⑤

18_(특정정보)

① 십대
② 피고인
③ 소년 · 소녀
④ 이혼한 중년층 사람
⑤ 건달

◐ 첫 문장을 통해 사랑받지 못하는 (즉, 이혼한) 중년인들이 친구재결합 현상을 경험할 가능성이 높다는 것을 유추할 수 있다.

정답 ④

해석 친구 재결합 현상을 연구하는 치료사들이 말하기를, 특히나 첫사랑인 과거 관계에 대한 매력이 특히나 불행하고, 사랑받지 못하고, 무시당하고, 짜증나거나 지겨움이 가득한 중년 부부들을 압도할 수 있다. "생기 넘치는 행복으로 돌아가고 있다"고 최근에 나의 전 애인과 만났었던 심리치료사 허드슨이 말했다. (그는 기혼남이고, 여전히 친한 사이였다.) "만일 그 선택이 성 좌절이나 현재 이 관계에서 어려움이나 지겨움에 빠져 있다면 다시 죽기 전에 첫사랑을 경험해 보기를 복말라 있다. 나는 대부분의 사람들이 무엇을 선택할지를 안다."

Check

▶**동격**

동격은 콤마(,)를 이용해서 연결이 가능하다.

The pull of *an old relationship*, particularly *a first love*/ an old relationship과 a first love는 동격의 관계이다.

can *be overwhelming*, <particularly> *to* those./ be overwhelming과 to 사이에 particularly라는 부사가 삽입된 형태이다.

□ 다음 글을 읽고 물음에 답하시오.

Tom wanted to learn how to cook so he got a job at a restaurant. After the first night, Tom wanted to quit. All he did was to run around and clean up. When he went to work the second night, one of the chefs was out. Some workers began to panic because the restaurant was getting busy. Quickly, Tom offered to help prepare the food. He did a good job and all the workers praised him. Tom's boss told him that he could use someone with ability in the kitchen. Tom said he would be delighted to work in the kitchen.

19 At last Tom ___________________.

① quitted working at the restaurant
② decided to work in the kitchen
③ couldn' t get a job because the boss found another cook
④ told the boss that he could use the boss' ability

20 After the first night Tom wished to stop working in the restaurant ___________________.

① because he quarreled with the boss
② because he got another job
③ because he thought he couldn' t learn how to cook
④ because he panicked to hear what the boss said

어구 **get a job** 직업을 얻다 | **quit** 중단하다 | **run around** 여기저기 돌아다니다 | **clean up** 깨끗이 청소하다 | **chef** 주방장, 요리사 | **panic** 당황하다; 공포, 공황 | **be delighted to R** ~하게 되어 기쁘다 〔보기〕 **quarrel** 싸우다, 다투다 | **can use** 〔구어체〕 ~을 얻을 수 있으면 좋겠다, 필요하다

해설 **19_〔특정정보〕Tom은 마침내 무엇을 했는가?**

① 레스토랑 일을 그만두었다.
② 부엌에서 일하기로 결정했다.
③ 사장이 다른 요리사를 구했기 때문에 일을 못하게 됐다.
④ 사장에게 자신이 사장의 능력이 필요하다고 말했었다.

◐ 마지막 문장을 통해서 자신이 부엌일을 하기를 원한다고 의사 표시를 했다.

정답 ②

20_〔특정정보〕첫날밤 이후 Tom은 왜 레스토랑 일을 그만두기를 원했는가?

① 사장과 다퉜기 때문에
② 다른 직장을 구했기 때문에
③ 요리하는 법을 배울 수 없다고 생각했기 때문에
④ 사장이 말한 것을 듣고서 당황했기 때문에

◐ 첫날밤 이후 톰은 요리하는 법을 배울 수 없다고 생각하여 일을 그만두려 생각했었다.

정답 ③

해석 톰은 요리하는 법을 배우고 싶어서 음식점에서 직업을 얻었다. 첫날밤을 보낸 이후 톰은 그만두고 싶었다. 그가 하는 모든 일은 여기저기 돌아다니면서 청소하는 것뿐이었다. 그가 둘째날 밤 일하러 갔을 때, 요리사들 중 한 사람이 그만두었다. 음식점이 바빠져서 몇 종업원들이 당황스러워했다. 탐은 재빨리 음식 준비를 돕겠다고 제안을 했다. 그는 그 일을 잘 해냈으며, 모든 종업원들이 그를 칭찬했다. 탐의 사장은 그에게 말하기를 주방에 능력있는 사람을 썼으면 한다고 했다. 탐은 자신이 부엌에서 일하면 기쁠 것이라고 말했다.

Check

▶that의 생략

'목적격관계대명사와 문장 전체에서 타동사의 목적어로 쓰인 종속 접속사 that은 생략이 가능하다.

Tom said (that) he would be delighted to work in the kitchen.

⇒ say 동사의 목적어로 쓰인 명사절을 이끄는 종속 접속사 that은 생략이 가능하다.

▫ **다음 글을 읽고 물음에 답하시오.**

Peter Zenger was 13 when he sailed to America. He set out from Germany in 1710 with his parents and his brother and sister. They were excited when they left their home; they were looking forward to a good life in a land of freedom and opportunity. But their voyage was long, and much worse than anyone expected. Some people died on the ship. Peter's father was one of them.

Peter became an apprentice to a printer. He was apprenticed for eight years. About half the people who came to America in those days became either indentured servants or apprentices. They worked for the person who paid their boat fare--usually from 3 to 10 years.

When Peter was 21 he was finally free to go out on his own-- and he did. First he set up a print shop in Maryland, but later he moved back to New York. Then he founded a newspaper called the New York Weekly Journal. It was full of spicy articles. People looked forward to reading it each week. Some articles said Governor Cosby took bribes, took away people's land, and made elections come out the way he wanted them to. The articles were probably written by Zenger's lawyer friends, but no one is sure because they were signed with made-up "pen" names.

20 How many members of the Zengers arrived at America alive?

① 2　　② 3　　③ 4　　④ 5　　⑤ 6

21 Which of the following statements is true of Peter Zenger?

① He came to America following his grandparents.
② He founded a newspaper when he was 21 years old.
③ He continued to live in New York after he came to America.
④ He was probably apprenticed to a printer to pay his boat fare.
⑤ He worked as a lawyer in Maryland before he returned to New York.

22 Which of the following statements is true of the New York Weekly Journal?

① It was a daily newspaper.
② People did not pay attention to it.
③ It was an official royal paper to Governor Cosby.
④ Peter's lawyer friends probably contributed articles to it.
⑤ It became famous because it correctly predicted who would be the governor.

어구 **set out** 출발하다 │ **look forward co ~ing** ~을 고대하다 │ **opportunity** 기회 │ **voyage** 항해 │ **apprentice** ~를 견습공으로 보내다; 견습공 │ **indenture** (노예, 견습공) 계약서로 약정하다; (노예, 견습공) 약정 계약서 │ **servant** 하인 │ **boat fare** 뱃삯 │ **be free to R** 자유롭게 ~하다 │ **go out** 떠나다 │ **on one's own** 스스로 │ **set up** ~을 설립하다 │ **spicy** 아비한, 비판적인 │ **take bribe** 뇌물수수하다 │ **come out** (~한 상태로) 끝나다, 결말짓다 │ **the way S+V** ~하는 식으로 (접속사) │ **made-up** 꾸며낸, 허위의 (보기) │ **daily newspaper** 일간신문 │ **pay attention to** ~을 주의하다 │ **official** 공식의 │ **contribute** 공헌하다, 기부금을 내다, (글·기사를) 기고하다

해설 **20_(특정정보)** 젱거 가족들 중 얼마나 많이 살아서 미국에 도착했는가?

◎ '젱거(1)＋부모(2)＋형(1)＋누나(1)' 총 5명이 출발해서 아버님이 배에서 돌아가셨으니 4명이 살아서 도착했다.

정답 ③

21_(특정정보) Peter Zenger에 대한 설명으로 옳은 것은?

① 조부모를 따라서 미국에 왔었다.
②21살 때 신문사를 설립했다.
③ 미국에 온 이후에 계속 뉴욕에서 살았다.
④ 배삯을 지불하기 위해서 그는 아마도 인쇄업자의 견습공이 되었을 것이다.
⑤ 뉴욕으로 돌아오기 전에 Maryland에서 변호사로 일했었다.

◎ 두 번째 단락에서 미국 이민자 중 절반 가량은 계약 하인이나 견습공이 되었고 그들은 뱃삯을 치러준 사람을 위해서 일했다고 설명되어 있다. Peter 또한 이민해 온 자였으므로 4번이 옳은 설명이다.

정답 ④

22_(특정정보) 뉴욕 주간지에 대한 설명으로서 옳은 것은?

① 일간지였다.
② 사람들은 관심을 갖지 않았다.
③Cosby 주지사에 대한 공식 로얄판이었다.
④Peter의 변호사 친구들이 아마도 기사들을 뉴욕 주간지에다 기고했었을 것이다.
⑤ 누가 주지사가 될 것인지 정확히 예측을 했기 때문에 유명해졌다.

◎4번 내용이 마지막 문장에서 언급된 내용이다.

정답 ④

해석 피터 젱거가 미국으로 건너갔을 때 13살의 나이였다. 그는 1710년에 부모와 형과 누나와 함께 독일에서 출발했다. 그들은 고향을 출발할 때 흥분했었다. 그들은 자유와 기회의 나라에서 멋진 삶을 기대했다. 그러나 항해는 길었고 예상했던 것보다 훨씬 더 열악했다. 배에서 죽는 사람도 있었다. 피터의 아버지가 죽은 사람들 중의 하나였다. 피터는 인쇄업자 견습공이 됐다. 그는 8년 동안 견습공으로 있었다. 그때 미국에 온 사람들 중 절반가량이 계약 하인이나 견습공이 됐다. 그들은 뱃삯를 부담한 사람을 위해서 약 3년에서 10년 가량 일했다.
피터가 21살이 됐을 때, 그는 자립하도록 자유를 얻었으며 그는 해냈다. 먼저 그는 메릴랜드에서 인쇄소를 차렸다. 그러나 후에 그는 다시 뉴욕으로 돌아왔다. 그때 뉴욕주간저널이라는 이름의 신문을 차렸다. 이 신문은 비판적인 기사로 가득했다. 사람들은 매우 이 신문을 읽기를 고대했다. 총독 코스비가 뇌물을 받았으며, 사람들의 땅을 없애고, 선거를 자신이 바라는 대로 조작했다고 언급하는 기사도 있었다. 이 기사들은 가공된 "필명"으로 서명됐기 때문에, 기사들은 아마 젱거의 변호사 친구들이 썼지만, 어느 누구도 확신할 수는 없다.

▶**make 사역 동사**

make 동사는 '목적어와 목적보어의 관계가 능동일 경우' 목적보어에 동사원형이 위치한다.

Governor Cosby made
elections come out
　목적어　　　목·보
the way he wanted them
　　　　　부사절
to (come out).

⇨make 동사의 목적어 'elections (선거)' 와 'come out(발생하다)'의 관계가 능동이어서 동사원형이 목적보어에 위치한 경우이다.

memo

□ Read the following passage and answer the questions.

Dear Pam:

Thank you for saving my life. Last year, May 6 was a Sunday. Sundays are busy for me, but thank God ________________. On that day, you published the warning signs of cancer.

One of the seven signs was hoarseness. I had quit smoking only a week before, and my throat still bothered me. I went to our family doctor on Tuesday. He immediately sent me to a throat specialist. Four days later, I had a malignant tumor removed from my larynx. After 35 radiation treatments, I was declared "cured" and in excellent health.

I am alive today because I read your column. No way would I have connected hoarseness with cancer if it hadn't been for you. Please publish the seven signs again. There must be others who need to be alerted.

23 Which would be the most appropriate expression for the blank?

① I was too tired to read your column
② I was busy enough to read your column
③ I wasn't too busy to read your column
④ I wasn't able to find the newspaper
⑤ I was able to go to the church on time

24 What does the writer want Pam to do?

① To go to the throat specialist immediately
② To write more useful information than before
③ To understand the pains of cancer patients
④ To publish the seven warning signs again
⑤ To help those who are in need of help

▫ 다음 글을 읽고 물음에 답하시오.

어구　**thank God** 진정으로 감사드립니다 │ **warning sing** 경고 조짐 │ **hoarseness** 목이 쉼 │ **quit** 그만두다 │ **bother** 괴롭히다 │ **malignant** 악성의, 사악한 │ **tumor** 종양 │ **remove** 제거하다 │ **larynx** 후두 │ **be declared (to be) cured** 완치라고 통보받다 │ **connect A with B** A를 B와 연관시키다 │ **if it had not been for** ~이 없었다면 │ **alert** 경계시키다, 경계하는, 경계 [보기] **not too A to ~** ~할 수 없을 만큼 너무나 A하지는 않다 │ **useful** 유용한 │ **be in need of** ~을 필요로 하다

해설　**23_〔문장완성〕 괄호 안에 들어갈 적절한 표현을 고르시오.**

① 나는 너무나 지쳐서 당신의 칼럼을 읽지 못했습니다.

② 당신의 칼럼을 읽을 만큼 충분히 바빴습니다.

③ 당신의 컬럼을 읽을 수 없을 만큼 너무 바쁘지는 않았습니다.

④ 나는 그 신문을 찾을 수가 없었습니다.

⑤ 나는 제 시간에 교회에 갈 수가 있었습니다.

　◑ '암의 징후에 대한 칼럼' 을 읽어서 살 수 있었고, 그래서 감사의 표현을 하는 것이므로, '칼럼을 읽을 수 있었다' 는 논리가 타당하다. 따라서 이중부정을 하는 'not too ~ to R' 구문으로 만들어진 ③번이 옳다.

정답 ③

24_〔특정정보〕 작가는 Pam이 무엇을 해주기를 원하는가?

① 즉각 이비인후과 의사에게 찾아갈 것

② 이전보다 더 유용한 정보를 집필할 것

③ 암환자들의 고통을 이해해 주는 것

④ 일곱 개의 징후를 다시 집필해 주는 것

⑤ 도움을 필요로 하는 이들을 도와주는 것

　◑ 마지막 두 문장을 통해서 '작가는 암의 징후에 대해서 주의를 받을 필요가 있는 이들이 많으므로, Pam이 일곱 개의 경고 조짐이란 글을 재출간' 해주기를 원한다.

정답 ④

해석　친애하는 Palm 에게

저를 구해 주셔서 정말 감사드립니다. 작년 5월 6일은 일요일이었습니다. 일요일마다 저는 항상 바쁩답니다. 그러나 제가 선생님의 칼럼을 읽지 못할 만큼 바쁘지는 않았다는 점에 대해 얼마나 기쁜지 모릅니다. 그날, 선생님께서 암의 징후 경고에 관한 책을 출간하셨습니다. 7가지의 징후 중 한 가지가 쉰 목소리가 난다는 것이었습니다. 저는 단지 일주일 전부터 금연을 해왔으며, 저의 목 때문에 여전히 저는 고통스러웠습니다. 저는 화요일에 가정의에게 찾아갔습니다. 그는 즉시 저를 목 전문의에게 보냈습니다. 4일 후 저는 후두에서 악성종양을 제거했습니다. 35번의 방사선 치료 이후, 저는 '완치' 판정을 받았으며, 아주 건강해졌습니다.

선생님의 칼럼을 읽은 덕분에 저는 현재 살고 있습니다. 만일 선생님이 계시지 않았다면 저는 결코 쉰 목소리를 암과 연관시킬 수 없었을 것입니다. 부디 7개의 징후를 다시 출간해 주시기 바랍니다. 주의를 받아야 할 필요가 있는 다른 이들이 틀림없이 있습니다.

Check

▶ 가정법 부정어

'if it had not been for' 는 '~이 없었더라면' 이란 가정법 과거완료 구문을 이끄는 부정표현이다.

가정법 과거
if it were not for = without = but for

가정법 과거완료
if it had not been for = without = but for

No way would I have connected hoarseness with cancer/ 도치된 가정법 주절

if it hadn't been for you./ 가정법 종속절

⇒ 주절의 동사가 'would have connected' 이며, 종속절이 'if it hadn't been for' 라는 가정법 과거완료로 이루어졌다. '절대로 ~이 아니다' 라는 뜻을 가진 부정부사인 'no way' 가 문두로 위치하여 도치가 발생한 문장이다.

Through generations of hard work, the people of Shanghai have transformed what was once an obscure fishing village 700 years ago into Asia's most promising metropolis. Since China opened its doors to foreign investment 25 years ago, Shanghai has led the nation to the reform and opening up of its economy. Doing business with the rest of China and the world is Shanghai's top priority.

__________. In 2002, Shanghai registered as many as 6,427 new domestically invested enterprises and signed 420 agreements for investment in projects in other parts of the country. Total domestic investment in 2002 was $2.94 billion. Foreign investment is pouring into Shanghai. Some 104 countries and regions invest here. In 2002, a further $10.58 billion flowed into the economy from foreign companies.

25 Choose the word which would best fit in the blank.

① Shanghai is full of historic sites

② The results speak for themselves

③ This has proven a complete failure

④ People are concerned about overpopulation

⑤ The past and the present exist together

26 Which of the following is not true about Shanghai?

① 700년 전에는 잘 알려지지 않은 어촌 마을에 불과했다.

② 중국의 해외 투자 문호 개방 이후 경제개방을 선도해 왔다.

③ 2002년에 420개의 해외 기업들과 투자 협정을 체결했다.

④ 2002년에 약 30억 달러의 국내 투자가 이루어졌다.

⑤ 현재 100여 개의 국가 및 지역들이 이곳에 투자하고 있다.

어구   generation 세대, 사람들 | transform A into B A를 B로 변화시키다 | obscure 미천한, 무명의 | promising 전도 유망한 | metropolis 대도시, 수도 | open one's door 개방하다 | top priority 최우선권, 최대 과제 | as many as 자그마치 | domestically 국내에서, 가정에서 | enterprise 기업(체) | domestic 국내의, 가정의, 사육되어 길들여진 | pour into ~로 쇄도하다 | flow into ~로 흘러가다, 유입되다 〔보기〕 be full of ~로 가득 차다 | speak for itself/ themselves 자명한 이치이다 | failure 실패 | be concerned about ~에 대해 걱정하다 | overpopulation 과다 인구

해설   **25_〔문장완성〕 괄호 안에 들어갈 알맞은 것을 고르시오.**

① 상하이는 사적지가 풍부하다.
② 결과는 자명한 이치이다.
③ 이러한 사실은 완전한 실패로 판명났다.
④ 사람들은 과다한 인구에 대해 걱정한다.
⑤ 과거와 현재는 함께 공존한다.

◐ 이하에서 중국의 다른 지역들이 세계와 거래를 한 것에 대한 결과를 언급하는 점에 착안한다면 첫 단락에 대한 부가적인 설명을 하는 것이다. 따라서 ②가 옳다.

정답 ②

26_〔불일치〕 상하이에 관한 설명으로서 틀린 것은?

◐ 2번째 단락 2번째 문장에서 '중국이 다른 지역들 사업에 6427개의 등록된 중국 내 기업들 중 420개의 기업과 투자협정을 맺었으므로' '해외기업' 과 투자협정을 체결했다는 내용은 틀렸다.

정답 ③

해석   열심히 일한 사람들 덕에, 상하이 사람들은 700년 전 비천한 어촌이었던 곳에서 아시아에서 가장 전도 유망한 대도시로 변화를 시켰다. 중국이 25년 전 해외 투자를 개방한 이래로 상하이는 중국을 개혁했으며 경제개방을 이끌었다. 중국의 다른 지역과 세계와 사업을 하는 것이 상하이의 최우선 과제이다.
그 결과는 자명하다. 2002년에 상하이는 6427개나 되는 국내 투자 기업들을 등록했으며, 중국의 다른 지역의 계획에 대한 투자를 위하여 420개의 협정을 체결했다. 2002년의 총 국내 투자가 20억 9천 4백만 달러였다. 외국 투자가 상하이로 쇄도하고 있다. 104개 국가와 지역이 이곳에 투자를 한다. 2002년에 105억 8천만 달러가 추가로 외국회사들로부터 상하이로 유입됐다.

Check

▶ **동명사의 주어 역할**

동명사는 명사 역할을 하는 준동사이므로, 주어 역할 또한 당연히 가능하며, 단수 취급한다.

Doing business with the rest of China and the world/ 주어 역할을 하는 동명사구 is Shanghai's top priority./ be 동사 + 주격보어

memo

□ **다음 글을 읽고 물음에 답하시오.**

Garri Kasparov, the world chess champion, has played Deep Thought, the world computer chess champion, in a two – game match. He won both games handily. Recently, however, Deep Thought has been beating grand-masters, including such ⓐ __________ as the great Bent Larsen of Denmark. Does this mean that the era of human chess supremacy is drawing to a close?

ⓑ __________, in the opinion of computer and chess experts. The time is rapidly coming, all believe, when chess computers will be operating with a precision, rapidity and completeness of information that will far eclipse anything the human mind can do. In three to five years, Deep Thought will be succeeded by a computer with a thousand times its strength and rapidity. And computers scanning a million positions a second are less than 10 years away.

27 According to the passage, Deep Thought is __________.

① able to beat any chess player
② a computer chess player
③ being controlled by Garri Kasparov
④ a world chess champion

28 Choose the on which best fills the blank ⓐ __________.

① machines   ② items
③ luminaries   ④ composers

29 Choose the suitable one for the blank ⓑ __________.

① Yes   ② No
③ Well   ④ Yet

어구   handily 손쉽게, 수월하게 | **grand-master** 거장, 위인 | **era** 시대, 기원 | **supremacy** 우월, 뛰어남 | **draw to a close** 끝나다 | **precision** 정확성 | **rapidity** 신속함 | **completeness** 완벽함 | **eclipse** ~을 능가하다, (빛을) 가리다; 빛의 소멸 | **A is succeeded by B** A가 B로 대체되다 | **less than** 결코 ~이 아닌 [보기] **luminary** 선각자, 저명인사, 발광체

해설   **27_[특정정보]** Deep Thought에 대한 설명으로서 옳은 내용은?

① 어떠한 체스 선수에게라도 승리할 수 있다.
② 컴퓨터 체스 선수이다.
③ Garri Kasparov에게 지배를 받고 있다.
④ 세계 체스 챔피언이다.

◎ 첫 문장에서 Deep Thought는 세계 컴퓨터 체스 챔피언이라고 동격으로 설명을 했다.

정답 ②

28_[문장완성] ⓐ에 들어갈 알맞은 것은?

① 기계
② 항목, 품목
③ 선각자
④ 작곡가

◎ 'such A as B'는 A에 대한 예를 B로 들어주는 것이므로, A와 B의 관계는 순접이어야 한다. as 이하에서 'great'라는 표현을 통해서 '선각자, 위인(luminary)'이 옳다.

정답 ③

29_[문장완성] ⓑ에 들어갈 알맞은 것은?

① 예
② 아니요
③ 괜찮아요(망설임)
④ 그렇지만

◎ 인간 체스의 우월한 시대가 끝이 나는가 물어본 후, 두 번째 단락에서 그에 대한 긍정적인 답변으로 일관하므로 긍정의 답변인 'yes'가 옳다.

정답 ①

해석   세계 체스 챔피언인 Garri Kasparov는 세계 컴퓨터 체스 챔피언인 Deep Thought와 두 게임을 치렀다. 그는 두 게임 모두 손쉽게 승리했다. 그러나 최근에 Deep Thought는 거물인 덴마크 Bent Larsen 같은 거장들과 겨루어 승리했다. 이것이 인간이 하는 체스게임이 우월한 시대가 끝났다는 것을 의미하는 것일까?
컴퓨터와 체스 전문가들의 견해에 따르자면, 그렇다고 한다. 인간이 할 수 있는 어떠한 것도 능가할 정보의 정확성과 신속성, 그리고 완벽함을 갖춘 체스컴퓨터가 운영될 시대가 빠르게 도래하고 있다고 모든 이가 믿는다. 3년에서 5년 안에 Deep Thought는 수천 배 가량 힘과 속도를 더 갖춘 컴퓨터에 의해서 대체될 것이다. 그리고 수백만 개의 위치를 찾아내는 컴퓨터가 10년도 걸리지 않아 존재할 것이다.

Check

▶ **무인칭 독립분사구문**

'including'은 형태는 분사처럼 보일지라도, 그 문법적 기능은 '전치사' 기능을 수행하여 '~을 포함하여, ~과 함께'라는 뜻을 가진다. 별도의 의미상의 주어를 갖지 않는다고 하여 '무인칭 독립분사 구문'이라고 한다.

Deep Thought has been beating grand-masters,/주절

including such luminaries as the great Bent Larsen of Denmark./종속구

⇨ 'such A as B' 구문을 통해 including의 목적어 luminaries를 취하는 형태이다.

□ **Read the following passage and choose the best answer.**

The distinguishing mark of this discipline among the social sciences is that it includes serious study of other societies than our own. For its purpose any social regulation of mating and reproduction is as significant as our own. To the (a) __________, our customs and those of another tribe are two possible social schemes for dealing with a common problem. He is interested in human behavior, not as it is shaped by one tradition, our own, but as it has been shaped by any tradition, whatever it may be.

He is interested in the great gamut of custom that is found in various cultures, and his object is to understand the way (b) __________ these cultures change and differentiate, the different forms through which they express themselves, and the manner (c) __________ the customs of any peoples function in the lives of the individuals who compose them.

30 Which of the following best fills the blank (a)?

① ethnographer ② anthropologist
③ astronomer ④ astrologer
⑤ psychologist

31 Which of the following best fills the blank (b) and (c)?

① in which -- for which ② by which -- in which
③ in which -- in which ④ how -- how
⑤ how -- that

32 The researcher of this social science is mainly interested in __________.

① human behavior in different cultures
② the racial composition of other tribes
③ the distinguishing mark of the science
④ the social regulation of mating and reproduction
⑤ the custom of another tribe he does not belong to

□ 다음 글을 읽고 물음에 답하시오.

어구   **distinguishing** 두드러진 ｜ **discipline** 훈련, 규율, 처벌, 학과, 분야 ｜ **mating** 결혼, 짝짓기 ｜ **reproduction** 출산 ｜ **significant** 중요한 ｜ **tribe** 종족 ｜ **scheme** 계획 ｜ **gamut** 전체 영역 ｜ **the gamut of** 전 영역의 ｜ **differentiate** 차별화하다 〔보기〕 **ethnographer** 민족지학자 ｜ **anthropologist** 인류학자 ｜ **astronomer** 천문학자 ｜ **astrologer** 점성가 ｜ **psychologist** 심리학자

해설   **30 〔문장완성〕 (a)에 들어갈 알맞은 것은?**

① 민족지학자
② 인류학자
③ 천문학자
④ 점성가
⑤ 심리학자

◑ 자신이 속한 사회뿐만 아니라 다른 사회에 대해서도 '관습, 문화' 를 연구하는 이는 인류학자가 옳다.

정답 ②

31 〔문장완성〕 (b)와 (c)에 각각 들어갈 것은?

◑ how라는 의문사절은 'they way/ manner (in which/ that) S+V 표현으로 이어진다. (check box 참조)

정답 ③

32 〔특정정보〕 이 사회과학 연구가는 대체로 무엇에 관심을 가지고 있는가?

① 다른 문화권에서의 인간의 행동
② 다른 종족의 인종적 구성
③ 그 과학(사회과학)의 두드러진 특성
④ 결혼과 번식의 사회적 규제
⑤ 그가 속해 있지 않은 다른 종족의 관습

◑ 자신이 소속된 집단뿐만 아니라 다른 집단들에 대한 관습을 연구한다는 것은 '특정집단이나 종족' 을 구분하는 것이 아닌 '모든 인간의 행동' 에 관한 연구가 목표가 되는 것이다.

정답 ①

해석   사회과학 중에서 이 분야의 두드러진 특징은 우리 자신의 것보다는 다른 사회의 진지한 연구를 포함한다는 것이다. 그 목적 때문에 결혼과 출산에 대한 모든 사회적 규칙이 우리 자신의 것만큼 중요하다. 인류학자에게 우리의 관습과 다른 종족의 관습은 공통의 문제를 다루기 위한 두 가지의 가능성 있는 계획이다. 그는 어떤 것이든, 하나의 문화권에서 형성된 것이 아니라 어떠한 문화권에서 형성되어 온 인간의 행동이건 간에 관심을 갖는다.
그는 여러 문화권에서 발견되는 온갖 영역에 걸친 관습에 관심이 있고, 그의 목적은 이러한 문화들이 변화하고 차별화되는 방식, 문화가 스스로를 표현하는 다른 형식, 어떤 민족의 관습이 그 문화를 구성하는 개인들의 삶에 작용하는 방식을 이해하는 것이다.

Check

▶ **the way (in which/ that) = how**

방법을 말하는 의문사절 'how' 는 'they way/ the manner (in which/ that)' 으로 바뀔 수 있다.

His object is to understand ① the way (in which/ that) these cultures change and differentiate, ② the different forms through which they express themselves, and ③ the manner (in which/ that) the customs of any peoples function in the lives of the individuals who compose them.

⇨ to understand의 목적어로서 'the way', 'the different forms', 'the manner'가 and에 의해서 병치되는 형태이다.

□ 다음 글을 읽고 물음에 답하시오.

We tend to stereotype because it helps us make sense of a highly confusing world, a world which William James once described as "one great, blooming, buzzing confusion." It is a curious fact if we don't know what we're looking at, we are often quite literally unable to see what we're looking at. People who recover their sight after a lifetime of blindness actually cannot at first tell a triangle from a square. A visitor to a factory sees only noisy chaos where the superintendent sees a perfectly <u>synchronized</u> flow of work. As Walter Lippmann has said, "For the most part we do not first see, and then define; we define first, and then we see." Stereotypes are one way in which we "define" the world in order to see it. They classify the infinite variety of human beings into a convenient handful of "types" toward whom we learn to act in stereotyped fashion. Life would be a wearing process if we had to start from scratch with each and every human contact.

33 Stereotypes are at the core of our efforts to __________.

① change the world

② visit a factory

③ overcome physical blindness

④ understand the world

⑤ manage our body movements

34 Choose the word that is closest in meaning to the underlined word synchronized.

① fixed   ② started

③ coordinated   ④ animated

⑤ chastened

어구 **tend to R** ~하는 경향이 있다 │ **stereotype** ~을 정형화하다, 고정화하다; 고정관념 │ **make sense of** ~을 이해하다 │ **highly** 매우 │ **confusing** 혼란스러운 │ **blooming** 번창하는 │ **buzzing** 윙윙거리는, 와글거리는 │ **curious** 신기한 │ **quite** 정말로 │ **literally** 문자 그대로, 완전히 │ **tell A from B** A를 B와 구별하다 │ **lifetime** 평생 │ **blindness** 실명 │ **noisy** 시끄러운 │ **chaos** 대혼란 │ **superintendent** 감독자 │ **synchronized** 동시에 발생하는, 일치된 │ **for the most part** 대체로 │ **classify** 분류시키다, 기밀취급하다 │ **infinite** 무한한 │ **convenient** 편리한 │ **a handful of** 소량의 │ **wearing** 소모시키는, 지치게 하는 │ **from scratch** 처음부터 〔보기〕 **be at the core of** ~의 중심·핵심이다 │ **fixed** 고정된, 일정한 │ **started** 시작된 │ **animated** 활기찬 │ **chastened** 벌을 받은, 완화된

해설 **33_〔특정정보〕 정형화가 무엇을 위해서 우리의 노력의 중심에 있는가?**

① 세상을 변화시키기 위해서
② 공장에 방문하기 위해서
③ 물질적인 무분별함을 극복하기 위해서
④ 세상을 이해하기 위해서
⑤ 우리의 신체운동을 관리하기 위해서

◎ 첫 문장을 통해 '우리는 정형화를 통해 매우 복잡한 세계를 이해하려 함'을 알 수 있다.

정답 ④

34_〔동의어 고르기〕 밑줄 친 단어와 뜻이 비슷한 단어는?

synchronize

1. 동시에 발생하다.
[eng] to happen at exactly the same time, or to arrange for two or more actions to happen at exactly the same time
[ex] Businesses must synchronize their production choices with consumer choices.
2. (두 개 이상의 시계가) 같은 시간을 가리키다.
[eng] to make two or more watches show exactly the same time
[ex] Synchronize your watches.

정답 ③

해석 우리는 정형화하려는 경향이 있다. 왜냐하면 윌리엄 제임스가 한때 "거대하고 번창하고 와글거리는 혼돈"이라고 서술했던 매우 혼란스러운 세상을 이해하는 데 도움을 주기 때문이다. 우리가 무엇을 바라보고 있는지 모른다면 우리가 바라보고 있는 것을 종종 완전히 볼 수 없다는 것은 신기한 일이다. 평생 시력을 잃은 후 시력을 회복한 이는 정말로 처음에는 삼각형과 사각형을 구분할 수 없다. 공장을 방문한 사람은 시끄러운 혼란만을 보는데 감독은 완벽하게 일치된 작업 흐름을 본다. 월터 리프맨이 말했듯이, "대체로 우리는 먼저 보지 않고 정의내린다. 우리는 먼저 정의를 내린 다음에 본다." 정형은 우리가 세계를 보려고 세계를 "정의내리는" 방식이다. 정형은 끝없이 다양한 인간을 간편한 소수의 "유형들"로 분류하고 이 유형들에 대해 정형화된 방식으로 행동하는 것을 배운다. 우리가 인간과 접촉할 때마다 처음부터 출발해야 한다면 인생은 피곤한 과정이 될 것이다.

Check

▶ **삽입된 부사구**

People (who recover their sight after a lifetime of blindness) <actually> cannot <at first> tell a triangle from a square.

⇨ 조동사 앞에 부사 'actually'가 위치했고 cannot이라는 '조동사+부정어' 뒤에 '전치사구'인 'at first'가 위치하여 삽입된 형태이다. 또한 'who ~ blindness'는 선행사 people을 꾸며주는 주격관계대명사절이다.

149

□ Read the following passage and answer each the question.

In ancient time wealth was measured and exchanged tangibly, in things that could be touched: food, tools, and precious metals and stones. Then the barter system was replaced by coins, which still had real value since they were pieces of rare metal. Coins were followed by fiat money, paper notes that have value only because everyone agrees to accept them.

Today electronic monetary systems are gradually being introduced that will transform money into even less tangible forms, reducing it to arrays of "bits and bytes," or units of computerized information, whizzing between machines at the speed of light. Already, electronic fund transfer allows money to be instantly sent and received by different banks, companies, and countries through computers and telecommunications devices.

35 According to the passage, which of the following was the earliest kind of exchange of wealth?

① Bartered goods　　　② Coin currency
③ Fiat money　　　　④ Intangible forms

36 Which of the following would be the most acceptable title for the passage?

① International Banking Policies　② The History of Monetary Exchange
③ The Development of Paper Currencies　④ Current Problems in the Economy

37 According to the passage, coins once had real value as currency because they ___________.

① represented a great improvement over barter
② permitted easy transportation of wealth
③ could become collector's items　④ were made of precious metals

38 Which of the following statements about computerized monetary systems is NOT supported by the passage?

① They promote international trade.
② They allow very rapid money transfers.
③ They are still limited to small transactions.
④ They are dependent on good telecommunications systems.

□ 다음 글을 읽고 물음에 답하시오.

어구 tangibly 명백히, 유형적으로 | **touch** 접촉하다 | **precious** 귀한, 비싼 | **barter** 물물교환; 물물교환하다 | **A is replaced by B** A가 B로 대체되다 | **rare** 희귀한, 드문 | **A be followed by B** (시간적으로) A가 있는 뒤에 B가 존재하다 | **fiat money** 법정 불가 지폐 | **monetary** 화폐의, 금융의 | **gradually** 점차적으로 | **transform A into B** A를 B로 변화시키다 | **tangible** 실체적인, 명백한 | **array** 정렬, 배열, 세트 | **bit** 비트(정보의 최소단위) | **byte** 바이트(보통 8비트 단위) | **whiz** (윙 소리를 내며) 날아가다 | **electronic fund transfer** 전자 송금 | **instantly** 즉시 | **telecommunication** 이동통신 [보기] **bartered goods** 물물교환 상품

해설 **35_[특정정보] 위 글에 따랐을 때, 가장 초기에 재산의 대체물은 무엇이었는가?**

① 물물교환 상품　　　　　② 화폐 유통
③ 법정 불가 지폐　　　　　④ 무형

◑ 가장 초기는 본문에서 첫 문장에서 등장한 'ancient time' 을 말한다. 이때에는 물건들을 교환했으므로 '물물교환 상품' 이 가장 초기의 재산 교환이 되었을 것이다.　　　　　**정답** ①

36_[제목] 위 글의 제목은 무엇인가?

① 국제 금융정책　　　　　② 화폐변천의 역사
③ 지폐의 발전　　　　　④ 경제의 현재 문제점들

◑ 본문은 '고대' 에서부터 '현재' 에 이르기까지 '화폐 이용의 변천' 을 설명하고 있으므로, 제목 또한 '화폐 변천의 역사' 라는 시간적 개념이 옳다.　　　　　**정답** ②

37_[특정정보] 주화가 화폐로서 진정한 가치를 가지게 된 원인은 무엇인가?

① 물물교환 이상의 상당한 개선을 보여줬기 때문에
② 편리한 송금을 가능하게 해주어서
③ 수집가들의 수집품들이 될 수 있어서
④ 귀한 금속으로 만들어져서

◑ 두 번째 문장의 'which~ ' 관계사절 속에 설명되어 있듯이, '귀한 금속으로 구성' 되어 있었던 것이 진정한 가치를 얻게 된 주 이유가 된다.　　　　　**정답** ④

38_[특정정보] 컴퓨터화 된 화폐제도에 대한 설명으로 언급되지 않은 것은?

① 국제 상거래를 촉진시킨다.　　　　　② 매우 빠른 송금을 가능하게 한다.
③ 아직도 소규모 거래에만 국한되어 있다.　　　　　④ 뛰어난 이동통신 시스템에 의존한다.

◑ 마지막 문장을 통해서 '국제 상거래, 빠른 송금, 이동통신 시스템에 대한 의존' 은 옳지만, 소규모 거래에만 국한된다는 설명은 언급되지 않았다.　　　　　**정답** ③

해석 고대에는 음식, 도구와 귀한 금속과 돌들과 같이 만져질 수 있는 것들을 통해서 부가 유형적으로 측정되고 교환됐다. 그런 후 물물교환 제도가 주화로 교체가 되었으며, 그 주화는 희귀한 금속품이었기 때문에 여전히 제대로 된 가치를 보유했었다. 주화에 이어서 법정 불환 지폐가 등장했는데, 이는 단지 모든 이가 수용하기로 동의를 했었기 때문에 가치를 얻게 된 지폐였다.
오늘날 전자 화폐 제도들이 점차적으로 도입이 되어지고 있는데, 이로 인해 화폐는 심지어 덜 유형적인 형태로 바뀌어질 것이며, 비트와 바이트의 배열로 줄어들게 되는데, 즉 달리 말하자면 컴퓨터화된 정보의 단위를 의미하며, 그 단위는 빛의 속도로 기계들 사이에서 돌아가게 된다. 이미 전자 송금 방식이 서로 다른 여러 은행과 회사와 국가가 컴퓨터와 원격 통신 장치를 통해서 돈을 즉시 주고받을 수 있게 되었다.

Check

▶ or의 기타 용법

or는 문맥에 따라서 '또는' 이 아닌 '즉, 달리 말하자면' 이란 뜻을 가지게 된다.

Electronic monetary systems will transform money into even less tangible forms, / 주절

reducing it to arrays of "bits and bytes," / 앞 문장의 부대상황을 가리키는 분사구문

or units of computerized information, / or 에 의해서 앞의 선행사 bits and bytes와 동격

whizzing between machines at the speed of light. / 선행사 units를 수식하는 분사구문

⇒ or 는 선행사인 'bits and bytes' 와 'units of computerized information' 이란 두 명사구를 동격으로 연결시켜 주고 있다.

151

Chapter **6**

일치/불일치

제6장
일치·불일치

1. 유형 정의

문제의 보기항에 진술되어 있는 내용과 본문의 내용과 비추어 볼 때, 상호간에 그 내용이 일치하느냐 또는 일치하지 않느냐를 판단하여 글의 구체적인 세부 내용을 올바르게 이해했는지를 판단하는 유형이다. 이는 전 세계 어느 시험에서도 등장하지 않는 유형으로서, 그동안 '고시' 에서 발달되어 온 유형이지만 편입에서도 그 문항 수가 점차 증가하고 있다.

2. 공략 방법

(1) 문제 자체에 어떠한 조건도 제시되어 있지 않으며, 특정 논리정보 장치와 결합된 문장만 문제의 쟁점이 되는 것이 아니므로, 지문 내용의 정확한 이해를 필요로 한다.

(2) 보기항의 진술된 내용들은 지문의 전개 내용과 순서가 일반적으로 일치한다. 따라서 시간적으로 여유가 있는 대학에 응시할 경우에는 보기항을 먼저 읽는 것도 하나의 방법이 된다.

(3) 지문 속에 있는 특정내용을 다시 보기항에 진술하지만, 그 내용 그대로 복원시키는 경우는 드물다. 즉 재진술되는 경우가 대부분이므로, 특정 어구가 '동의어' 로 전환되었는지, 또는 '태' 의 전환에 대해서 유의해야 한다.

3. 설문 유형

- Which is true of the passage?
- Choose the best statement which corresponds with the following passage?
- According to the passage, which of the following is true?
- Which one of the following statements is true?
- According to the passage, the author does not believe that :
- 다음 글의 내용과 부합하는 것을 고르시오.
- 다음 글의 내용과 일치하는 것은?

1 다음 주장의 내용과 가장 거리가 먼 것을 고르시오.

The steel industry claims this surge of imports was not a result of a fall in Asian currency values, but rather a conspiracy among European and Asian steelmakers to protect their own markets and dump on the United States.

① 미국의 철강 수입량이 증가하였다.
② 유럽 철강제조업체들은 미국에 덤핑을 계획하였다.
③ 아시아 철강업체들은 자국 시장을 보호하려고 하였다.
④ 아시아 통화가치의 하락이 미국의 철강수입량 증가의 원인이다.
⑤ 유럽 철강제조업체들의 음모는 미국 철강수입량에 영향을 미쳤다.

2 Choose the one which is not true of the passage.

From the day the first motor car appeared on the streets it had to me appeared to be a necessity. It was this knowledge and assurance that led me to build to the one end a car that would meet the wants of the multitudes.

All my efforts were then and still are turned to the production of one car — one model. And year following year, the pressure was, and still is, to improve and refine and make better, with an increasing reduction in price.

① The writer devoted himself to the reduction of price in producing a car.
② The writer did all his might to produce one car — one model.
③ The writer asserts that cars should satisfy the wants of the multitudes.
④ The writer emphasizes the improvement of a car according to a reduction in price.

 **Check**

1   [불일치]

어구   **surge** 쇄도 | **currency** 화폐, 유통, 시세 | **conspiracy** 음모, 공모 | **dump** 버리다, 덤핑하다

해설   미국의 철강 수입 증가의 이유가 아시아 화폐 가치가 하락된 것은 아니라고 했다.

해석   철강산업에서 이번 수입 증가가 아시아 화폐 가치의 하락의 결과로서가 아니라 오히려 유럽인들과 철강 제조업자들이 미국에서의 자신들의 시장을 보호하고 덤핑을 하려는 음모에 기인한 것이라고 한다.   **정답** ④

▶ not A but B

not A but B (A가 아니라 B)는 등위상관 접속사로서, 'A와 B는 동일한 문법 기능'을 가진 것들끼리 병치되어야 한다. 이 경우 but 바로 뒤에 'rather'라는 '접속부사'가 위치하여 '양보'의 관계임을 강조하게 된다.

This surge of imports was *not* **a result** of a fall in Asian currency values, *but rather* **a conspiracy.**

⇨ not A but B 구문에서 'A와 B' 자리에 각각 품사가 '명사'인 것들끼리 병치가 올바르게 되었다.

2   [불일치] 다음의 내용과 거리가 먼 것을 고르시오.

어구   **necessity** 필수품, 필요 | **assurance** 확신, 보증 | **end** 목적 | **meet** 충족시키다 | **wants** 필요 | **multitude** 다수, 대중 | **turn A to B** A를 B로 향하다 | **year following year** 해마다 | **refine** 세련되게 하다 | **make better** 개선시키다 | **increasing** 점진적인 (보기) **reduction** 감소 | **devoted oneself to** ~에 전념하다 | **might** 힘 | **assert** 단언하다, 강력히 주장하다 | **emphasize** 강조하다 | **improvement** 개선

해설   ① 작가는 자동차를 생산할 때 가격 인하에 헌신을 다했다.
② 작가는 한 가지 모델인 한 개의 차를 생산하기 위해 모든 힘을 쏟았다.
③ 작가는 자동차들이 대중들의 욕구를 충족시켜야 한다고 주장한다.
④ 작가는 가격 인하와 조화된 자동차의 향상을 강조한다.

◐ 가격 인하는 부수적인 내용일 뿐, 헌신을 다한 부분은 아니며, 작가가 최선을 다한 점은 차의 질 향상과 세련미였다.

해석   최초의 자동차가 거리에 출현했던 날로부터 그것은 나에게 필수품인 것처럼 생각되었다. 그것은 내가 단 하나의 목적으로서 대중들의 욕구에 부응할 차를 만들게끔 한 것은 바로 이러한 생각과 확신이었다. 그때 내가 할 수 있는 모든 노력은 한 가지 자동차를 만들어내는 데 있었고 지금도 마찬가지다. 그리고 해마다 그리고 현재도 그러하지만, 자동차 가격을 인하하면서, 더 좋고 세련된 자동차를 만들기 위해 노력한다.   **정답** ①

▶ It is ~ that 강조 구문

문장의 '주어, 목적어, 명사 보어, 부사구'를 'it is'와 'that' 사이에 강조할 수 있다.

This knowledge and assurance led me to build <to the one end> a car

= *It was* this knowledge and assurance *that* led me to build <to the one end> a car.

⇨ 문장의 주어인 'This knowledge and assurance'를 'it is'와 'that' 사이에 강조한 형태이다. 또한 'to the one end'는 'to build'와 목적어인 'a car' 사이에 삽입된 형태이다.

3   According to the following passage, which is true to the content?

Around the world, people are wrestling with the question of humane death - especially in the face of painful terminal illnesses. The dilemma has become more complicated in recent years, as advanced medical technology has enabled doctors to keep patients alive much longer in even the most extreme cases. Of course, patients have the right to refuse medical treatment at any time; requesting lethal injections, however, is another matter. Therefore, although it officially endorsed euthanasia in 1984, the Netherlands issued strict guidelines on how to perform it, and proclaimed that doctors who don't follow the guidelines can be imprisoned for up to 12 years.

① Advanced medical science lengthened people's life expectancy as long as they want.

② Patients with terminal illnesses can ask for euthanasia anywhere in the world.

③ The right for euthanasia should be fully given to an individual.

④ In the Netherlands, humane death is allowed only if performed by strict guidelines.

⑤ Lethal injections may cause doctors to be imprisoned for up to 12 years.

3   [일치] 다음의 내용과 일치하는 것은?

어구   **wrestle with** 싸우다, ~에 노력하다 | **in the face of** ~에 직면하여, ~에도 불구하고 | **extreme** 극단적인 | **lethal** 치명적인 | **injection** 주사, 투입 | **endorse** 승인하다 | **euthanasia** 안락사 | **issue guideline** 지침을 정하다 | **proclaim** 포고 · 공포하다 | **up to** 최대 ~까지 [보기] **terminal** 말기의, 종착역의 | **imprison** 투옥하다

해설   ① 발전된 의료과학이 사람들이 원하기만 한다면 수명을 연장시켜 주었다.
② 불치병 환자들이 지구의 어느 곳에서라도 안락사를 요구할 수 있다.
③ 안락사의 권리는 전적으로 개인에게 주어져야만 한다.
④ 네덜란드에서 인간의 죽음은 단지 엄격한 지표에서 시행된다면 허락이 된다.
⑤ 독극물 주사는 의사로 하여금 최대 12년까지 감옥살이를 하게 할 수 있다.

◎ 네덜란드에서는 엄격한 지침이 설정된 법의 제도 하에서만 안락사가 허락되므로 옳은 설명이다. ⑤번이 정답이 안 되는 이유는 단순 독극물 주사가 아니라 이 독극물 주사를 법의 지침을 따르지 않고 안락사에 이용했을 경우에 형 언도를 받는 것이지 독극물 주사만 가지고서 형을 받게 되는 것은 아니다.

해석   세상 사람들은 특별히 고통스런 말기에 있는 질병에 직면하여 인간적인 죽음에 대한 문제와 씨름하고 있다. 이 딜레마는 최근 몇 년 동안 더욱 더 복잡해졌다. 왜냐하면 선진 의학 기술이 의사들로 하여금 환자들이 심지어 가장 극단적인 치료에서도 더 오래 살 수 있게 하기 때문이다. 물론 환자들은 언제나 의학 치료를 거절할 권리를 가지고 있다. 그러나 독극물 주사를 요청하는 것은 다른 문제이다. 그리하여, 1984년에 네덜란드는 공식적으로 안락사를 인정했을지라도, 네덜란드는 안락사를 실행하는 방법에 대한 엄격한 지침을 정했으며, 이 지침을 따르지 않는 의사들은 최대 12년 형을 받을 수 있다고 공포했다.   **정답 ④**

Check

▶**Semicolon과 접속부사의 관계**

세미콜론(;)만으로도 문장과 문장을 연결시킬 수 있지만(접속사 기능), 그 문장 간의 관계를 명확히 설명해 주기 위해서 세미콜론 바로 뒤에 접속부사가 위치하는 것이 원칙이다. 그러나 however라는 접속부사는 그 위치가 '문두, 문중, 문미' 모두 위치가 가능하다.

Patients have the right to refuse medical treatment at any time; requesting lethal injections is another matter.
⇨ 세미콜론만으로 문장과 문장을 연결(접속사 기능)

= Patients have the right to refuse medical treatment at any time; *however*, requesting lethal injections is another matter.
⇨ 세미콜론 + 접속부사(문두 위치)

= Patients have the right to refuse medical treatment at any time; requesting lethal injections, *however*, is another matter.
⇨ 세미콜론 + 접속부사(문중 위치)

= patients have the right to refuse medical treatment at any time requesting lethal injections, is another matter, *however*.
⇨ 세미콜론 + 접속부사(문미 위치)

4   **Which of the following is most relevant to the passage?**

It is common knowledge that ability to do a particular job and performance on the job do not always go hand in hand. Persons with great potential abilities sometimes fall down on the job because of laziness or lack of interest in the job, while persons with mediocre talents have often achieved excellent results through their industry and their loyalty to the interests of their employers. It is, therefore, that the final test of any employee is his performance on the job.

① 특정한 일을 수행하는 남다른 능력을 갖춘 사람은 늘 좋은 성과를 내기 마련이다.

② 피고용인이 좋은 성과를 내느냐 못 내느냐 하는 것은 모두 고용주가 어떻게 피고용인을 대하느냐에 달렸다.

③ 고용주의 기대를 저버리는 피고용인은 능력이 보통인 피고용인이다.

④ 근면하게 일을 수행하여 좋은 성과를 내는 사람은 종종 평범한 자질을 갖춘 피고용인이다.

⑤ 훌륭한 성과는 과감한 투자에서 나온다.

4   [일치] 다음의 내용과 일치하는 것은?

어구   **common knowledge** 상식 | **go hand in hand** 협조하다, 병행되다 | **potential** 잠재력이 있는 | **fall down on the job** 직무 수행을 잘하지 못하다 | **laziness** 게으름 | **mediocre** 평범한 | **industry** 산업, 근면 | **loyalty** 충성

해설   ◎ 평범한 직원들이 근면하고 충성하여 훌륭한 결과를 만들 수 있다고 했다.

해석   특정한 일을 행하는 능력과 일의 수행 능력이 항상 병행되는 것이 아니라는 점은 상식이다. 대단한 잠재능력을 가진 사람들도 이따금씩은 게으름과 일에 대한 관심이 부족하기 때문에 실패하기도 한다. 반면에 평범한 능력을 가진 사람들은 종종 그들의 근면함과 그들의 고용주들에 대한 충성심을 통해 훌륭한 결과를 얻어낸다. 그러므로 어떤 직원에 대한 최종적 평가는 업무 수행능력이다.   **정답** ④

Check

▶ **가주어 it과 진주어 that 절**

that 절이 문장 내에서 주어로 쓰였을 경우, 가주어 it이 먼저 위치하는 경우가 흔하다. 이 경우 that 절은 문장이 끝나고 뒤에 위치한다.

That ability to do a particular job and performance on the job do not always go hand in hand/ 주어 역할을 하는 that 절

is common knowledge/ be동사 + 주격보어

= It is common knowledge/ 가주어 it + be동사 + 주격보어

that ability to do a particular job and performance on the job do not always go hand in hand./ 진주어 that 절

memo

5 다음 글의 내용과 일치하는 것은?

The computers of decades ago could run numerical models of the weather no more than three days ahead before their predictions became pure fiction. Today better data, more detailed atmospheric models and immensely faster computers have pushed the range of reliable forecasts to nearly six days on average.

Though better predictions are saving many lives and a lot of money, each extension in range of prediction comes at a higher price. For the weather is intrinsically chaotic, a tiny inaccuracy in the initial data can easily snowball into a huge error which renders long-term prediction hopeless.

① Computers have increased our near-term predictive power for weather.

② It is believed that weather can be predicted with precision very soon.

③ Computers have made long-term weather forecasting a pure fiction.

④ It is highly unlikely that a small change in weather data causes a sizable difference in prediction.

5 　[일치]

어구　run 운영하다, 가동하다 | numerical 숫자상의 | no more than 단지, 겨우 | prediction 예측, 예보 | pure 순수한, 청결한, 완전한 | fiction 허구, 소설 | detailed 자세한 | immensely 엄청나게, 훌륭하게 | reliable 신뢰할 만한 | on average 평균적으로 | extension 확대, 연장 | intrinsically 본질적으로 | chaotic 혼란한, 무질서한 | tiny 작은, 사소한 | inaccuracy 부정확함 | snowball (눈덩어리처럼) 불어나게 하다; 눈뭉치, 눈싸움 | initial 시작의 | huge 거대한 | hopeless 절망적인 〔보기〕 near-term 단기의 | with precision 정확하게 | long-term 장기의 | sizable 제법 큰

해설　① 컴퓨터는 기후에 대한 우리의 단기 예측력을 증가시켜 주었다.
② 날씨는 매우 곧장 정확히 날씨가 예측이 된다고 믿고 있다.
③ 컴퓨터는 장기 기후 예측을 허구로 만들었다.
④ 기후 데이터의 조그마한 변화가 예측되는 제법 큰 규모의 차이를 야기할지는 매우 가망성이 없다.

◎ 첫 문장을 통해 과거에는 3일만 일찍 기후에 대해 알 수 있었지만, 두 번째 문장을 통해 현재는 거의 6일 정도 미리 알 수 있으므로 그만큼 단기의 예측력을 갖게 된 것이다.

해석　수십 년 전의 컴퓨터는 그 예보가 완전히 허구가 되기 겨우 3일 전에 날씨에 관한 모형을 숫자로 나타냈다. 오늘날에는 더 많은 데이터와 보다 자세한 기후모형과 엄청나게 빠른 컴퓨터들이 평균적으로 거의 6일까지 신뢰할 만한 예보의 범위를 늘렸다.
더 나은 예보가 많은 생명과 많은 재산을 구하고 있을지라도, 예보의 범위 증가가 더 많은 비용이 든다. 날씨가 본질적으로 혼란스럽기 때문에 최초 자료의 사소한 오류가 장기 예보를 절망적으로 바뀌게 하는 대실수로 커진다.　　　　정답 ①

Check

▶render 동사

render + 목적어 + impossible/harmless/unconscious 등과 같이 '목적어 뒤에 형용사 보어'를 위치시켜서, 목적어의 결과적 설명을 하는 기능을 갖는다. 해석은 '목적어가 ～이 되게 하다' 정도로 해주면 된다.

A huge error *renders* long-term prediction hopeless.
　목적어　　　목적보어
큰 오류가 장기 예측을 절망스럽게 한다.

6 다음 글의 내용과 부합하는 것을 고르시오.

A good speaker almost invariably is someone who can listen to or "read" the mood or tenor of an audience, even when the audience is not communicating verbally. Good speakers can sense nervousness, restlessness, or hostility among a group, and they learn to use the mood of the crowd to their own advantage. Listening also involves asking questions and paying attention to the answers.

① Good speakers read many books on diverse subjects.
② Today, listening usually requires special technological devices.
③ Good speakers are sensitive to their audience.
④ Processing information has nothing to do with asking questions.
⑤ Non-verbal communication is not important in understanding others.

7 Which one of the following statements is true?

They saw that the hearing children made many different, varied motions with their hands. However, there appeared to be no pattern to these motions. The deaf babies also made many different movements with their hands, but these movements were more consistent and deliberate. The deaf babies seemed to make the same hand movements over and over again.

① Some children couldn't make motions with their hands.
② The hearing children's hand movements had a pattern.
③ The deaf children's hand movements had a pattern.
④ Only the deaf children made many different movements with their hands.
⑤ The deaf children could resume the hearing capacity.

6 [일치]

어구　invariably 항상, 불변한 채로 ｜ mood 감정 ｜ tenor 경향, 취지, 방침 ｜ verbally 말로써 ｜ nervousness 신경질 ｜ restlessness 침착하지 못함, 불안함 ｜ hostility 적대감 ｜ to one's advantage ~가 유리하게끔 ｜ pay attention to ~을 주목하다 [보기] diverse 다양한 ｜ sensitive 민감한 ｜ have nothing to do with ~과 아무 관련이 없다 ｜ non-verbal 비언어적인, 말을 하지 않는

해설　① 좋은 연설자들은 다양한 주제들에 대한 많은 책들을 읽는다.
② 오늘날 청취는 대개 특별한 기술 장비를 필요로 한다.
③ 좋은 연설자들은 청중에 대해 감수성이 높다.
④ 정보 처리는 질문을 물어보는 것과 아무런 상관이 없다.
⑤ 비언어적 의사소통은 다른 이를 이해하는 데 있어서 중요하지 않다.

　◑ 청중의 취지를 듣거나 읽어내고, 혹은 짜증, 불안감까지도 감지한다는 것은 예민하고 감수성이 높다는 말이다.

해석　훌륭한 연설자라 함은 심지어 청중들이 소리를 내면서 의사전달을 하지 않을지라도, 언제라도 청중의 기분이나 취지를 귀 기울이고 읽어낼 수 있는 사람을 말한다. 훌륭한 연설자들은 군중들 사이에서 신경질이나, 불안함이나 적대감을 감지할 수 있으며, 청중의 감정을 자신들에게 득이 되게끔 이용할 수 있다. 또한 귀 기울이는 것은 질문들을 하여 그 답변들에 주의를 기울이는 것을 포함한다.　　　　　　**정답** ③

---

7 [일치] 다음의 내용과 일치하는 것은?

어구　see that S+V ~을 이해하다, 깨닫다 ｜ hearing 청각을 가진 ｜ varied 다채로운 ｜ motion 동작, 발의 ｜ consistent 일관된 ｜ deliberate 신중한 ｜ over and over again 계속해서 다시 [보기] resume (건강을) 회복하다, 갱신하다, 되찾다 ｜ capacity 능력

해설　① 몇몇 아이들은 손동작을 할 수가 없었다.
② 청각력이 있는 아이들의 손동작은 패턴을 갖고 있었다.
③ 청각장애 아이들의 손동작은 패턴이 있었다.
④ 단지 청각장애 아이들만이 많은 다양한 손동작을 했었다.
⑤ 청각장애 아이들은 청각력을 회복할 수 있었다.

　◑ 청각장애 아이들의 손동작은 동일한 손동작을 계속 반복해서 했으므로 이는 패턴이 있는 것이다.

해석　들을 수 있는 아이들은 자신의 손으로 다양한 여러 가지 동작을 한다는 것을 알았다. 그러나 이런 동작에 무슨 패턴이 있는 것 같지는 않다. 들을 수 없는 아이들도 자신의 손으로 다양한 동작을 하지만, 보다 더 일관되고 신중했다. 이 청각장애 아이들은 여러 번 동일한 손동작을 다시 하는 것으로 보였다.　　　　　　**정답** ③

▶ even의 해석

even은 강조 대상 앞에 위치하며, 해석은 수식 대상을 같이 합쳐서 '심지어 ~조차도' 정도로 양보로 해석해 주는 것이 바람직하다.

~ *even when* the audience is not communicating verbally

⇨ 부사절을 이끄는 접속사 when 앞에 위치하여, '청중이 구두 상으로 말을 하고 있지 않을 때조차도'로, 접속사 when을 양보로 해석해 주면 된다.

▶ seem / appear 동사

seem/ appear 동사는 2형식 동사로서, 보어 자리에 '(to be) 형용사·명사/ to R/ that S+V/ as if(=as though) S+V 를 위치시켜서, '~으로 보이다, ~인 것 같다' 처럼 해석해 주면 된다. 속성은 '판단'의 기능을 가진다.

The deaf babies *seemed to make* the same hand movements./ [seem + to R]

There *appeared (to be)* no pattern to these motions. /[appear + (to be) + 명사]

8 According to the passage, the author does not believe that :

Science is no more than curiosity imbued with logic. Surely, in a world awash in political upheaval, epidemics, and poverty, curiosity is a dispensable luxury. It's not. Curiosity is hard-wired into our behavior because it has survival value. For 300 millenniums, it has driven us to exploration and understanding. The former has encouraged the discovery of new resources, and the latter allows us a comfortable life in a pitiless world. Curiosity is the silent motor of progress, without which we are condemned to a steadily worsening existence as we burn through our resources. Humans display many behaviors that separate us from the beasts. Art, music, poetry... the list is easily formulated. Curiosity, neither incidental nor trivial, is on that list.

① Curiosity is a dispensable luxury in itself.
② The progress in science often results from curiosity
③ Exploration leads us to discover new resources.
④ Curiosity separates human beings from the beasts.
⑤ Without curiosity, we would have led a worse existence.

8　[불일치] 작가의 생각과 다른 것은?

어구　**no more than** 단지 ｜ **curiosity** 호기심 ｜ **imbue A with B** A에게 B를 고취시키다 ｜ **awash in** ~으로 가득 찬 ｜ **upheaval** 대격변, 혼란 ｜ **epidemic** 전염병 ｜ **dispensable** 중요하지 않은, 없어도 좋은 ｜ **hard-wired** 내제된, 고유한, (컴퓨터에) 저장된 ｜ **silent motor** 조용한 원동력 ｜ **be condemned to** ~할 운명에 처하다 ｜ **display** 전시하다, 내비치다, 보이다 ｜ **separate** 분리하다, 구별하다; 분리된 ｜ **incidental** 우연적인 ｜ **trivial** 시시한, 사소한 [보기] ｜ **in itself** 본질적으로 ｜ **separate A from B** A와 B를 구분시키다 ｜ **lead an existence** 살다

해설　① 호기심은 본래 없어도 되는 사치이다.
② 과학의 발전은 종종 호기심으로부터 비롯된다.
③ 탐험은 우리로 하여금 새로운 자원들을 개발할 수 있게 해준다.
④ 호기심은 인간과 짐승을 구분시켜 준다.
⑤ 호기심이 없었다면 우리는 더 나쁜 생활을 할 것이다.

　◎ 세 번째 문장에서 '호기심은 쓸데 없는 사치' 라는 주장에 대하여, 작가가 강한 부정을 하고 있다.

해석　과학은 논리가 있는 호기심에 불과하다. 틀림없이, 정치 혼란과 전염병과 가난으로 가득 찬 세상에서는, 호기심은 쓸데없는 사치이다. 이 말은 틀렸다. 호기심은 생존의 가치를 가지고 있기 때문에 우리의 행동에 고유한 것이다. 30만 년 동안 호기심은 우리로 하여금 탐구와 이해를 할 수 있게 해주었다. 탐구는 새로운 자원을 발견하게 했고, 이해는 우리로 하여금 잔인한 세상에서 편안하게 살게 했다. 호기심은 진보의 조용한 원동력이고, 호기심 없이는 우리는 끝없이 악화되는 세계에서 살면서 우리의 자원을 다 소모할 운명에 처한다. 인간은 짐승과 구별되는 많은 행위를 보인다. 예술, 음악, 시 등등 쉽게 열거된다. 호기심은 우연적이지도 시시하지도 않으며 이 범주에 포함된다.

정답 ①

▶접두어 'a~' 로 시작되는 형용사

'awash, alive, alike, alone, asleep, afraid' 같이 'a' 로 시작되는 형용사는 '서술적 용법'으로서 '주격보어와 목적격보어'에 위치하게 된다. 또한 명사 바로 뒤에서도 위치가 가능하다.

In a world (which is) awash in political upheaval, epidemics, and poverty,/ 전치사구

curiosity is a dispensable luxury./ 주절

⇨ awash는 '서술적 용법'으로 쓰이는 형용사이다. 본래 주격 관계 대명사 안의 be 동사의 보어로 쓰였는데, '주격 관계 대명사 (which)+be 동사(is)' 는 생략이 가능하여, 명사 바로 뒤에 위치하게 된 경우이다.

9 According to the passage, which of the following is true?

Psychological tests given while hot winds were blowing have turned up some good news and some bad news about the relations among winds, personality, and ability. The bad news first: Hot winds make people more neurotic and irritable, and then they do worse on intelligence tests. They can't understand mechanical instructions as well as they can in cooler weather. The good news: Hot winds won't keep you from doing your best in math and clerical work, nor will they affect your visual perception.

① We know everything about how hot winds affect our personality or ability.
② When hot winds are blowing, we tend to be easily irritated.
③ Hot winds have nothing to do with our mechanical ability.
④ We can solve math problems much faster in hot weather than in cool weather.
⑤ Our visual perception can be affected by hot winds.

9 [일치] 다음의 내용과 일치하는 것은?

어구 **psychological test** 심리테스트 | **blow** 바람이 불다, (타격을) 가하다 | **turn up** 나타나다, 등장하다, 판명되다 | **personality** 개성, 성격 | **neurotic** 신경질적인 | **irritable** 짜증나는 | **intelligence test** 지능 테스트 | **mechanical instructions** 기계 설명서 | **keep A from ~ing** A가 ~하지 못하게 하다 | **do one's best** 최선을 다하다 | **clerical work** 사무직 | **visual** 시각의 | **perception** 지각, 인식, 점유 [보기] **irritated** 짜증난 | **have nothing to do with** ~과 아무 관련이 없다

해설 ① 더운 바람이 우리의 인성이나 능력에 어떻게 영향을 끼치는지에 대해 모든 것을 안다.
② 더운 바람이 불 때, 우리는 쉽게 짜증내는 경향이 있다.
③ 더운 바람은 우리의 기계에 관한 능력과 아무 상관이 없다.
④ 우리는 시원한 바람보다 더운 바람이 불 때 훨씬 더 빠르게 수학 문제를 해결할 수 있다.
⑤ 우리의 시각적인 인식은 더운 바람에 영향을 받을 수 있다.
◎ 더운 바람은 사람들을 보다 더 신경질이 나게 하거나 짜증나게 하는 경향이 있다고 설명했다.

해석 더운 바람이 부는 동안 치러지는 심리 테스트는 바람과 성격 그리고 능력 사이의 관계에 대한 좋은 정보와 나쁜 정보를 보여줬다. 우선 나쁜 소식이란, 뜨거운 바람 때문에 사람들이 보다 더 신경질적이고 날카롭게 되며, 지능 테스트에서 보다 나쁜 결과를 얻게 한다는 점이다. 사람들은 더 시원한 기후에서 이해할 수 있는 것만큼 기계 제품 설명서를 잘 이해하지 못한다. 좋은 정보란, 더운 바람으로 인해 수학이나 사무를 보는 것에서 최선을 다하지 않는 경우는 없을 것이며, 시각적으로 인식을 하는 데에 영향을 주지 않을 것이라는 점이다. **정답** ②

Check

▶nor+V+S (무조건 도치)

nor는 앞 문장이 부정문일 경우 '뒤 문장에 대한 부정 동의'를 할 경우 쓰인다. nor는 자체가 부정어를 가지고 있기 때문에 이하의 문장은 무조건 도치가 발생한다. 해석은 '그리고 ~도 아니다'로 해주면 된다. 조동사가 있는 문장의 도치는 조동사가 주어보다 먼저 앞에 위치하여 '조동사+주어+본동사' 어순이 성립된다.

Hot winds wo*n't* keep you from doing your best in math and clerical work, *nor* will they affect
조동사 주어 본동사
your visual perception.
　　목적어

≡ Hot winds *won't* keep you from doing your best in math and clerical work, *and* they will *not* affect your visual perception.

memo

10 According to the passage, which of the following is true?

Job seekers are discovering that smoking can endanger their careers. Newspaper classified advertisements frequently specify that employers are looking for "nonsmokers only." One of the first questions asked of job applicants at Vanguard Electronic Tool in Redmond, Washington, is "Do you smoke?" If the answer is "Yes," the interview is over. That is perfectly legal.

① You don't have to kick the habit of smoking until it endangers your career.
② It is getting very difficult for employers to hire nonsmokers.
③ Many newspapers advertise only for the employers looking for nonsmokers.
④ If you smoke, you' d better not apply for a job at Vanguard Electronic Tool.
⑤ Although companies want to hire smokers, it is strictly forbidden by law

11 According to the passage, which of the following is true?

"Break a leg." Bill cheered her up. When Nora got to the place, there were already ninety hopefuls ahead of her. She was given a number and tired to find a place to sit. It was one o'clock when she got the chance to read. It was impossible to tell how well she had done. The producer and author sat with impassive faces.

① Nora just broke her leg.
② Nora went to the library for reading.
③ Nora had a party for ninety people.
④ Nora was sure to pass the test.
⑤ Nora had an audition for a play.

10 [일치] 다음의 내용과 일치하는 것은?

어구 **job seeker** 구직자 | **endanger** 위험에 빠뜨리다 | **classified** 분류된, 항목별의, 기밀 취급되는 | **applicant** 지원자 〔보기〕 **kick the habit of ~ing** ~하는 습관을 없애다 | **forbidden** 금지된, 금단의

해설 ① 당신은 흡연이 당신의 직업을 위험에 빠뜨리고서야 비로소 흡연습관을 버리려 한다.
② 고용주들이 비흡연자들을 고용하는 것이 매우 어려워지고 있다.
③ 많은 신문들이 비흡연자들을 고용하려는 고용주들만을 광고한다.
④ 당신이 만일 흡연을 한다면 Vanguard Electronic Tool 회사에 구직 신청을 하지 않는 것이 낫다.
⑤ 회사들이 흡연자들을 고용하기 원할지라도 법으로 엄격히 금지되어 있다.

　◎ Vanguard 회사의 고용주들이 비흡연자들만을 원하니, 흡연자들은 이 회사에 지원하지 않는 편이 낫다.

해석 직업을 찾는 이들은 흡연이 자신들의 직업에 해를 끼친다는 사실을 알아가고 있다. 신문 항목별 광고들은 고용주들이 "비흡연자"들만을 찾고 있다고 자주 게재한다. 워싱턴 레드먼드에 있는 Vanguard Electronic Tool 사의 구직자들이 받는 첫 번째 질문들 중 하나는 "담배를 피우는지요?"라는 질문이다. 만일 "네"라고 대답한다면, 인터뷰는 끝난다. 그것은 완벽하게 합법적이다. **정답** ④

Check

▶ **ask A of B**

ask A of B는 'A를 B에게 묻다'로 해석이 된다. 따라서 수동태 전환시 'A is asked of B' 구조가 취해진다면, 'A가 B에게 물어봐지다'로 해석이 된다. 만일 관계대명사 또는 분사로 축약이 되어서 'A which is asked of B = A asked of B'가 된다면 'B에게 물어봐진 A'로 해석이 가능하다.

One of the first questions *(which are) asked of* job applicants at Vanguard Electronic Tool in Redmond, Washington, <u>is</u>
　　　　　　　　　동사
"<u>Do you smoke?</u>"
　보어(직접화법)

⇒ 'asks one of the first questions of job applicants ~' 구문이 수동태 화 되어 '주격 관계대명사절인 one of the first questions which are asked of job applicants ~'에서 다시 또 'which is'가 생략되어 분사로 줄어든 형태이다.

11 [일치] 다음의 내용과 일치하는 것은?

어구 **break a leg** 기운내! 잘해! | **cheer up** 격려하다 | **get to** ~에 도착하다(reach) | **hopeful** 지원자, 유망자 | **ahead of** ~ 앞에 | **get the chance to R** ~할 기회를 얻다 | **impassive** 무표정한, 냉담한 | **be sure to R** (필자가) 확신하다

해설 ① Nora는 정말로 다리를 부러뜨렸다.
② Nora는 책을 읽기 위하여 도서관에 갔었다.
③ Nora는 90명을 위한 파티를 열었다.
④ Nora는 그 시험을 합격하리라 확신한다.
⑤ Nora는 연극을 위해서 오디션을 치렀다.

　◎ 90명의 지원자, 프로듀서와 작가가 언급된 것으로 보아 Nora는 오디션을 보러 갔음을 유추할 수 있다.

해석 '기운내!' 빌이 그녀를 격려했다. Nora가 그곳을 갔을 때, 그녀 앞에 90명의 지원자들이 있었다. 그녀가 번호를 받고 앉아 있을 곳을 찾았다. 그녀는 한시에 글을(대본을) 읽었다. 그녀가 얼마나 잘 했는지는 알 수 없었다. 프로듀서와 작가는 무표정한 표정으로 앉아 있었다. **정답** ⑤

▶ **가주어 it과 진주어 to 부정사**

to부정사가 주어일 경우, 가주어 it이 대신할 수 있다.

<u>To tell how well she had</u>
　　　　주어
<u>done</u> was impossible.

⇒ <u>It</u> was impossible <u>to</u>
　가주어
<u>tell how well she had done.</u>
　진주어

12 According to the passage, which of the following is true?

Physical contact is an important factor in an infant's overall development. Infants usually satisfy this very basic need in the course of an ordinary day spent with their parents. However, children given up for adoption at a tender age and placed in poorly run orphanages, children brought up by unaffectionate parents, and children whose parents touch them only to beat them — all these types of children run the risk of never reaching their potential as fully developed adults.

① If a baby is deprived of affectionate parental contact, he or she will not be likely to develop fully.

② Sometimes parents should punish their children in order to correct their behaviors.

③ In order for children to grow independently, parents should not provide too much affection for them.

④ Children who were brought up in poorly run orphanages tend to become violent.

⑤ Infants usually cannot fulfill their tactile desire by spending time with their affectionate parents.

 **Check**

12 [일치] 다음의 내용과 일치하는 것은?

어구 physical contact 신체적 접촉 | factor 요소 | overall 종합적인; 전체적으로 | infant 유아 | in the course of ~ 중에 | ordinary day 일상 | adoption 입양, 채용, 채택 | tender 어린, 부드러운, 약한 | poorly 형편없이 | bring up 키우다, 가르치다, (안건을) 제시하다 | unaffectionate 애정이 없는 | run the risk of ~할 위험을 무릅쓰다 | potential 잠재적인; 잠재력 [보기] deprive A of B A에게서 B를 박탈하다(＝A is deprived of B A가 B를 박탈당하다) | affectionate 애정어린 | fully 완전히 | punish 혼내다, 처벌하다 | violent 폭력적인 | fulfill 이행하다 | tactile 촉각의, 만져서 알 수 있는

해설 ① 아기가 애정어린 부모의 접촉을 박탈 당한다면 완전히 성장하지는 못할 것이다.
② 가끔씩은 부모가 아이들의 행동을 고치기 위해서 아이들을 혼내야만 한다.
③ 아이들이 독립적으로 성장하기 위해서 부모들은 아이들에게 너무나 많은 애정을 베풀어서는 안 된다.
④ 형편없이 운영되는 고아원에서 성장한 아이들은 폭력적인 경향이 있다.
⑤ 아이들은 애정어린 부모와 시간을 보냄으로써 대개 자신의 촉각의 욕망을 채울 수 없다.

◑ 마지막 문장을 통해 부모의 사랑을 박탈당한 아이들은 완전하게 성장하기 어려울 것이라는 설명이 옳다.

해석 신체적인 접촉은 유아의 전반적인 성장의 중요 요소이다. 유아들은 부모님과 보내는 일상 속에서 이토록 매우 원초적인 본능을 충족시킨다. 그러나 어린 나이에 입양을 위해 버려진 아이들, 형편없이 운영되는 고아원에 놓여진 아이들, 애정없는 부모들이 키우는 아이들, 부모가 때릴 때만 손이 가는 아이들, 이 모든 아이들은 완전히 성장한 어른들로서 자신이 가진 가능성을 거의 발견해 내지 못한다. **정답** ①

▶ **동격과 dash**

문장 내에서 밀접히 관련 있는 두 가지를 분리시킬 때 dash(-)를 사용한다.

① Children (given up for adoption at a tender age and placed in poorly run orphanages), ② children (brought up by unaffectionate parents), *and* ③ children (whose parents touch them only to beat them) — all these *types of children* run the risk.

⇒ '분사구문 given up ~', '분사구문 brought', '소유격 관계대명사절 whose ~' 이하의 수식을 받는 children 세 개가 'dash(-)'에 의해서 types of children과 동격 처리되고 있다.

13 Choose the best statement which corresponds with the following passage?

> Whereas the ends of conscientious objection do not go as far as those of civil disobedience, the ends of revolution go beyond; so do the means. Civil disobedience is intended to persuade by symbolic acts and to defy law only to press for limited specific changes within the legal and political system. Revolution, however, is intended to change the whole political system and to coerce unpersuaded opponent to overthrow the government and to gain power for the revolutionaries.

① Civil disobedience seeks to change the whole legal and political system.

② The ends of conscientious objection go beyond the ends of the government.

③ The ends of revolution go beyond those of civil disobedience, but not the means.

④ The ends and means of revolution go beyond those of civil disobedience and conscientious objection.

⑤ Revolution coerces unpersuaded opponents to press for limited specific changes within the legal system.

13 [일치] 다음의 내용과 일치하는 것은?

어구 end 목적 │ conscientious 양심적인 │ go far 상당히 효과가 있다(work well) │
disobedience 불복종 │ means 수단, 재산 │ go beyond 능가하다, ~보다 낫다 │
symbolic 상징적인, 부호의 │ defy 저항하다 │ press (for) ~을 강요하다 │ specific 구체적
인 │ coerce 강요하다 │ unpersuaded 설득당하지 않는, 완강한 │ overthrow 전복시키다 │
revolutionary 혁명당원; 혁명의 [보기] seek to R ~을 추구하다 │ coerce A to R A로
하여금 ~하도록 강요하다

해설 ① 시민 불복종은 법과 정치의 모든 체계를 바꿀 것을 추구한다.
② 양심 거부의 목표는 정보의 목표를 능가한다.
③ 혁명의 목적은 시민 불복종의 목적을 능가하지만, 수단은 능가하지 못한다.
④ 혁명의 목적과 수단이 시민 불복종과 양심 거부의 목적을 능가한다.
⑤ 혁명은 완강한 반대편으로 하여금 법체계 하에서의 제한된 구체적인 변화를 요구하게끔
　강요한다.

　◐ 첫 문장을 통해서 ④의 내용이 분명히 밝혀진다.

해석 양심 거부의 목적이 시민 불복종만큼 효과적이지는 않지만, 혁명의 목적은 이를 능가하며,
그 수단 또한 그렇다. 시민 불복종은 상징적인 행위들을 수단으로 설득하려는 의도가 있으
며, 법적이고 정치적인 시스템 안에서 제한된 구체적 변화들을 강요하는 법을 단지 무시하려
는 의도가 있다. 그러나 혁명은 모든 정치체계를 변화하고 완강한 반대자들로 하여금 정부를
전복시키고 혁명당원들을 위한 권력을 얻으려고 강요하려는 의도가 있다.　　　　**정답** ④

Check

▶ so 도치

so가 문두로 위치하면 무조건 도
치가 발생한다.

The ends of revolution go
beyond; *so go beyond the
means*.

= The ends of revolution go
beyond; *so do the means*.

⇨ 앞서 나온 'go beyond' 동사가
다시 반복되므로, 일반동사의 대
동사인 'do'만으로 쓰였다. so가
문두로 위치했으므로, 'so + 동사
+ 주어' 어순으로 도치가 발생했
다.

14 Which is true of the passage?

Opposition to the use of animals in research is based on arguments of two different kinds--those relying on the alleged rights of animals and those relying on the consequences for animals. I have argued that arguments of both kinds must fail. We surely do have obligations to animals, but they have, and can have, no rights against us on which research can infringe. In calculating the consequences of animal research, we must weigh all the long-term benefits of the results achieved--to animals and to humans--and in that calculation we must not assume the moral equality of all animate species.

① Research cannot be conducted because of animal right activists.

② Animal rights must be protected in whatever case.

③ We should reduce the use of animals in research.

④ In the long run, animals and humans can benefit from the use of animals in research.

⑤ The use of animals in research is not right.

14 [일치] 다음의 내용과 일치하는 것은?

어구 opposition 반대 | **rely on** ~에 의존하다 | **alleged** 추정된 | **consequence** 결과, 중요성 | **obligation** 의무, 책임 | **infringe on** ~을 침해하다 | **calculate** 측정하다, 산정하다 | **weigh** ~에 무게를 달다, 심사숙고하다 | **long-term** 장기적인 | **assume** 추정하다, 가정하다 | **animate** 활기를 불어넣다; 활기있는 [보기] **conduct** 행위하다, 집행하다, 인도하다; 행위, 지도 | **in the long run** 마침내

해설 ① 동물 권리 운동가들 때문에 연구가 시행이 안 될 수도 있다.
② 동물의 권리는 어느 경우에서라도 보호되어져야만 한다.
③ 우리는 연구를 할 때 동물의 사용을 줄여야만 한다.
④ 궁극적으로는 동물과 인간은 연구를 할 때 동물을 이용함으로써 득을 볼 수 있다.
⑤ 연구를 할 때 동물을 이용한다는 것은 옳지 못하다.

　◎ 사람이 동물에게 잘해야 할 의무는 있지만, 그렇다고 해서 동물을 이용한 연구를 하지 말아야 할 의무가 없다고 했으며, 마지막 문장을 통해서 동물과 인간 모두에게 이점이 되는 것을 고려해야 한다고 주장한다.

해석 연구에 동물을 사용하는 것을 반대하는 것은 동물이 권리가 있다는 주장과 동물에 미치는 결과에 의존하는 주장인 서로 다른 주장에 근거를 두고 있다. 나는 두 주장 모두 틀렸다고 주장했다. 우리가 동물에 대해 잘 해줄 의무가 있음은 분명하지만, 동물들이 우리에게 불리하게 연구를 침해할 수 있는 어떠한 권리도 가지고 있지 않으며, 가질 수도 없다. 동물 연구의 결과를 산정함에 있어서, 우리는 동물과 인간에게 장기적으로 얻어질 수 있는 이점에 대해 고려해야만 하며, 그 산정에서 모든 동물들의 도덕적 가치를 가정해서는 안 된다.　**정답** ④

Check

▶ **dash(−)와 동격 처리**

문장 내에서 밀접히 관련 있는 것들을 분리시킬 때 dash(−)를 사용한다.

Opposition to the use of animals in research is based on *arguments of two different kinds* ① those relying on the alleged rights of animals and ② those relying on the consequences for animals.

⇨ 두 가지 다른 유형의 주장들에 대한 추가 설명을 위해서 'dash'를 통해 'those' 두 개를 and에 의해서 병치시키고 있다.

□ 다음 글을 읽고 물음에 답하시오.

Eskimos look like Chinese people. Their hair is black and straight. They live in the North of America, in Siberia and in Greenland. They do not grow things because the weather is too cold. They eat fish and meat. Sometimes the food is boiled, but often it is not cooked at all. When they travel, they often make a new house every night. A house like this is not cold because there is a lamp inside it and this warms it. The lamp is important in that it does three things. It warms the house; it gives light and it cooks food. Before they met the white man, the Eskimos' knives and other things were made from stone or parts of animals. Now they use guns and knives. They do not fight with each other and do not steal. They do not hit their children at all. The boys grow up quickly and go with their fathers and look for food. The life of the Eskimos is hard but they are strong and patient.

15 What would be the most suitable topic of the passage?

① Eskimo's appearance
② Eskimo's weapons
③ Eskimo's children
④ Eskimo's life style
⑤ The weather of Siberia and Greenland

16 According to the passage, which of the following is true?

① In Greenland some of the newspapers and some books are in the Eskimo language.
② Some Eskimos live in big villages or near big towns.
③ Small boats are used to catch animals and fish.
④ The women watch the children, make clothes and cook.
⑤ Although their life is hard, they are patient.

어구 boil 끓이다 | **not at all** 전혀 ~이 아니다 | steal 훔치다 | **be made from** ~으로 만들어지다 | **look for** ~을 찾다 〔보기〕 appearance 모습, 외관 | **weapon** 무기

해설 **15_〔주제〕 이 글의 주제는 무엇인가?**

① 에스키모인의 외모
② 에스키모인의 무기들
③ 에스키모인의 아이들
④ 에스키모인의 삶의 방식
⑤ 시베리아와 그린란드의 기후

◖ 이 글은 주제문이 없는 글로서, 글 전체의 내용에 걸쳐서, '모습은 어떠하며, 거주 지역은 어디이며, 음식은 어떠한 것을 즐기며, 삶의 도구'는 어떠한지에 대해서 서술했다. 즉, 이 글의 주제는 '에스키모인들의 삶의 방식'이 되겠다.

정답 ④

16_〔일치〕 다음의 내용과 일치하는 것은?

① 그린란드에서 몇몇의 신문들과 책들이 에스키모 언어로 존재한다.
② 몇몇 에스키모인들은 대형 촌락에서 또는 대형 지대 근처에서 거주한다.
③ 소형 보트들이 동물과 물고기를 잡기 위해서 이용된다.
④ 여성들은 아이들을 돌보며, 옷을 만들고 요리를 한다.
⑤ 에스키모인들의 삶은 힘들지라도 인내심이 강하다.

◖ 마지막 문장을 통해 에스키모인들의 삶은 힘들지만 인내심이 강하다고 했다.

정답 ⑤

해석 에스키모인들이 중국인들과 닮았다. 머리는 검고 직모이다. 그들은 미국 북부, 시베리아와 그린랜드에서 산다. 날씨가 너무 춥기 때문에 그들은 식물을 재배하지 않는다. 그들은 생선과 고기를 먹는다. 때때로 음식을 끓여 먹지만 종종 조리하지 않고 먹는다. 그들이 이동을 할 때, 매일 새로운 집을 짓는다. 그 집안에 램프가 있고 그것이 따뜻하게 해주기 때문에 이러한 집은 춥지 않다. 램프가 세 가지 기능을 한다는 점에서 램프가 중요하다. 집을 따뜻하게 해주고, 빛을 주며, 음식을 조리하는 데 쓰인다. 에스키모인들이 백인을 만나기 전에는 에스키모인들의 칼들과 다른 도구들은 돌이나 동물 부위로 만들어졌다. 지금 그들은 총과 칼을 사용한다. 그들은 서로 간에 싸우지 않고 훔치지 않는다. 그들은 자신의 아이들을 결코 때리지 않는다. 아이들은 빨리 크고 자신의 아버지들과 같이 다니며 음식을 찾는다. 에스키모인들의 삶은 힘들지만 그들은 강하고 인내심이 있다.

Check

▶ **every+수사·other·few 구**

'every+수사·other·few 구'는 '매 ~마다'로 해석이 되어, '부사구'를 이룬다. 또한 원칙적으로는 every 뒤에는 단수명사만 와야 되지만, 'every가 기수 또는 few와 결합시에는 복수명사'와 결합하게 된다.

· They often make a new house *every night*./
〔부사구; 매일 밤마다〕
· Re-apply your sunscreen *every two hours*./
〔부사구; 두 시간마다〕
당신의 선크림을 두 시간마다 발라주시오.

□ 다음 글을 읽고 물음에 답하시오.

Children are particularly susceptible to the effects of television because their minds are growing, developing, and learning much faster than those of adults. Whereas television could be used as an educational tool for children, more often simple, entertaining cartoons with little or no educational value are shown. Social scientists, teachers, and parents are troubled by the kinds of television programs children choose to watch. These groups of people are concerned about the media's impact on young children. They are worried about the effects of televised violence on society as well as commercials for sugarcoated food. Most importantly, however, they feel television is one factor that causes declining math and reading scores among school children. Because of the excessive time __________, children are spending less time reading and thinking independently.

17 Which of the following is true according to the passage?

① Adults are more likely to be influenced by television than children.
② Social scientists are concerned about what children watch on TV.
③ Schoolchildren can learn how to read scores from watching TV.
④ Children who watch TV cannot read or think independently.

18 Choose the expression that is most appropriate for the blank.

① is wasted on TV   ② spent doing homework
③ for learning math   ④ spent watching TV

어구　**be susceptible to** ~에 민감하다, ~에 영향받기 쉽다 | **cartoon** 만화 | **be concerned about** ~에 대해 걱정하다 | **commercial** 상업 광고 방송; 상업적인 | **sugarcoated** 설탕이 들어간 | **excessive** 과다한 | **independently** 독자적으로, 홀로 [보기] **be likely to R** ~할 것 같다

해설　**17_〔일치〕 위 글과 일치하는 내용은?**

① 성인들이 아이들보다 TV에 더 영향 받기 쉽다.
② 사회 과학자들은 아이들이 TV에서 무엇을 시청하는지에 대해서 걱정을 한다.
③ 학교 다니는 아이들은 TV를 시청하여 점수 읽는 법을 배울 수 있다.
④ TV를 시청하는 아이들은 독자적으로 읽을 수도 생각할 수도 없다.

　◑ '부모님, 선생님들뿐만 아니라 사회과학자들' 도 아이들이 어떠한 TV프로그램을 볼 것인지에 대해서 걱정을 한다.

정답 ②

18_〔문장완성〕 빈 칸에 알맞은 표현은?

　◑ because of라는 전치사가 위치했으므로, 명사목적어인 time이 위치해야 한다. 그 명사인 'time' 뒤에서 분사 'spent watching TV'가 위치했는데, 'time' 가 'spent' 사이에 'which is' 가 생략되었다.
・Because of the excessive time *(which is)* spent watching TV, children are spending less time reading and thinking independently.

정답 ④

해석　아이들의 정신이 어른들의 정신보다 더 빨리 성장하고, 개발되고, 학습하기 때문에 아이들은 TV의 영향에 민감하다. TV가 아이들을 위한 교육 도구로서 사용되어질 수 있을지라도, 교육적인 가치가 아주 적거나 아예 없는 단순 오락 만화가 상영된다. 사회 과학자들, 선생님들, 그리고 부모님들은 아이들이 시청하려고 선택하는 TV프로의 종류들 때문에 애를 먹는다. 이러한 사람들은 매체의 어린 아이들에 대한 영향을 걱정한다. 그들은 설탕 음식 상업 광고 방송뿐만 아니라 TV의 사회에 미치는 폭력의 영향에 대해서도 걱정한다. 그러나 가장 중요하게도, 학교 아이들 사이에서 수학 및 독해 성적을 떨어뜨리는 원인을 제공하는 것이 TV라고 느낀다. TV를 지나치게 오래 시청하기 때문에 아이들은 독자적으로 글을 읽고 생각하는 데 시간을 덜 쓰고 있다.

181

□ Read the following passage and choose the best answer to each question.

Suicide in the United States tends to occur more frequently among males than among females. The sex ratio for suicide is approximately four to one. Older people commit suicide more frequently than do younger people. The relationship of age to _________ rates of suicide is direct and highly consistent. The rate of suicide among married persons is far lower compared with single, widowed, or divorced persons. In addition, among married persons, the rate of suicide is far lower among those couples having children compared with childless couples. Whites commit suicide far more frequently than non-whites, particularly blacks. With respect to religion, Protestants tend to have a higher suicide rate than Catholics and Jews.

19 Which would be most appropriate for the blank?

① decrease   ② increasing

③ be decreasing   ④ be increasing

⑤ be increased

20 Which one is the best title of the above passage?

① Why Older People Don't Want to Die?

② When Do People Want to Kill Themselves?

③ Where Do People Go to Commit Suicide?

④ How Do People Kill Themselves?

⑤ Who Is More Likely to Commit Suicide?

21 According to the passage, which one is NOT true?

① More men commit suicide than women.

② As one gets old, he is more likely to kill himself than before.

③ Many people commit suicide because of their children.

④ Afro-Americans commit suicide less than whites in the US do.

⑤ Less Jewish people kill themselves compared with Protestants.

□ 다음 글을 읽고 물음에 답하시오.

어구 suicide 자살 | male 남성 | female 여성 | ratio 비율 | approximately 거의, 대략 | widowed 과부의, 미망인의 | divorced 이혼한 | in addition 더욱이, 게다가 | non-white 백인이 아닌 사람들 | with respect to ~에 관하여 | protestant 신교도 〔보기〕 get old 나이가 들다 | afro-american 흑인계미국인 | compared with ~과 비교하여

해설 **19_〔문장완성〕빈 칸에 알맞은 것은?**

relationship은 전치사 'to'와 연결되어 '~에 대한 관계'라는 뜻을 가지므로, 원형부정사가 위치한 ①, ③, ⑤번은 모두 문법적으로 틀리며, 앞 문장에서 자살을 많이 하는 사람은 나이가 많은 사람들이었으므로, '증가하는 자살률'이 논리상 적합하다.

정답 ②

20_〔제목〕위 글의 제목은?

① 나이가 많은 이들은 왜 죽기를 원하지 않는가?
② 사람들은 언제 자살하기를 원하는가?
③ 사람들은 어디에서 자살을 하는가?
④ 사람들은 어떻게 자살을 하는가?
⑤ 자살을 할 가능성이 누가 더 있는가?

◐ 이 글은 미국의 사회 계층 중 '성별, 연령별, 자녀 유무, 인종'과 같은 여러 부류 중 자살을 누가 더 많이 하는가에 대한 비교가 주제이다.

정답 ⑤

21_〔불일치〕일치하지 않는 내용은?

① 남성이 여성보다 자살을 더 많이 한다.
② 사람이 나이가 들어가면서, 이전보다 자살을 더 많이 하는 것 같다.
③ 많은 이들이 자신들의 아이들 때문에 자살을 한다.
④ 흑인들이 미국 백인들보다 자살을 덜 한다.
⑤ 유태인들이 신교도이들과 비교하여 자살을 덜 한다.

◐ 아이들 때문에 자살을 하려면 최소한 아이들이 있어야 하는데, 본문에서는 아이들이 없는 어른들이 더 자살을 많이 한다고 했다. 따라서 아이들 때문에 자살을 한다는 내용은 틀린 설명이다.

정답 ③

해석 미국에서 자살은 여성보다 남성들 사이에서 더 많이 자주 발생하는 경향이 있다. 그 자살 성 비율이 거의 4:1이다. 어른이 젊은이들보다 더 자주 자살을 한다. 자살 증가율에 대한 연령 관계는 직접적이며 매우 일관되어 있다. 기혼부부 사이의 자살률이 독신이나, 과부나, 이혼 자들에 비해서 훨씬 적다. 더욱이, 기혼부부들 사이에서, 아이가 없는 부부들에 비해 아이를 가진 부부들 사이에서 자살률이 훨씬 적다. 백인들이 특히나 흑인들이 비 백인들보다 훨씬 더 많이 자살을 한다. 종교와 관련해서는 신교도가 천주교나 유대교보다 높은 자살률이 있는 경향이 있다.

▶ 무인칭 독립분사 구문

'compared to/ with'는 '~과 비교되어'라는 뜻을 가진 독자적인 표현을 가진 무인칭 독립분사 구문이다.

The rate of suicide is far lower/ 주어

among those couples/ 전치사구

having children/ couples를 꾸며주는 분사구문

compared with childless couples./ 무인칭 독립분사구문

□ 다음 글을 읽고 물음에 답하시오.

Many years ago I was married (A) to/with a man who used to shout at me, "I do not give you the right to raise your voice to me, because you are a woman and I am a man." This was frustrating, because I knew it was unfair. But I also knew just what was going on. I ascribed his unfairness (B) for/to his having grown up in a country where few people thought women and men might have equal rights. Now I am going out with a man who is a partner and friend. We come (C) from/to similar backgrounds and share values and interests. It is a continual source of pleasure to talk to him. It is wonderful to have someone I can tell everything to, someone who understands.

22 위 글의 내용과 가장 일치하는 것을 고르시오.

① The author has never met a person who understands her.
② Her previous marriage failed because she couldn't adjust to a foreign country.
③ She has no idea about why her previous marriage had to fail eventually.
④ Her new partner is a better communicator with her than her previous husband.
⑤ She is happy with her new partner despite not having many things in common.

23 (A)와 (B)와 (C)에 가장 적절한 표현으로 이루어진 것을 고르시오.

① to -- for -- from   ② to -- for -- to
③ to -- to -- from   ④ with -- to -- from
⑤ with -- for -- to

어구 raise one's voice 소리치다 | frustrating 실망시키는 | unfair 부당한 | ascribe A to B A의 탓을 B로 돌리다 | go out with ~와 사랑에 빠지다 | come from ~출신이다 〔보기〕 have no idea about ~에 대해 전혀 모르다

해설 **22_〔일치〕**

① 작가는 자신을 이해해 주는 사람을 결코 만나본 적이 없다.

② 작가가 외국에 적응을 못해서 이전 결혼에 실패했다.

③ 작가는 왜 그녀 자신의 결혼이 결국에는 실패해야만 했었는지 전혀 그 이유를 몰랐었다.

④ 작가의 새 남편은 이전 남편보다 작가와 대화를 더 잘 나누는 사람이다.

⑤ 그녀는 새 남편과 공통점이 많지 않음에도 불구하고 새 남편과 행복하게 지낸다.

◎ 옛 남편은 남성과 여성의 평등을 무시했지만, 새 남자는 그녀의 동반자이자 친구라고 좋게 평가한다.

정답 ④

23-〔문장완성〕

(A) 'A와 B가 결혼하다' 는 표현은 'A marry B = A is married to B' 로 쓰인다.

ex) She married my brother. = She was/ got married to my brother. (O)

She married with my brother. (X) She was/ got married with my brother. (X)

(B) ascribe 동사는 'ascribe A to B' 형태를 취하여, 'A의 탓을 B로 돌리다' 는 뜻을 가지게 된다.

ex) You should not ascribe your failure to your friends.

(C) come 동사는 전치사 'from' 과 결합하여 '~ 출신이다, ~의 결과로서 발생하다' 는 뜻을 가지게 된다.

ex) I come from Seoul originally. Most of her problems come from expecting too much money.

정답 ③

해석 몇 년 전에 나는 나에게 "당신은 여자이고 나는 남자이기 때문에 당신이 나에게 고함을 칠 수 있는 권리를 주지 않겠어." 라고 고함을 치던 한 남자와 결혼을 했다. 나는 그 말이 부당하다는 것을 알았기에 좌절을 했다. 그러나 나는 바로 무슨 일이 생길지도 알았다. 나는 그의 부당함을 그가 시골에서 자란 환경으로 그 탓을 돌렸다. 그 시골에서 남성과 여성이 같은 권리를 가져도 좋다고 생각하는 이는 거의 없었다. 현재 나는 동반자이자 친구인 한 남자와 만나고 있다. 우리는 비슷한 출신이며 가치와 취미를 공유한다. 그에게 이야기하는 것이 끝없는 행복의 원천이다. 내 모든 것을 얘기할 수 있으며 이해하는 사람이 있다는 것은 기쁜 일이다.

Check

▶ **가주어 it과 진주어 to 부정사**

it은 주어인 to 부정사를 대신해서 먼저 앞에 위치할 수 있으며, 진주어 to 부정사는 문미에 위치하게 될 수 있다.

It is wonderful/ 가주어 it +be 동사 +보어

to have *someone* (I can tell everything to),/ 진주어 to 부정사절이며 ['I can tell everything to' 는 선행사 someone을 수식하는 목적격 관계대명사절]

someone who understands./ 앞의 'to have someone~'에 위치한 someone과 동격의 someone 이 됨

The world of the older people has vanished, and they do not understand all of the problems of the modern world. On the other hand, the younger people have grown up with these problems, and they are deeply concerned about them. The older generation still controls the power in business organization, government, and education. The younger people want to make changes in these areas to fit the needs of modern society. In order to reconcile their difference, both generations must realize that the world has changed, and that new responses are necessary for many of the problems of society.

24 What would be the most suitable title of the passage?

① Problems of Younger Generation
② Older Generation and the Power
③ Resolving the Generation Gap
④ Business in the Modern World

25 위 글의 내용과 일치하는 것은?

① The older generation has no hope for the future.
② The world would remain unchanged as it is now.
③ The younger people are indifferent to the power in business.
④ The world people need the cooperation of both generations.

어구　vanish 사라지다 | be concerned about ~에 대해 걱정하다 | fit 채우다, 충족시키다 | in order to R ~하기 위하여 | reconcile 조화·조정하다, 화해하다 [보기] generation gap 세대 차이 | unchanged 요지부동의, 변하지 않는 | indifferent 무관심한

Check

▶ 병치

both generations must realize ① *that* the world has changed, and ② *that* new responses are necessary for many of the problems of society.

⇨ realize 동사의 목적어 that 절 두 개가 병치되었다.

해설　**24_(제목) 위 글의 적절한 제목은?**

① 젊은 세대의 문제점들
② 구세대와 권력
④ 세대 간의 차이를 해결하는 것
⑤ 현대 세상에서의 사업

◎ 어른들과 젊은이들의 의견 차이를 극복하기 위해서는 상대를 이해하여야 한다는 마지막 문장이 주제이다. 따라서 '세대 간의 차이를 해결하는 것'이 제목으로서 타당하다.

정답 ③

25_(일치)

① 구세대는 미래에 대한 희망을 갖고 있지 않다.
② 세상은 지금처럼 변하지 않을 것 같다.
③ 젊은이들은 사업 분야의 힘에 대해서 무관심하다.
⑤ 세상 사람들은 두 세대 간의 협력을 필요로 한다.

◎ 마지막 문장에서 두 세대 모두 사회의 많은 문제들에 대해서 새로운 반응들이 필요하다는 점을 깨달아야 한다고 했으므로, 이는 두 세대 간의 협력이 필요하다는 내용과 일치된다.

정답 ④

해석　어른들의 세상이 사라졌고, 그들은 현대의 모든 문제점들을 이해하지는 않는다. 반면에, 젊은이들은 이 문제점과 함께 성장하며 그 문제점들에 대해 깊게 걱정한다. 어른 세대는 여전히 사업체, 정부와 교육에서 권세를 여전히 통제한다. 젊은이들은 현대사회의 요구 사항들을 충족시키기 위하여 이 분야들이 변화하기를 원한다. 양자의 상이한 점을 조화시키기 위해서, 어른들과 젊은이들은 세상이 변하고 있으며, 새로운 반응이 사회의 모든 문제점들을 위해서 필요하다는 것을 이해하여야만 한다.

□ 다음 글을 읽고 물음에 답하시오.

European women have, _________, only 1.5 children today, when 2.1 would be needed to stop the population from falling. At the same time, life expectancy across the European Union is expected to rise by about five years over the next five decades to 83, meaning the share of over-65-year-olds will double to almost 50 percent.

This means that at today's employment rates, the EU's work force would shrink by 14 million over the next 30 years, trimming gross domestic product in the region by 7 percent, the Organization for Economic Cooperation and Development estimates. If women were working in the same proportion as men, the economy could expand as much as 6 percent in the period, the OECD said.

26 Which one is the most appropriate in the blank?

① for average　　　　② by average

③ on average　　　　④ to average

⑤ through average

27 Which is true about the above passage?

① European women are having more babies than necessary.

② Life expectancy in the EU is expected to decrease.

③ The EU's work force is expected to remain stable.

④ If the current birth rate continues, EU's gross domestic product is expected to rise.

⑤ If more women work, it will have a positive impact on the economy.

어구   **stop A from ~ing** A가 ~하지 못하게 하다 ｜ **life expectancy** 수명 ｜ **European Union** 유럽연합 ｜ **about/ around** (+기수) 대략 ｜ **share** 몫, 비율 ｜ **over-65-year-olds** 65세 이상의 사람들 ｜ **double** 두 배로 늘어나다 ｜ **work force** 노동력 ｜ **shrink** 움츠리다, 겁먹다 ｜ **trim** ~을 깎아 다듬다, (예산·인원을) 삭감하다 ｜ **gross domestic product** 국내총생산(GDP) ｜ **Organization for Economic Cooperation and Development** 경제협력개발기구(OECD) ｜ **estimate** 추정하다, ~이라고 어림잡다 ｜ **as much as** ~만큼 [보기] ｜ **on average** 평균적으로 ｜ **have an impact on** ~에 영향을 미치다(affect)

해설   **26_〔문장완성〕 빈 칸에 알맞은 것은?**

◯ '평균적으로' 라는 뜻은 'on average' 로서 전치사 on과 결합한다.

ex) Nearly 40% of Iraq citizens on average turn out to vote. 평균적으로 대략 40%의 이라크 국민들이 투표를 한 것으로 판명된다.

정답 ③

27_〔일치〕 위 글과 일치하는 것은?

① 유럽 여성들은 필요 이상으로 많은 아기들을 가지고 있다.
② 유럽연합의 수명은 감소할 것으로 예상된다.
③ 유럽연합의 노동력은 안정되리라 예상된다.
④ 만일 현재의 출생률이 계속된다면 유럽연합의 국내총생산량은 증가하리라 예측된다.
⑤ 만일 더 많은 여성들이 일을 한다면, 경제에 긍정적인 영향을 미치게 될 것이다.

◯ 마지막 문장에서 '여성이 남성처럼 동일한 비율로 일을 한다면 이 기간에 경제는 6% 가량 성장할 수 있을 것' 이라고 했으므로, 현재보다 많은 여성이 일을 한다면 경제에 긍정적인 효과를 낼 것임을 알 수 있다.

정답 ⑤

해석   인구가 감소되는 것을 막기 위하여 2.1명이 필요한 오늘날, 유럽의 여성은 평균적으로 1.5명의 아이들을 가지고 있다. 동시에 유럽연합에 걸친 수명은 다음 50년 동안 83세까지 5살 정도 가량 높아질 것으로 보이며, 이러한 사실은 65세 이상의 노인의 비율이 거의 50 %까지 증가할 것임을 의미한다. 이러한 사실이 의미하는 것은, 오늘날의 고용 비율로는 유럽연합의 노동력이 다음 30년 동안 1400만이 줄어들어서 이 지역의 국내총생산을 7% 줄어들게 할 것이라고 경제협력기구가 추산한다는 것이다. 만일 여성이 남성처럼 동일한 비율로 일을 한다면 이 기간에 경제는 6% 가량 성장할 수 있을 것이라고 경제협력기구는 말했다.

Check

▶ 전치사구의 삽입

Life expectancy across the European Union is expected to rise *<by about five years over the next five decades>* to 83.

⇒ 유럽연합의 수명이 다음 50년 동안 대략 5살 정도 83살까지 증가하리라 예상된다는 내용으로서 'rise' 와 'to 83'사이에 'by about five years(대략 5살까지)' 와 'over the next years(다음 50년 동안)' 이라는 두 개의 전치사구가 결합된 형태이다.

Reading people's character from their ears is a very old science. In ancient times people thought that a person with big ears had a good and generous character. They thought that a person with pale, small ears was dangerous. They also thought that the shape of the ear showed if a person was musical or not. Today, too, many people believe that the size and shape of the ear helps you know if a person is musical.

28 According the paragraph above, ____________________.

① the ears tell us nothing about a person

② people once thought that the size of one's ear had nothing to do with whether a person was musical or not

③ years ago people considered a person with large ears to be kind and generous

④ ears are not the only thing we can understand a person's character from

⑤ the only thing that ears are good for is listening to music

29 In this paragraph what type of person listed, herein below, would most likely believe or use this way to read peoples character for monetary purposes?

① doctor ② fortune teller

③ psychologist ④ plastic surgeon

⑤ all of the above

어구　generous 관대한, 풍부한 ｜ pale 창백한(pallid) ｜ musical 음악적 재능이 있는 〔보기〕
fortune teller 점쟁이 ｜ psychologist 심리학자 ｜ plastic surgeon 성형외과 의사

해설　**28 〔일치〕 위 기사의 내용과 일치하는 것은?**

① 귀는 어떤 사람에 대하여 우리에게 아무 것도 알려 주지 않는다.

② 어떤 사람의 귀의 크기는 그 사람이 음악적으로 재능이 있는지 없는지에 대해서 아무 상
관이 없다고 사람들은 이전에 생각했었다.

③ 오래 전에 사람들은 큰 귀를 가진 사람들이 친절하고 관대하다고 생각했었다.

④ 귀는 우리가 한 사람의 성격을 이해할 수 있는 유일한 것이다.

⑤ 귀가 적합한 유일한 것은 음악을 듣는 것이다.

　　두 번째 문장을 통해, '예전에 사람들은 귀가 큰 사람은 친절하고 관대하다고 생각되었다' 고 알 수 있
다.

정답 ③

**29 〔특정정보〕 이 글에서 아래 언급된 어떤 유형의 사람들이 일시적인 목적으로 사람들
의 성격을 판단하기 위하여 이 같은 방법을 이용하겠는가?**

① 의사

② 점쟁이

③ 심리학자

④ 성형외과 의사

⑤ 보기항에 있는 모든 이들

　　귀를 통해서 사람들의 성격을 판단한다고 믿을 수 있고, 이러한 내용을 목적으로 삼고자 하는 이는 점
쟁이가 옳다.

정답 ②

해석　귀를 통해 사람의 성격을 알아내는 것은 아주 오래된 방법이다. 예전에는 귀가 큰 사람은 선
하고 너그럽다고 생각했다. 창백하고 작은 귀를 가진 사람은 위험하다고 생각했다. 또한 귀
의 모양이 사람이 음악에 재능이 있는지 없는지를 보여준다고 생각했다. 오늘날도 역시, 많
은 사람들이 귀의 크기와 모양이 사람의 음악적 재능을 알아보는 데 도움이 된다고 믿는다.

Check

▶ **전치사＋관계대명사**

'전치사＋관계대명사절' 의
경우 몇몇 경우를 제외하고서
는, 전치사를 관계사절 맨 끝
으로 이동시킬 수 있고, 그 경
우에 있어서 앞에 위치한 목
적격 관계대명사가 생략이 가
능하다.

Ears are not the only thing
we can understand a
person's character from.

= Ears are not the only
thing *which* we can
understand a person's
character *from*.

= Ears are not the only
thing *that* we can
understand a person's
character *from*.

= Ears are not the only
thing *from which* we can
understand a person's
character.

□ 다음 글을 읽고 물음에 답하시오.

Don't complain about stress. According to the world's top expert today it's vital to life. If we were not under some stress or other, we would all die. Professor Hans Seyle says in a report to the World Health Organization that stress provides the body's survival mechanism. But some stresses are harmful. The Montreal University Director advises: "The best way to avoid harmful stress is to select an environment - a wife, a boss, your friends - in line with our preferences."

30 Which of the following is NOT true according to the passage?

① Stress is essential to our life.
② Some stresses are beneficial.
③ There is no choice but for us to accept harmful stress.
④ We may not live even a day without stress.
⑤ WHO reports that stress is the body's survival system

31 One of the best ways for us to avoid bad stress may be __________.

① not to be under stress
② to accept WHO's advice
③ not to complain about stress
④ to select an environment without stress
⑤ to have favorite friends

어구 complain about/ of ~에 대해 불평하다 │ expert 전문가 │ vital (생명 유지에) 필수적인 │ under stress 스트레스를 받는 │ WHO 세계보건기구 │ harmful 해로운 │ avoid 피하다 │ preference 기호, 선호 │ in line with ~과 조화되어 〔보기〕 there is no choice but to R ~하지 않을 수 없다.

 Check

▶ **to 부정사의 의미상의 주어**

to 부정사의 의미상의 주어를 별도로 위치시키고자 할 경우, to 부정사 앞에 'for + 명사'를 위치시킨다.

There is no choice but *for us* to accept harmful stress.

⇒ '~하지 않을 수 없다'는 'there is no choice but to R' 구문에서 'to R' 앞에 '의미상의 주어'를 'for us'로 위치시켰다.

해설 30_〔불일치〕 위 글과 맞지 않는 것은?

① 스트레스는 우리의 삶에 필수적이다.
② 몇몇 스트레스들은 이롭다.
③ 우리가 해로운 스트레스를 받아들이지 않을 수 없다.
④ 우리는 스트레스 없이는 심지어 단 하루도 살 수 없다.
⑤ 세계보건기구는 스트레스가 신체의 생존 시스템이라고 알려준다.

◐ 마지막 문장을 통해서 해로운 스트레스를 피할 수 있는 최선책으로 '주위 환경의 개선'을 제시했으므로 해로운 스트레스를 받아들이지 않을 수 없다는 필연적 설명은 틀린 것이다.

정답 ③

31_〔특정정보〕 우리가 나쁜 스트레스를 피할 수 있는 최상의 방법들 중 하나는 무엇인가?

① 스트레스를 받지 않는 것이다.
② 세계보건기구의 조언을 받아들이는 것이다.
③ 스트레스에 대해 불평하지 않는 것이다.
④ 스트레스를 받지 않는 환경을 선택하는 것이다.
⑤ 마음에 드는 친구들을 사귀는 것이다.

◐ 일반적인 스트레스는 필요하다고 설명했으므로, '해로운 스트레스를 피할 수 있는 해결책'에 대한 설문과 ①, ③, ④번은 올바르게 연결되지 못하며, 마지막 문장에서 당신의 기호에 맞는 친구를 선택하는 것이 해로운 스트레스를 피하는 최선책이라고 언급했으므로 ⑤번이 옳다.

정답 ⑤

해석 스트레스를 불평하지 마라. 세계 최고 전문가의 말에 따르자면 스트레스는 사는 데 있어서 필수적이다. 만일 우리가 이런 저런 스트레스를 받지 않으면 우리 모두는 죽는다. 한스 세일 교수는 세계보건기구의 한 보고서에서 스트레스가 신체의 생존 메커니즘을 제공한다고 했다. 그러나 몇몇 스트레스는 해롭다. 몬트리올 대학의 학장은 이렇게 충고한다. "해로운 스트레스를 피하는 최선의 방법은 아내, 상관, 친구이든 당신의 기호에 맞춰서 환경을 선택하는 것이다."

□ 다음 글을 읽고 물음에 답하시오.

Millions of Americans wake up to news about how unhealthy their air is, especially in the summer when air pollution is worst. Although many states have air that is much cleaner than it was twenty years ago, studies show over half of all Americans breathe polluted air.

The pollution problem is caused, in part, by expanding cities and suburbs. Many cities in the U.S. are overcrowded, forcing housing builders to start new communities on land outside city limits. This spread of housing developments and strip malls is called "urban sprawl." In major cities like Chicago, Washington, and New York, people who live in the suburban communities surrounding these cities must drive almost everywhere, including to their jobs. And as more people move to the suburbs and commute to the cities, the levels of traffic and pollution increase.

More cars on the streets and highways mean more traffic jams. And as cars sit in traffic, they burn gasoline and give off pollutants called hydrocarbons and nitrogen oxides. When sunlight hits these compounds, they form ozone, a dangerous form of oxygen. Ozone creates smog and makes daily life difficult for people across the country.

32 The good news about the air in America is that __________.

① less and less Americans drive to their jobs

② the air in many of American states is much cleaner than it used to be

③ the air is better in the winter than in the rest of the year

④ the air quality in the United States is better than in other countries

⑤ the levels of traffic and pollution have decreased as more people commute to the cities

33 Which of the following is irrelevant to the above passage?

① Urban sprawl occurs because many American cities are overcrowded.

② Many Americans are aware of their unhealthy air.

③ People who live in the suburbs and commute to the cities are increasing.

④ The air quality in the suburban areas is getting better.

⑤ Ozone is created when sunlight hits the pollutants given off by cars.

어구 **wake up to** ~에 잠이 깨다 | **unhealthy** 건강에 좋지 못한 | **polluted** 오염된 | **in part** 부분적으로 | **expanding** 확대되는 | **suburbs** 교외 | **overcrowded** 인구밀도가 높은 | **housing builder** 주택 건설자 | **strip mall** 소규모 쇼핑몰 | **urban sprawl** (도시 등의) 스프롤 현상(도시의 불규칙하고 무계획한 교외(郊外)로의 발전) | **strip** 작은 조각 | **traffic jams** 교통 혼잡 | **sit in traffic** (차가) 막히다 | **give off** 방출하다 | **pollutant** 오염물질 | **hydrocarbon** 탄화수소 | **nitrogen oxide** 질소 산화물 | **compound** 화합물

해설 **32 〔특정정보〕 미국에서 공기에 대한 좋은 소식은 무엇이 되겠는가?**

① 미국인들이 자신들의 직장으로 운전을 점점 덜해 간다.
② 많은 미국 주들의 공기가 이전보다 훨씬 나아졌다.
③ 겨울이 다른 계절보다 공기가 더 좋다.
④ 미국의 공기 상태가 다른 국가들보다 더 좋다.
⑤ 더 많은 이들이 도시로 출퇴근을 함에 따라서 교통량과 오염의 정도가 감소됐다.

◎ 첫 단락 두 번째 문장에서 '미국 여러 주의 공기가 과거보다 더 깨끗해졌다'고 했으므로, 이는 미국인에게 좋은 소식이라고 판단할 수 있다.

정답 ②

33 〔불일치〕 위 글과 관련이 없는 것은?

① 많은 미국인들이 사는 도시들의 인구가 과다해져서 도시 확산 현상이 발생한다.
② 많은 미국인들이 건강에 해로운 공기를 인식하고 있다.
③ 교외에 살고 있으면서 도시로 출퇴근을 하는 사람들이 증가하고 있다.
④ 교외 지역에 있는 공기의 상태가 나아지고 있다.
⑤ 태양빛이 자동차가 발산한 오염물질에 비칠 때 오존이 형성된다.

◎ 두 번째 단락 마지막 문장을 통해 '교외로 이동을 하고 통근을 하기 때문에 교통량과 오염의 정도가 증가한다.'고 언급했으므로 '교외 지역의 공기 상태가 좋아진다.'는 내용은 틀린 설명이다.

정답 ④

해석 특별히 공기오염이 최악인 여름에는, 수백만 명의 미국인들은 대기가 얼마나 오염됐는지에 대한 뉴스로 잠을 깬다. 여러 주들이 20년 전보다 더 맑은 공기를 가지고 있을지라도 연구에 의하면 절반 이상의 미국인들은 오염된 공기를 숨쉬며 산다고 한다.

오염 문제는 부분적으로는 도시와 교외를 확장시킴으로써 야기된 것이기도 하다. 미국의 많은 도시들이 인구밀도가 너무 높아서 주택 건설자들이 시의 바깥 부지에 새로운 거주 지역을 건설해야 했었다. 이러한 주택 개발과 작은 쇼핑몰의 확장이 '도시 스프롤'이라고 일컬어진다. 시카고, 워싱턴, 뉴욕과 같은 주요 도시들의 경우 이러한 도시의 근교 주거 지역에 사는 사람들은 직장을 포함하여 어느 곳을 가더라도 운전을 하여야만 한다. 더욱더 많은 사람들이 교외로 이사하고 도시로 출근함으로써 교통과 오염의 정도도 증가한다.

길거리와 고속도로에 차가 많아지는 것은 교통체증의 증가를 의미한다. 그리고 차들이 꽉 막혀 있을 때 차들은 휘발유를 태움으로써 탄화수소와 산화물이라고 불리는 오염물질을 내뿜는다. 이 화합물에 햇빛이 비치면 오존이라고 하는 위험한 산소를 생산한다. 오존은 스모그를 만들며 전국의 사람들에게 생활을 힘들게 한다.

▶ **접속사 as의 다양한 성질**

as가 부사절을 이끄는 접속사로 쓰일 경우 '~하듯이(양태), ~할 때(when), ~때문에(because), ~일지라도(though)'의 많은 뜻을 가진다. 앞의 세 개의 구분은 문맥에 따라서 할 수 있다.

As more people move to the suburbs and commute to the cities, the levels of traffic and pollution increase. [이유]
많은 이들이 교외로 이사를 가고 도시로 통근을 하기 때문에, 교통량과 오염의 정도가 증가한다.

As cars sit in traffic, they burn gasoline and give off pollutants called hydrocarbons and nitrogen oxides. [때]
차량이 막혀 있을 때, 가솔린을 연소하며 탄화수소와 산화물이라 불리는 오염 물질을 내뿜는다.

Do as I tell you. [양태]
내 말대로 해라.

Rich as she is, she is not happy. [양보]
그녀는 부자일지라도, 행복하지는 않다.

□ 다음 글을 읽고 물음에 답하시오.

The people who pushed the frontier westward across the United States probably never thought of themselves as brave pioneers. They simply wanted to improve their lives, and the West offered an opportunity to do so. In overcoming the hardship they encountered on the way, though, they displayed great courage and determination.

Individuals and families who planned to travel west usually met in St. Louis, Missouri. There experienced scouts who knew the best routes and places to camp mobilized approximately one hundred covered wagons into wagon trains. The wagons were pulled by mules or oxen, sure-footed and strong animals that could handle the heavy loads and navigate the narrow trails.

Because these cross-country journeys took between four and five months, all wagon trains left in the spring. It was essential to traverse the Rocky Mountains before snow blocked the mountain passes. There was no time for ambling, and the pioneers traveled fifteen to twenty miles each day. Although their itineraries included brief stops at forts or settlements to repair equipment and buy supplies, no one relaxed until after the trip.

34 Why did all the wagon trains start in the spring?

① Spring is a good season to begin a new project.
② They had to travel over the Rocky Mountains before snow-fall.
③ The cross-country journeys by the wagon trains took more than half a year.
④ The pioneers wanted to overcome their hardship as soon as possible.
⑤ The forts and settlements opened only in the spring.

35 According to the passage, which of the following statements is not true?

① The pioneers believed themselves to be brave.
② The pioneers went to the West to improve their lives.
③ St. Louis was the place where people planning to travel west met.
④ The wagon trains traveled fifteen to twenty miles a day.
⑤ The wagon trains used to stop at forts and settlements.

Check

어구 frontier 국경 | westward 서부의 | pioneer 개척자 | overcome 극복하다 | hardship 역경 | encounter 우연히 만나다 | on the way 도중에 | determination 결심 | experienced 노련한 | scout 정찰대 | route 길 | mobilize 동원하다, 편성하다 | approximately 대략 | covered wagon 포장마차 | wagon train 마차 수송대 | train 행렬 | mule 노새 | ox 소 | sure-footed 발·받침이 튼튼한 | load 짐 | navigate 항해하다, 통과하다 | trail 오솔길, 거친 길 | cross-country 국토를 가로지르는 | traverse 횡단하다 | block 막다, 차단하다 | mountain pass 산길 | amble 천천히 걷다 | itinerary 여정, 여행기; 여행의 | brief 간결한, 짧은 | fort 교역시장 | settlement 부락, 정착, 정리, 안정 [보기] | snow-fall 강설 | journey 여행 | cross-country 횡단하는, 전국적인

해설 **34_〔특정정보〕모든 마차 수송대들은 왜 봄에 출발을 했었는가?**

① 봄은 새 계획을 시작하기에 좋은 계절이었기 때문이다.

② 마차 수송대들이 눈이 내리기 전에 록키 산맥을 넘어가야만 했었기 때문이다.

③ 마차 수송대를 통한 횡단 이동이 반 년 이상 걸렸기 때문이다.

④ 개척자들이 가능한 빨리 역경을 극복하고 싶었기 때문이다.

⑤ 교역지들과 부락들이 봄이 되어야만 개장을 했기 때문이다.

◎ 세 번째 단락 두 번째 문장을 통해서 '눈이 내리기 전에 로키 산맥을 넘어가야 했음'을 알 수 있다.

정답 ②

35_〔불일치〕위의 내용과 맞지 않는 것은?

① 개척자들은 자신들이 용감하다고 믿었다.

② 개척자들은 자신들의 삶을 향상시키고자 서부로 이동했다.

③ 세인트루이스는 서부로 이동할 계획을 세운 사람들이 회동했었던 장소였다.

④ 마차 수송대는 하루에 15마일에서 20마일까지 이동을 했다.

⑤ 마차 수송대는 교역지들과 부락들에서 멈추곤 했었다.

◎ 첫 문장을 통해 개척자들은 자신들이 용감하다고 생각하지는 않았을 것임을 알 수 있다. 즉, 서부개척은 자신들의 용감성의 발휘가 아닌 '자신들의 삶의 향상'이라는 소박한 목적이 발판이 되었던 셈이다.

정답 ①

해석 미국을 가로질러 국경을 서쪽으로 이동시킨 사람들은 아마도 그들 자신을 용감한 개척자라고는 결코 생각하지 않았을 것이다. 그들은 단순히 자신들의 삶을 개선시키길 원했고 그러나, 서부는 그렇게 할 수 있는 기회를 주었다. 역경을 극복했다는 점에서 그들은 위대한 용기와 결단을 보여 주었다.

서부로 이동할 계획을 세웠던 개인들과 가족들은 대게 미주리의 세인트루이스에서 만났다. 거기서 최고의 경로와 야영할 장소를 알았던 노련한 정찰대가 약 100대의 포장마차를 마차 수송대로 편성했다. 마차들은 무거운 짐을 나르고 좁은 길을 지나갈 수 있는 다리가 튼튼하고 강한 노새와 황소가 끌었다.

국토 횡단을 하는 여정이 네 달에서 다섯 달이 걸려서 모든 마차 수송대가 봄에 출발했다. 눈이 록키산맥을 가로 막기 전에 통과하는 것이 필수적이었다. 천천히 걸을 시간이 없어서 개척자들은 하루에 15마일에서 20마일을 이동해야 했다. 그들의 여정이 장비를 보수하고 물품을 구입하기 위해서 시장과 부락에서 잠깐 멈추었을지라도, 여행이 끝나고 나서야 휴식을 취했었다.

▶ **'가능한 ~하게' 비교 표현**

'가능한 ~하게'라는 표현은 'as+부사+as one can = as + 부사 + as possible'로 쓰이게 된다.

The pioneers wanted to overcome their hardship *as soon as* possible.

= The pioneers wanted to overcome their hardship *as soon as they* could.

개척자들은 가능한 오랜 시일이 지나지 않아(=곧) 역경을 극복하기를 바랬다.

Chapter **7**

지칭어 추론 및 의미 추론

제7장
지칭어 추론 및 의미 추론

1. 유형 정의

지칭어 추론은 지문의 내용 중 지시대명사, 인칭대명사, 지시형용사, 인칭대명사의 소유격에 밑줄을 그어놓고 그것들이 가리키는 바가 무엇인지를 파악하는 유형이다.

의미추론은 특정 표현이나 특정 문장에 밑줄을 그어놓고 그 부분에 내포된 내용을 추론해 내는 문제 유형이다. 최근 몇 년간 편입시험에서 갑자기 증가하고 있는 유형이라는 점도 참고할 점이다.

2. 공략 방법

(1) 지칭어 추론의 경우 바로 앞에서 언급된 대상을 지시하는 경우가 거의 대부분이며, 간혹 뒤 문장의 대상을 가리키기도 한다. 또한 대명사가 가리키는 대상의 수와 성을 살펴보는 기본적 문법 지식이 중요하다.

(2) 의미추론의 경우 특정 표현이나 추상적인 문장에 밑줄을 그어놓아서 모르는 표현이 포함된 문장이 나와서 당황할 수도 있지만, 대개가 문맥을 통한 글의 전개 과정에 따라 그 의미를 유추할 수 있으니 글의 전체 맥락을 놓쳐서는 안 된다.

3. 설문 유형

- What does the underlined " they " refer to?
- What does the underlined expression refer to?
- What does the underlined " it " refer to?
- What does the underlined " others " refer to?
- Which is the most appropriate expression for the underlined part?
- Which is the most appropriate meaning for the underlined part?
- 밑줄 친 부분의 의미로 가장 알맞은 것은?

1 What does the underlined "they" refer to?

In the United States, about 10 million computers are thrown away every year! Because most unwanted computers are sent to a dump, they have caused a problem. The computer industry and the government are working on ways to solve it. They have concluded that there must be changes in the way computers are built. <u>They</u> must be made in ways that will allow their parts to be recycled.

① Old computers
② Unwanted computers
③ The computer industry and the government
④ Computers

2 What does the underlined "tube" refer to?

Nowadays, millions of inexperienced young people are growing up in front of the <u>tube</u> without close guidance of elders. Many Americans worry that the nation could be ruined by a generation that gets its moral values from soap operas and its cultural values from situation comedies.

① television   ② radio
③ computer   ④ vending machine

 **Check**

1 [지칭어] 밑줄 친 "they"가 가리키는 것은?

어구 **throw away** 버리다 | **unwanted** 원하지 않는, 불필요한 | **dump** 쓰레기장, 쓰레기 더미 | **work on** 계속 일하다 | **conclude** 결론을 내리다 | **parts** 부품들 | **recycle** 재생 이용하다, 재활시키다

해설 ① 오래된 컴퓨터들 ② 불필요한 컴퓨터들
③ 컴퓨터 사업계와 정부 ④ 컴퓨터

◎ 재활용이 가능한 방식으로 만들어지기 위해서는 특정 컴퓨터들이 아닌 일반적인 컴퓨터들이어야 한다.

해석 미국에서는 매년 약 천만 개의 컴퓨터들이 버려지고 있다. 대부분의 쓸모없는 컴퓨터들이 쓰레기 더미로 버려지고 있기 때문에 이것은 문제를 야기시켜 왔다. 컴퓨터 산업계와 정부는 이 문제들을 해결할 방법들을 연구하고 있다. 그들은 컴퓨터 조립 방법을 바꿔야 한다는 결론을 내렸다. 컴퓨터는 부품들이 재활용될 수 있는 방법으로 만들어져야 한다. **정답** ④

About 10 million computers are thrown away every year.

= 10 million 이란 기수 앞에 about이 위치하여 부사로서 '대략 천만 개'의 뜻을 가진다.

2 [지칭어] 밑줄 친 "tube"가 가리키는 것은?

어구 **inexperienced** 경험이 없는, 미숙한 | **grow up** 자라다, 성장하다 | **tube** 관, 튜브 용기, 텔레비전(TV), 지하철 | **guidance** 지도, 안내 | **elder** 연장자, 노인, 장로, 원로 | **soap opera** 멜로드라마 [보기] **vending machine** 자동판매기

해설 ①TV ②라디오 ③컴퓨터 ④자동판매기

◎ 'soap operas'와 'situation comedies'를 통해서 'tube'는 'television'을 가리킨다는 것을 유추할 수 있다.

해석 요즘에는 수백만 명의 미숙한 젊은이들이 어른들의 세심한 가르침도 없이 TV 앞에서 성장해 가고 있다. 많은 미국인들은 멜로드라마에서 도덕적 가치를 배우고, 코미디프로에서 문화적 가치를 배우는 세대에 의해 나라가 망할 수도 있다고 걱정한다. **정답** ①

▶ **hundred, thousand, million의 용법**

'구체적인 수(2백만)'를 가리킬 경우에는 '수 단위(million)' 앞에 '기수(two)'가 결합되며, '막연한 범위(수백만)'를 가리킬 경우에는 '수 단위(million)'을 '복수형태(millions)+of'로 형태를 취한다.

2 million people.
2백만 명의 사람들

millions of people
수백만 명의 사람들

3 다음 글에서 she의 성격은?

As <u>she</u> stood on the little grass plot before the house and felt the cold rain on her body, a mad desire to run naked through the streets took possession of her. She thought that the rain would have some creative and wonderful effect on her body. Not for years had she felt so full of youth and courage. She wanted to leap and run, to cry out, to find some other lonely human and embrace him.

① passive
② timid
③ thoughtful
④ passionate

4 What does the underlined expression refer to?

There are no creatures on earth less practical than humans, and nothing shows our frivolity better than fashion. From women's hoop skirts to men's high hats, fashion victims through the ages have endured the ridiculous, the uncomfortable, and the absolutely dangerous in an effort to be fashionable. Even our feet, which are normally planted firmly on the ground, have suffered the pains of keeping up with <u>the latest craze</u>.

① hoop skirts
② people
③ fashion
④ feet

3   [지칭어]

어구   **grass plot** 잔디밭 | **run naked** 벌거벗은 채 달리다 | **take possession of** ~을 사로잡다, 소유하다 | **leap** 뛰다, 도약하다 | **courage** 용기 | **lonely** 외로운 | **embrace** 껴안다, 환영하다, ~에 종사하다 [보기] **passive** 수동적인 | **timid** 소심한 | **thoughtful** 사려깊은 | **passionate** 열정적인

해설   ① 수동적인   ② 소심한   ③ 생각이 깊은   ④ 열정적인

   나체로 뛰어나가고 싶고, 혈기와 용기를 갖고, 소리지르고 싶은 마음은 열정적이라고 묘사할 수 있다.

해석   그녀는 집 앞의 조그만 잔디밭에 서서, 몸 위로 떨어지는 차가운 비를 느끼면서 나체로 거리를 뛰어다니고픈 미친 욕망에 사로잡혔다. 그녀는 비가 자신의 몸에 무언가 신기하고 경이로운 영향을 끼친다는 생각이 들었다. 몇 년 만에 그녀는 그토록 충만한 혈기와 대담성을 느껴보게 된 것이다. 그녀는 껑충껑충 뛰어다니며, 소리지르고 싶어 했고, 누군가 외로운 사람을 만나 껴안고 싶어 했다.   **정답 ④**

4   [지칭어] 밑줄 친 표현이 가리키는 것은?

어구   **creature** 존재 | **frivolity** 천박함, 경솔함 | **hoop skirts** 버팀테로 버티어 스커트 | **endure** 참다, 견디다 | **ridiculous** 어리석은 | **keep up with** ~와 보조를 맞추다 | **craze** 열광

해설   ① 버팀테로 버티어 스커트   ② 사람들   ③ 패션   ④ 발

   이 글은 사람들의 개념없는 유행 따라잡기에 대해서 서술하고 있으며, 밑줄 친 the latest craze는 유행을 가리키고 있다.

해석   지구상에 인간들보다 실용적이지 않는 존재는 없으며, 유행만큼 더 우리의 경박함을 보여주는 것은 없다. 여성들의 hoop 스커트에서 남성들의 고급 모자에 이르기까지, 수 세대를 통해서 유행의 희생자들은 최신 유행을 따르고자 하는 노력에 있어서 어리석고, 불편하고, 정말로 위험한 것들을 견뎌냈다. 심지어 땅에 견고하게 놓여 있는 우리의 발마저도 가장 최신의 열광을 따르는 고통을 겪고 있다.   **정답 ③**

Check

▶ 부정어 도치

부정어가 문두로 위치하면 무조건 도치가 발생한다.

She had not felt so full of youth and courage for years.

= *Not for* years *had she felt* so full of youth and courage.

⇒ for years라는 부사구만 문두로 위치해서는 도치가 발생하지 않지만, 부정어 'not'이 'for years'와 결합하여 문두로 위치했기 때문에 도치가 발생한 것이다.

▶ 부정주어+비교급+than은 최상급 의미

'부정주어+비교급+than' 은 최상급의 의미를 전달한다.

There are *no* creatures on earth/ 동물들은 지구상에 없다.

less practical *than* humans./ 인간들보다 덜 실용적인

⇒ 즉, 이 문장은 형태는 비교급일지언정 그 내용은 결국 '최상급'의 의미를 전달하게 된다.

5 **What does the underlined "it" refer to?**

I abandoned the medical profession with relief, but I do not regret the five years I spent at the hospital — far from it. They taught me pretty well all I know about human nature, for in a hospital you see <u>it</u> naked and raw. People in pain, people in fear of death, do not try to hide anything from their doctor, and if they do, he can generally guess what they are hiding.

① a hospital ② human nature
③ the medical profession ④ all I know

6 **밑줄 친 terms와 같은 뜻으로 쓰인 것은?**

The <u>terms</u> culture and society are frequently used interchangeably, and there is usually no great harm in doing so as long as we know what the difference is. In simplest form, we can say that a society is always made up of people; their culture is the way they behave.

① I am on good terms with him.
② We are apt to see life in terms of money.
③ There are so many technical terms in this book.
④ Since our contract is getting near its term, we must negotiate a new one.

5 [지칭어] 밑줄 친 "it"이 가리키는 것은?

어구 **abandon** 버리다, 포기하다, 단념하다 | **medical profession** 의업 | **with relief** 안심하고 | **far from** 결코 ~이 아닌 | **human nature** 인간의 본성 | **naked** 벌거벗은 | **raw** 가공하지 않은, 노골적인, 세련되지 않은 | **hide** 숨기다 | **guess** 추측하다

해설 ① 병원 ② 인간의 본성 ③ 의료직 ④ 내가 아는 모든 것

◎ 주절과 종속절의 관계가 '인과관계(for)'이므로 'it'은 'human nature'를 가리킨다.

해석 나는 안심하면서 의사직을 포기했다. 그러나 병원에서 보냈던 지난 5년을 후회하지 않았다. 그 기간은 나에게 인간의 본성에 대해서 내가 현재 알게 된 모든 것을 아주 잘 가르쳐 주었다. 병원에서는 그것을 적나라하게 볼 수 있기 때문이다. 고통을 받는 사람들과 죽음을 두려워하는 사람들은 의사 앞에서 어떤 것도 감추려 하지 않으며, 감추려 한다 해도 대개는 추측할 수 있다. **정답** ②

Check

▶ 목적격관계대명사의 생략과 등위접속사 for

They taught me <pretty well> all/ pretty well은 간접목적어 me와 직접목적어 all 사이에 삽입된 부사구임

(*I know* about human nature)/ 선행사 all을 수식하는 목적격관계사절

for <in a hospital> you see it naked and raw./ 등위접속사 for가 이끄는 문장으로서 'in a hospital'은 삽입된 부사구

⇨ 'I know about human nature'는 선행사 all을 꾸며주는 목적격관계대명사로서, 'that'이 생략되어 있다.

6 [지칭어]

어구 **frequently** 자주 | **interchangeably** 상호 교환해서 | **harm** 손해 | **as long as** ~하는 한 | **difference** 차이 | **be made up of** ~으로 구성되다 | **behave** 행동하다(act, demean) | **be on good terms with** ~와 좋은 관계이다 | **be apt to** ~하기 쉽다 | **in terms of** ~의 관점(견지)에서 | **contract** 계약 | **negotiate** 협상하다

해설 ① I am on good <u>terms</u> with him. 나는 그와 <u>사이</u>가 좋다.

② We are apt to see life in <u>terms</u> of money. 우리는 돈의 <u>관점</u>에서 인생을 보기 쉽다.

③ There are so many technical <u>terms</u> in this book. 이 책에는 너무 많은 전문 <u>용어들</u>이 있다.

④ Since our contract is getting near its <u>term</u>, we must negotiate a new one. 우리의 계약 <u>기한</u>이 다 되어가므로, 새로운 계약을 협상해야만 한다.

◎ 지문과 ③은 '용어'라는 뜻으로 쓰였다. term은 '기간, 용어, 조건, 관계, 관점 등'의 뜻으로 쓰인다.

해석 문화와 사회라는 말들은 종종 대체되어 사용되고 있으며, 우리가 그 차이를 아는 한 그렇게 하는 게 일반적으로 나쁠 게 전혀 없다. 가장 단순한 형태로 사회는 항상 사람들로 구성되어 있으며, 그들의 문화는 그들이 행동하는 방식이라고 말할 수 있다. **정답** ③

▶ term의 용법

term이 '단어, 용어'라는 뜻으로 쓰여서 '특정 단어'를 설명할 경우, term 바로 뒤에 단어를 위치시키거나 '인용부호'를 위치시킨다.

The *terms culture and society* are frequently used.

= The *terms 'culture and society'* are frequently used.

⇨ 'culture와 society라는 단어'를 설명하기 위해 term 바로 뒤에 culture와 society를 위치시킨 형태이다.

7 다음의 밑줄 친 Janissaries에 대한 설명으로 옳은 것은?

In the 14th century, there was a rather special army corps called <u>Janissaries</u> in Turkey. This army was formed only of orphans. When Turkish soldiers invaded an Armenian or Slav village, they took the very young children and shut them up in a special military school, where they could learn nothing of the outside world. Educated solely in the art of combat, these soldiers turned out to be the best fighters in the whole empire and shamelessly attacked the villages inhabited by their real families. It never occurred to the Janissaries to fight against their kidnappers on the side of their parents. On the other hand, their power grew ceaselessly and ended up worrying a Turkish king, who massacred them and set fire on their school in 1826.

① They were notorious for kidnapping and killing children.
② They revenged their parents by killing Turkish soldiers.
③ They were killed by a Turkish king who had got afraid of them.
④ They were Turkish soldiers' children who lost their fathers at battlefields.

8 밑줄 친 this가 가리키는 것은?

<u>This</u> is generally used in summer for the circulation of air. In Korea, this helps to keep rooms cool and shaded. This also makes the interior of a room almost invisible from the outside. Yet this allows a person seated inside to see out, providing some privacy even when windows and doors are open. Hung above a door, this is designed to be rolled or lifted up. Because of its woven patterns and decorative metal hangers, this can also serve as a wall hanging.

① 멍석　② 부채　③ 병풍　④ 발　⑤ 문

7 [지칭어]

어구 **rather** 다소, 약간 | **corps** 군단, 병단, 단체 | **Janissary** 터키의 옛날 근위병, 터키 병사 | **orphan** 고아 | **turkish** 터키의, 터키어 | **solely** 오로지, 전혀, 단지. 혼자서 | **combat** 전투, 격투 | **turn out to be** ~이 되다 | **empire** 제국, 통치 | **shamelessly** 수치심도 없이 | **inhabit** 거주하다 | **occurred to** + 사람 ~ 생각이 문득 떠오르다 | **kidnapper** 유괴하다 | **ceaselessly** 끊임없이 | **end up** ~ 로 끝나다. 결론에 이르다 | **massacre** 대량 학살하다 | **set fire** 불 지르다 [보기] **revenge** ~의 원수를 갚다 | **battlefield** 전쟁터

해설 ① 아이들을 유괴하고 납치를 하여 악명이 높다.
② 터키 군인들을 죽여서 부모의 원수를 갚았다.
③ 그들을 두려워한 왕에 의해서 죽음을 당했다.
④ 전쟁터에서 아버지를 잃은 터키 군인들의 아이들이었다.
◐ 마지막 두 문장을 통해 3번 내용이 옳다.

해석 14세기에, 터키에는 Janissaries라 부르는 아주 특별한 군대가 있었다. 이 군대는 오로지 고 아들로만 구성되어 있었다. 터키군이 알메니아와 슬라브 마을을 침범했을 때, 그들은 매우 어린아이들을 데려가 특수 군대 속에 가두었고, 거기서 그들은 외부세상에 대해서는 전혀 배 울 수 없었다. 단지 전투만 교육받은 이 군인들은 제국 전체에서 최고의 군인이 되었고, 부끄 럼도 없이 그들의 가족이 사는 마을을 공격했다. 그들은 부모의 편에 서서 자신들을 납치했 던 자들과 싸운다는 생각은 결코 갖지 못했다. 반면에, 그들의 세력은 끊임없이 성장했고 이 것이 결국 터키 왕을 불안하게 했다. 그래서 왕은 그들은 몰살시켰고 1826년에 그 군사학교 를 불태웠다. **정답 ③**

▶it occurred to 사람 to R / that 절

'it occurred to 사람 to R / that 절' 은 '~한 생각이 ~에게(사람 에게) 떠오르다' 는 뜻으로서 it은 가주어 기능을 하며, to R와 that 절은 진주어 기능을 한다.

It never occurred to the
가주어
Janissaries to fight against their kidnappers.
진주어

It never occurred to
가주어
the Janissaries that they would fight against their kidnappers.
진주어

---

8 [지칭어]

어구 **circulation** 순환 | **shaded** 그늘진 | **invisible** 눈에 보이지 않는 | **privacy** 사생활, 비밀 | **roll** 말다 | **lift up** 들어 올리다 | **decorative** 장식의, 장식용의 | **hanger** 옷걸이, 교수형집행인 | **wall hanging** 벽걸이

해설 ◐ 발(a bamboo blind)은 말 수도 있으며, 올릴 수도 있고, 밖에서 내부를 볼 수 없게도 한다.

해석 이것은 공기 순환을 위하여 대체로 여름에 사용된다. 한국에서는 이것은 방을 시원하고 그늘 지게 하는 데 도움을 준다. 이것 때문에 또한 방안 내부를 밖에서 거의 볼 수 없게 된다. 그러 나 이것 때문에 사람들은 안에 앉아서 밖을 볼 수 있으며, 창문과 문이 열려 있을 때, 약간의 사생활을 제공한다. 문 위에 걸려 있는 이것은 말 수도 있고 올릴 수 있도록 되어 있다. 이것의 짜여 있는 구조와 장식용 금속 걸이로 인해, 이것은 벽걸이로도 또한 사용된다. **정답 ④**

▶ allow + A (목적어) + to R (목적보어)

allow 동사는 '목적보어에 to R' 을 위치시키는 5형식 구문이 가 능하며, 해석은 'A가 ~하도록 허락하다, 또는 A가 ~하도록 하 다' 는 '허락' 의 속성을 가진다.

This allows a person
목적어
(seated inside) to see out.
과거분사   목적보어

⇒ '안에 앉아 있는 사람이 밖을 볼 수 있게끔 해준다.' 는 해석이 가능하며, 가운데 위치한 'eated inside'는 과거분사로서 선행사 a person을 꾸며주는 형용사 기능 을 수행한다.

9 What does the underlined "others" refer to?

Life is really a dream, and we human beings are like travelers floating down the eternal river of time, going aboard at a certain point and getting off again at another point in order to make room for <u>others</u> waiting below the river to come aboard.

① descendants
② forefathers
③ people in other rivers
④ people in other countries

10 What does the underlined "this" refer to?

<u>This</u> is often defined as rule by "the majority." This definition is accurate in that a majority must agree on a decision before action is taken. However, this definition is somewhat incomplete and rather misleading. In practical terms, it is more precise to define it as "rule by the majority, having respect for the rights of minority groups and individuals."

① equality
② society
③ socialism
④ democracy
⑤ freedom

9   [지칭어] 밑줄 친 "other"가 가리키는 것은?

어구   **float down** 떠내려가다 | **get off** 내리다 | **make room for** ~을 위해 자리를 비우다 | **descendant** 후손 | **forefather** 조상

해설   ① 후손   ② 선조
③ 다른 강에 사는 사람들   ④ 다른 나라에 사는 사람들

   ➥ 삶이라는 얘기를 중심으로 떠내려가다가 기다리는 사람은 당연히 '후손' 이어야 한다.

해석   인생은 정말로 꿈이며 우리 인간은 어떤 시점에서 승선하고 승선하려 강 아래에서 기다리고 있는 다른 사람들에게 자리를 만들어 주기 위해서 다른 시점에서 배에서 내리는 시간이라는 영원한 강을 떠내려가는 여행자들과 같다.   **정답** ①

10   [지칭어] 밑줄 친 "this"가 가리키는 것은?

어구   **define A as B** A를 B라고 정의내리다 | **definition** 정의 | **accurate** 정확한 | **in that S+V** ~ 이라는 점에서(접속사) | **agree on** ~을 합의하다 | **take action** 조치를 취하다

해설   ① 평등   ② 사회   ③ 사회주의   ④ 민주주의   ⑤ 자유

   ➥ 다수에 의한 통치, 다수의 결정 합의 등의 어구로 미루어보아 민주주의를 가리킴을 유추할 수 있다.

해석   이것은 종종 "다수에 의한 통치"라고 정의내려진다. 이 정의는 조치를 취하기 전에 다수가 어떤 결정에 합의해야 한다는 점에서 옳다. 그러나 이러한 정의는 다소 불완전하고 오히려 곡해될 수도 있다. 실질적 의미로, 그것을 "소수 그룹과 개인들의 권리에 대한 존경을 가지고 있는 다수의 통치"라고 정의내리는 것이 더 정확하다.   **정답** ④

Check

▶ '대명사+명사' 의 동격

they students(학생인 그들), we human beings (인간인 우리들) 처럼 '대명사+명사' 의 형태로서 동격이 가능하다.

We <u>human beings</u> are
주어   동격   동사
like travelers.
보어(전치사구)

⇒ 문장의 주어 we와 human beings는 동격이 되었으며, 'like travelers'는 전치사구이지만, be 동사의 보어로 쓰였다.

▶ in that S+V

that 절은 본래 전치사의 목적어로 쓰일 수 없지만, 'in that~(~이라는 점에서)' 와 'except that ~ (~을 제외하고서)' 는 '구접속사' 로서 쓰인다.

This definition is accurate/
주절

in that a majority must agree on a decision./ 부사절

11 다음 밑줄 친 This가 뜻하는 것으로 가장 알맞은 것은?

<u>This</u> was a term coined by President Bill Clinton in 1994 to express the difference between people who had fastest, most convenient Internet services and people who didn't have access to that technology.

① digital divide
② computer virus
③ millennium bug
④ greenhouse effect
⑤ internationalization

12 Which is the most appropriate expression for the underlined part?

During the last century, over a million people left Ireland to live in Canada and the United States. They left not because of religious or political persecution. They left because of <u>an enemy that had taken their only food from them</u>. Ireland in the nineteenth century was a desperately poor country. Many people had almost nothing to eat except potatoes. In 1845, a disease known as the potato blight attacked and killed the entire potato crop. Soon after the crop failed, people began to die - some from starvation, and others from diseases that attacked them in their weakened condition. The British government provide some food for the starving, but not enough to end the famine.

① the potato blight
② the British government
③ religious persecution
④ political change

 **Check**

11   [지칭어]

어구 **term** 용어, 기간, 조건 | **coin** (화폐를) 만들다, (새로운 표현을) 만들다 | **convenient** 편리한 | **have access to** (서비스 등을) 이용하다, (서비스 원에) 접근하다 [보기] **digital divide** 정보 격차 | **bug** 결함 | **greenhouse effect** 온실효과 | **internationalization** 세계화

해설 ① 정보의 격차   ② 컴퓨터 바이러스   ③ 밀레니엄 버그
④ 온실효과   ⑤ 세계화
◐ 인터넷 서비스를 받을 수 있는 사람과 그렇지 못한 사람을 비교하기 위해 사용한 용어이므로 '정보 격차' 란 말이 타당하다.

해석 이것은 빌 클린턴 대통령이 가장 빠르고 가장 편리한 인터넷 서비스를 가진 사람과 그러한 기술을 이용할 수 없는 사람들 간의 차이점을 설명하기 위해 1994년에 만들어낸 용어이다.
정답 ①

▶ **병치**

between ① *people* (who had fastest, most convenient Internet services) *and* ② *people* (who didn't have access to that technology)

⇨ between A and B 구문으로 서, ① people과 ② people이 병치되고 있다. 각각의 people이 'who ~이하의 관계대명사절' 로 수식을 받고 있다.

12   [지칭어] 밑줄 친 부분을 가리키는 적절한 것은?

어구 **religious** 종교적인 | **persecution** 박해 | **enemy** 적 | **desperately** 절망적으로 | **be known as** ~로서 알려져 있다 | **blight** 마름병; 마르게 하다, 황폐화시키다 | **soon after** ~한 지 곧 지나서 | **starvation** 기아 | **starve** 굶주리다 | **famine** 기근, 흉작

해설 ① 감자 마름병   ② 영국 정부   ③ 종교 박해   ④ 정치적 변화
◐ 이하의 문장에서 '감자 마름병' 때문에 감자농사를 망치고, 기근 때문에 질병으로 많은 이가 죽었다고 하는 점에서 유추가 가능하다.

해석 지난 세기 동안 백만 명 이상의 사람들이 캐나다와 미국에서 살기 위해 아일랜드를 떠났다. 그들은 종교적, 정치적 박해 때문에 떠난 것은 아니다. 그들은 자신의 유일한 식량을 빼앗아 가버린 적 때문에 떠난 것이었다. 19세기의 아일랜드는 절망적으로 가난한 나라였다. 많은 이들이 감자를 제외하고는 먹을 것이 전혀 없었다. 1845년에 감자 마름병이라는 질병이 모든 감자농사를 망쳐놓았다. 농사를 망친 직후 약해진 상태에 있는 그들은 기근과 질병 때문에 죽기 시작했다. 영국 정부는 굶주린 사람들에게 식량을 제공했지만, 기근을 없애기에는 충분하지 못했다.
정답 ①

▶ **반복되는 동사의 생략**

등위접속사 또는 구두점으로 이어지는 문장의 동사가 같지만, 그 주어가 달라질 경우에는, '동사'는 생략할 수 있다.

People *began to die* - some *began to die* from starvation, and others *began to die* from diseases.

= People *began to die* - some from starvation, and others from diseases.

⇨ some과 others 뒤에 began to die가 생략된 것은 앞서 나온 문장의 주어 'people'과 이하에 등장하는 주어들인 'some'과 'others'가 다르지만 '동사는 began to die'로 같기 때문에 생략된 것이다.

13 Which is the most appropriate meaning for the underlined part?

Should there be laws against <u>these</u>? Many roads are lined with these. Most of these are used to advertise stores, restaurants, airplane trips, and other things. Many people think that these spoil the roads. Some people say that these are not safe because drivers watch these instead of the roads.

① road signs   ② traffic lights
③ billboards   ④ skyscrapers

14 Which is the most appropriate meaning for the underlined part?

The salesman tried to convince a group of investors that the properties he was selling would soon be worth much more money than he was asking. However, no one bought anything from him because they felt he was giving them <u>a snow job</u>. No one was deceived by his insincerity and exaggerated claims about the worth of the properties.

① imported luxuries   ② exaggerated lies
③ adequate earnings   ④ threatening selling

13 [지칭어] 밑줄 친 부분의 적절한 의미는?

어구 **be lined with** ~으로 가득 차다 | **be used to R** ~하는 데 사용되다 | **spoil** 망쳐놓다 [보기]
road sign 도로표지판 | **traffic lights** 교통신호 | **billboard** 광고게시판 | **skyscraper**
고층건물, 마천루

해설 ① 도로 표시   ② 교통 신호   ③ 광고게시판   ④ 고층건물, 마천루
◎ 지문 3번째 문장에서 '가게, 레스토랑, 비행기 여행 등을 광고하는 데 사용된다.'는 점에서 광고게시
판으로 유추가 가능하다.

해석 이것들을 금지하는 법이 있어야만 합니까? 많은 도로들이 이것들로 가득 차 있다. 이들 대부분
이 상점들, 음식점들, 비행기 여행과 다른 여러 가지들을 광고하는데 사용된다. 몇몇 사람들이
말하기를, 운전자들이 도로 대신에 이것들을 보기 때문에 안전하지 못하다고 한다.   **정답** ③

14 [지칭어] 밑줄 친 부분의 적절한 의미는?

어구 **property** 재산, 물건, 소유 | **snow job** 감언이설 | **deceive** 속이다 | **insincerity** 불성실 |
exaggerated 과장된 [보기] **earnings** 수익 | **threatening** 위협적인

해설 ① 수입 사치품 ② 과장된 거짓말 ③ 적절한 소득 ④ 위협적인 판매
◎ 다음 문장에서 '그의 과장된 주장과 불성실'이라는 단서를 통해 유추할 수 있다.

해석 그 판매원은 투자자들에게 그가 파는 물건들이 그가 요구하는 가격보다 곧 훨씬 가치가 있을
것이라는 점을 설득시키려 노력했다. 그러나 그들은 그가 과장된 거짓말을 하고 있다고 생각
해서 아무도 구입하지 않았다. 그 물건에 대한 그의 과장된 주장과 불성실에 속임을 당하는
사람은 아무도 없었다.   **정답** ②

▶ Check

▶be used to R vs be used to N/ ~ing vs used to R

'be used to R'는 '~하기 위해 이용되다'는 뜻이며, 'be used to N/ ~ing'은 '~에 익숙하다'는 뜻을 가진다. 'used to R'은 '~하곤 했었다'는 '과거의 불규칙적 습관'을 의미한다.

These *are used to advertise* stores.
이것들은 상점을 광고하기 위해 이용된다.

I'*m used to getting* up at 5;00 am.
나는 오전 5시에 일어나는데 익숙하다.

He *used to go* to our school.
그는 우리 학교에 오곤 했었다.

▶형용사 기능과 전치사 기능을 모두 수행하는 worth

worth라는 단어는 '형용사' 기능과 '전치사' 기능을 모두 수행할 수 있으며, 준동사는 동명사를 목적어로 취할 수 있다.

The properties (he was selling)/ 주어 + 목적격관계사절

would <soon> be *worth* much more money./ 조동사(would)+부사(soon)+본동사(be)+보어(worth) 명사

⇒ 이 문장에서 'worth'는 be동사의 보어 역할을 하는 형용사 기능과 더불어서, 이하의 money를 목적어로 취한 전치사 기능을 수행한다. 또한 much가 비교급 'more 또는 ~er' 앞에 위치한 경우 '훨씬'으로 해석해 주면 된다.

15 밑줄 친 부분의 의미로 가장 알맞은 것은?

A horseman used to spend whole days in grooming and rubbing down his horse. At the same time, though, he stole his oats and sold them for his own profit. "<u>Alas, alas!</u>" said the horse. He said to the horseman, "If you really wish me to be in good condition, you should groom me less, and feed me more."

① The horse cried out of pain.
② The horse decided to run away.
③ The horse needed a magic spell.
④ The horse didn't enjoy this treatment.

16 Which is the most appropriate expression for the underlined part?

Asia may face a recession, moreover, that is much steeper than necessary. There is still a slight, though fading, chance for Asia to escape the predicament of financial meltdown. The Asian countries would persuade the International Monetary Fund to put aside its usual prescriptions for fiscal belt-tightening and high interest rates, since these will only reinforce the contradictory force of the financial panic. <u>The name of the game</u> should be confidence-mending, not orthodox austerity. The crisis came from the private markets and not government budget.

① The crucial remedy
② The essential element of the game
③ The most virtual aspect
④ The best name of the crisis

15 [지칭어]

어구 **horseman** 기수 | **used to R** ~하곤 했었다 | **whole day** 종일 | **grooming** 손질 | **rubbing** 문지르는 일 | **oat** 귀리 | **alas** 슬프도다 | **feed** 먹이를 주다 [보기] **magic** 마술 | **spell** 주문

해설 ① 말은 고통스러워서 울었다.　　　　　　② 말은 도망치기로 결정했다.
③ 말은 마술 주문을 필요로 했다.　　　　④ 말은 이와 같은 처우를 좋아하지 않았다.

🢂 기수가 말을 돌보는 척하면서 자신의 귀리를 빼앗아서 팔아먹으니까, 자신의 몸에 손대지 말고 그냥 먹이나 달라고 말한 것은 결국 귀리를 뺏는 행동을 좋아하지 않음을 알 수 있다.

해석 한 기수는 그의 말을 돌보고 닦아주는 데 하루 종일을 보내곤 했다. 하지만, 동시에 그는 그의 귀리를 훔쳐서 자신의 이득을 위해 내다 팔았다. "아아, 슬프도다."라고 말이 말했다. 말은 그 기수에게 "만약 당신이 정말로 내가 좋은 컨디션을 유지하기를 원한다면 나를 돌보아주는 일을 덜하고 대신 먹이를 더 많이 달라."고 말했다.　　　　　　　　　　　　　**정답** ④

16 [지칭어] 밑줄 친 부분을 가장 잘 표현한 것은?

어구 **recession** 경기후퇴 | **steep** 가파른 | **slight** 작은 | **fade** 사라지다, 시들다 | **predicament** 곤경 | **meltdown** 용해, 파국 | **put aside** 치우다, 제거하다 | **fiscal** 재정상의 | **belt-tightening** 긴축 (정책) | **reinforce** 강화하다 | **the name of the game** 가장 중요한 것, 본질 | **confidence-mending** 신용개선 | **orthodox** 전통적인 | **austerity** 긴축 [보기] **crucial** 결정적인 | **remedy** 구제책 | **virtual** 실제의

해설 ① 중요한 구제책　　　　　　　② 게임의 중요한 요소
③ 가장 실질적인 양상　　　　　④ 위기의 최상의 명칭

🢂 전통적인 긴축(IMF의 재정 긴축)이 아니라 자신감을 수정해야 한다는 것은 아시아 경제위기의 문제 해결책을 제시하는 것이다.
the name of the game 가장 중요한 것, 본질
ex) Quality as well as quantity is the name of the game.

해석 더욱이, 아시아는 필요 이상으로 더 가파른 경기 후퇴와 마주칠런지도 모른다. 아시아가 재정적인 곤경을 벗어날 기회가 작고 희미하긴 하지만 아직은 (그 가능성이) 있다. 아시아 국가들은 IMF가 재정 긴축과 높은 이자율이라는 평범한 처방을 그만두라고 설득할 것이다. 왜냐하면 이것들은 재정적 공황이라는 반발력을 강화할 뿐이기 때문이다. 본질은 전통적인 긴축이 아닌 신용 개선이어야 한다. 그 위기는 사적 시장에서부터 기인한 것이지 정부의 예산에 서부터 기인한 것은 아니다.　　　　　　　　　　　　　**정답** ①

▶ **spend＋A(목적어)＋(in) ~ing**

spend 동사는 '시간/ 돈/ 노력 ＋ (in) ~ing/ on 명사' 구조를 취하여 '시간/ 돈/ 노력을 ~하는데 소비하다' 는 뜻을 가진다.

A horseman used to
spend whole days/
기수는 종일 보내곤 했었다.

(in) grooming and
rubbing down his horse./
말을 손질하고 문지르는 데

⇒ 'spend + 목적어 + in ~ing'에서 'in'은 생략이 가능하며, 동명사의 의미상의 주어는 spend의 목적어인 'whole days' 가 아니라 문장의 주어가 의미상의 주어가 된다.

▶ **종속 접속사 + 분사**

부사절의 주어와 주절의 주어가 같을 경우 분사로 축약시킬 수 있는데, 이 경우 주절과 분사구문과의 관계를 명확히 하기 위해서 접속사를 생략하지 않을 수 있다.

Though it is fading, there is still a slight chance.

= *Fading*, there is still a slight chance.

= *Though fading*, there is still a slight chance.

= There is still a slight, though it is fading, chance.

= There is still a slight, *fading*, chance.

= There is still a slight, *though fading*, chance.

⇒ 'though가 이끄는 부사절의 주어 it'과 '주절의 주어인 a slight chance' 가 같으므로 '접속사+분사구문' 으로 줄일 수 있으며, 그 위치 또한 주절에 마지막 문장처럼 삽입처리 할 수 있다.

memo

17 What does the underlined "those" imply?

Many of us are annoyed by <u>those</u> who call us day and night, trying to sell us everything from magazine subscriptions to vacation homes. These electronic intruders don't seem to care how much they are inconveniencing us and refuse to take "no" for an answer. However, these nuisance callers can be stopped if we take charge of the conversation. As soon as one of them asks if we are Mr. or Ms. X, we should respond asking if he or she is one of them. This technique puts them on the defensive. We then have an opening to say that we don't accept requests over the phone, only through the mail. This puts a quick end to the conversation.

① Crank callers

② Survey researchers.

③ Telephone solicitors

④ Telephone supervisors

17   [지칭어] 밑줄 친 "those"가 암시하는 것은?

어구   **annoyed** 짜증난 | **day and night** 낮밤으로 | **vacation** 휴가 | **intruder** 침입자 | **inconvenience** ~에게 폐를 끼치다, 불편 | **refuse to R** ~하려 하지 않다 | **nuisance** 성가심, 불편 | **take charge of** 책임을 지다, 주도권을 잡다 | **put ~ on the defensive** ~를 불리하게 하다 | **opening** 가능성, 좋은 기회, 개방 | **put an end to** ~를 끝내다 〔보기〕 **crank** 불안정한, 흔들거리는 | **solicitor** 재촉하는 사람, 법무관 | **supervisor** 관리자

해설   ① 불안정한 방문자   ② 측량 조사관들
③ 전화로 간청하는 사람들   ④ 전화 감독관

◐ '잡지 구독에서부터 휴가 기간 숙박에 이르기까지 모든 것들을 팔기 위해 안간힘을 쓰며 밤낮으로 전화하는 사람들' 은 결국 '전화를 걸어 판촉 행위를 하는 귀찮은 이들' 을 의미한다.

해석   우리들 중 많은 사람들은 잡지 구독에서부터 휴가 기간 숙박에 이르기까지 모든 것들을 팔기 위해 안간힘을 쓰며 밤낮으로 전화하는 사람들 때문에 짜증이 난다. 이 전화 침입자들은 얼마나 많이 우리를 불편하게 하는지를 걱정하지도 않는 것처럼 보이며 '거절' 이라는 대답을 받아들이려 하지도 않는다. 그러나 만일 우리가 그 대화에 대해 주도권을 잡는다면 이 성가시게 전화하는 이들을 단념시킬 수 있다. 그들 중 한 사람이 우리가 X라는 사람이냐고 물어보자마자, 우리가 그 사람이라고 대답을 해야 한다. 이 방법은 그들로 하여금 궁지로 몰리게 한다. 그때 우리는 우편으로만 요청을 받지 전화로는 요청을 받지 않는다고 말할 수 있는 좋은 기회를 갖게 된다. 이로 인해 대화는 빨리 끝나게 된다.   **정답** ③

Check

▶~하자마자

'~하자마자' 라는 뜻을 가진 접속사들은 'immediately = instantly = the instant = the moment = the minute = as soon as' 등이 있다.

As soon as one of them asks if we are Mr. or Ms. X, ~

= *Immediately*/ *Instantly* one of them asks if we are Mr. or Ms. X, ~

= *The instant*/ *The moment*/ *The minute* one of them asks if we are Mr. or Ms. X, ~

⇨Immediately(instantly)와 the instant(the moment, the minute)는 형태는 각각 부사와 명사로 보일지라도, 접속사 기능 역시 있다.

18 Which is the most appropriate expression for the underlined part?

During the last few million years, human technology, spurred in part by climate, has made our species a force to be reckoned with on a planetary scale. We don't find, to our astonishment, that we pose a danger to ourselves. The present world order is, unfortunately, not designed to deal with global scale dangers. Nations tend to be concerned about themselves, not about the planet; they tend to have short-term rather than long-term objectives. Further study and better public understanding are needed, of course. But what is essential is a global consciousness — a view that transcends our exclusive identification with the generation and political groupings into which, by accident, we have been born. The solution to these problems requires a perspective that embraces the planet and the future. <u>We are all in this greenhouse together</u>.

① We should find another planet.

② The greenhouse effect is getting serious

③ We are all citizens of the global village.

④ We should not be involved in specific political groups.

⑤ We try to reduce environmental pollution.

18 [지칭어] 밑줄 친 부분을 가장 잘 표현한 것은?

어구 **spur** 자극하다; 자극 │ **reckon** 간주하다, 평가하다, 합산하다 │ **planetary** 행성의 │ **astonishment** 경악, 놀라움 │ **pose** 자세·태도를 취하다, 주장하다; 자세 │ **deal with** 대처하다, 해결하다, 거래하다, 다루다 │ **be concerned about** ~에 대해 걱정하다 │ **short-term** 단기적인 │ **long-term** 장기적인 │ **objective** 객관적인; 목표 │ **consciousness** 자각, 의식 │ **transcend** 넘다, 초월하다 │ **exclusive** 배타적인 │ **identification** (신원) 확인, 동일 │ **grouping** 무리(를 모으는 일), 집단 │ **by accident** 우연히 │ **perspective** 전망, 관점, 원근법 │ **greenhouse** 온실

해설 ① 우리는 다른 행성을 찾아야만 한다.
② 온실효과가 심각해지고 있다.
③ 우리 모두는 지구촌에 사는 세계인들이다.
④ 우리는 특정 정치단체에 관여해서는 안된다.
⑤ 환경오염을 줄이기 위해 노력해야 한다.

◐ 지구의 국가들은 자신들의 국가에 대해서만 걱정할 것이 아니라 지구적 의식과 같은 거시적 관점이 필요하다는 내용으로 미루어 보아, 세계라는 하나의 집단 안에 모두가 있다는 내용이 옳다.

해석 지난 수백만 년 동안 부분적으로 기후에 의해 자극받은 인간 기술은 우리들을 행성 규모로 고려되어야 할 세력이 되게 했다. 우리는 놀랍게도 이제 우리가 우리 자신에게 위험을 나타내고 있다는 것을 안다. 현재의 세계질서는 불행하게도 지구 규모의 위험을 다루는 데는 적절하지 않다. 국가들은 지구가 아닌 자신들에 대해서만 걱정하고, 장기적 목표가 아닌 단기적 목표를 가지는 경향이 있다. 더 많은 연구와 대중적 관심이 필요함은 물론이다. 하지만 정말로 필요한 것은 지구적 의식이다. 즉, 우리가 우연히 태어나게 된 세대나 정치 집단만을 우리와 동일시하는 것을 넘어서는 관점이 필요하다. 이러한 문제의 해결책은 지구와 미래를 감싸안는 거시적 관점을 필요로 하는 것이다. 우리는 모두 이 온실 안에 있다. **정답** ③

Check

▶ B, (and) not A = not A but B

not A but B 구문은 'B, (and) not A'로 전환할 수 있다.

Nations tend to be concerned *not about the planet but about bemselves.*

⇒ Nations tend to be concerned *about themselves, not about the planet.*

memo

19 밑줄 친 부분이 의미하는 것을 고르시오.

No study of the United States would be complete without a discussion of immigrants because America is a nation of immigrants. Since 1607, when the first English settlers reached the New World, over 45 million people have migrated to the United States. This represents the largest migration of people in all of recorded history. For 400 years, a nation of over 200 million people has been built by persons who came from all parts of the world and all walks of life. Every aspect of American life, from business to athletics, has been influenced in one way or another by immigrants. No one could ever completely understand this "teeming nation of nations", as the poet Walt Whitman called it, without first knowing something about the history of America's <u>leading import</u>.

① oil   ② customs
③ automobiles   ④ businesses
⑤ immigrants

19 [지칭어]

어구 **immigrant** 이민자 | **settler** 정착민 | **migrate** 이주하다 | **migration** 이주 | **athletics** 운동경기 | **teeming** 풍부한, 풍요로운 | **leading** 이끄는, 선도하는, 선진의 [보기] **custom** 관습

해설 ① 석유 ② 관습 ③ 자동차
④ 사업체 ⑤ 이민자

○ 미국은 '이민자들의 국가'이며, '전 세계에서 온 모든 유형의 사람들의 국가'이며, '들끓는 국민들의 국가'의 '수입'은 결국 '이민해 온 사람들'을 의미하는 것이다.

해석 미국은 이민자들의 국가이기 때문에 이민자들에 관한 토론 없이 미국에 관한 연구는 완성되지 않을 것이다. 최초의 영국 정착민들이 신대륙에 도착했던 1607년 이후로 4천 5백만 이상의 사람들이 미국으로 이주했다. 이는 역사상 가장 큰 인구 이동을 상징한다. 400년 동안 전 세계에서 모든 유형의 사람들에 의해 2억이 넘는 인구를 가진 국가 하나가 만들어졌다. 미국인의 모든 삶은 사업에서 운동경기에 이르기까지 이민자들에 의해 이런 저런 방법으로 영향을 받았다. 미국의 선진 수입의 역사에 관해 무엇인가를 먼저 배우지 않고서는 아무도 이 시인 월트 휘트먼이 "들끓는 국민들의 국가"라고 부른 나라를 완전히 이해할 수는 없을 것이다.   **정답** ⑤

Check

▶ 부정구문+without 명사/ ing

부정어가 포함된 주절 이하에 'without 명사/ ~ing'가 위치하면, '~할 때마다(주절) ~하기 마련이다'라는 해석이 가능해진다.

No one *could* ever completely understand this "teeming nation of nations,"/ (주절)
어느 누구도 '이러한 들끓는 국민들의 국가'를 완전히 이해할 때마다

as the poet Walt Whitman called it,/ (삽입절)
Walt Whitman이 그것을(들끓는 국민들의 국가) 불렀던 것처럼

without first knowing something about the history of America's leading import./ (종속구)
미국의 선진 수입의 역사에 대해서 먼저 알기 마련이다.

□ 다음 글을 읽고 물음에 답하시오.

> Pure science may seem useless in the usual sense, but over a long period of time it surely leads to economic and technological benefits. If we stop paying for pure science today, there will be no applied science tomorrow. Charles Darwin's work on evolution and Gregor Mendel's on the heredity of plants laid the foundations for the science of genetics, which eventually led to the discovery of DNA, which led to genetic engineering, which is now exploding with unimaginable applications. Yet Darwin and Mendel were not supported with any such profits in mind, nor could ① <u>they</u> have been. ② <u>A nation cannot bet on pure scientists like betting on horses. It can, however, build stables.</u>

20 Which is the most appropriate meaning for the underlined part ①?

① such profits
② Darwin and Mendel
③ unimaginable applications
④ technological benefits
⑤ the foundations for the science of genetics

21 Which is the most appropriate meaning for the underlined part ②?

① 국가가 순수과학을 하는 과학자들이 경마에 대해 연구할 수 있도록 강요할 수는 없다. 그러나 그들이 연구할 수 있는 여건을 마련해 주기 위해 마구간을 지어 줄 수는 있다.

② 사람들이 경마에서 돈을 걸듯이 국가가 순수과학을 하는 과학자들 중 이익을 낼 만한 사람을 골라서 지원해 줄 수는 없다. 그러나 경마를 위해서 마구간을 지어 줄 수는 있다.

③ 국가가 순수과학을 하는 과학자들에게 돈을 걸 수 없듯이 경마에 돈을 걸 수는 없다. 그러나 마구간을 지어 줄 수는 있다.

④ 국가가 순수과학을 하는 과학자들이나 경마를 하는 사람들에게 내기하듯이 지원할 수는 없다. 그러나 경마를 위해서 마구간을 지어 줄 수는 있다.

⑤ 사람들이 경마에서 돈을 걸듯이 국가가 순수과학을 하는 과학자들 중 이익을 낼 만한 사람을 골라서 지원해 줄 수는 없다. 그러나 그들이 연구를 할 수 있는 여건을 마련해 줄 수는 있다.

어구 **pure science** 순수과학 | **useless** 쓸모없는 | **in a sense** 어떤 의미에서는 | **lead to** ~을 야기하다 | **applied science** 응용과학 | **heredity** 유전, 전통 | **lay the foundation for** ~의 기초를 세우다 | **genetic engineering** 유전공학 | **unimaginable** 상상이 불가능한, 엄청난 | **in mind** 마음속에 | **bet on** 내기를 걸다, 기대를 하다 | **stable** 마구간; 안정된 [보기] **foundation** 기초, 기반

해설 **20_[지칭어] 밑줄 친 ①에 대한 가장 적절한 의미는?**

① 그러한 이득들
② Darwin과 Mendel
③ 상상할 수 없는 응용들
④ 기술적인 이점들
⑤ 유전과학의 토대

�‿ 'could they have been' 이하에 'supported with any such profits in mind'가 생략된 형태임을 통해, 다윈과 멘델을 가리키는 점을 유추할 수 있다.

정답 ②

21_[지칭어] 밑줄 친 ②에 대한 가장 적절한 의미는?

① **◿** 마구간은 상징적인 표현이므로 논리 관계가 틀렸다.
② **◿** 첫 문장의 내용은 옳지만, '그러나' 이하의 내용에서 대상은 과학자들이므로 경마라는 대상이 틀렸다.
③ **◿** 과학자들과 경마라는 대상이 틀렸다.
④ **◿** 과학자들과 경마를 하는 사람들이라는 대상이 틀렸다.
⑤ **◿** 마지막 문장에서 언급된 마구간은 위 글의 내용으로 미루어 보아 연구를 할 수 있는 공간으로 유추가 가능하다.

정답 ⑤

해석 순수과학이 통념상 쓸모없는 것처럼 보일런지도 모른다. 그러나 장기적으로는 순수과학 때문에 경제와 기술의 이점을 만들어낼 것이다. 오늘 우리가 순수과학에 투자를 그만둔다면, 내일은 응용과학이 없을 것이다. 찰스 다윈의 진화이론과 멘델의 식물 유전법칙은 유전과학의 기초를 세웠다. 결국 DNA의 발견을 이끌어냈고, 엄청난 응용을 하는 유전공학을 이끌어 냈다. 그러나 다윈과 멘델은 어떠한 이익도 마음에 두지 않았고, 그럴 수도 없었다. 말들에게 내기를 하듯이 순수과학자들에게 한 국가가 내기를 할 수는 없다. 그러나 마구간을 지을 수는 있다.

Check

▶**도치와 생략**

앞서 나온 동사가 조동사의 본동사로 쓰일 경우 생략이 가능하다.

Darwin and Mendel were not *supported* with any such profits in mind, nor could they *have been* (supported with any such profits in mind).

⇒ 앞서 나온 'support의 과거분사인 supported'가 이하에서 또 반복되면서, 생략을 해도 의미 전달에 하자가 없으므로, 생략이 되었다. 또한 nor라는 등위접속사는 자체가 부정어를 포함하므로 도치가 발생했다.

□ **다음 글을 읽고 물음에 답하시오.**

In 1913 Albert Schweizer and his wife, Helene, sailed for Africa in which many people suffered from diseases. Helene, whom he had married the year before, shared his wish to work in Africa. While he studied to become a doctor, she studied to become a nurse. Together they planned to open a hospital at Lambarene in Gabon, which was then a French colony.

Dr. Schweizer's hospital was on the banks of the Ogowe River. One day, during a journey up the great river the words "reverence for life" came into his mind. He thought these words best expressed his respect for all living things — animals, birds, trees and flowers, as well as human beings. His faith had much in common with the religions of the East which he had studied. Gandhi had respect for all forms of life. So did Schweizer.

In 1952 he won Nobel Peace Prize for his contribution to all human beings. This money helped to build a hospital for leper patients. He provided one example of brotherly love.

22 Dr. Schweizer set an example of __________.

① political leader　　　　② brotherly love
③ religious faith　　　　④ peaceful life

23 By "reverence for life" Schweizer meant __________.

① love of all living things
② his true affection of his wife
③ he was satisfied with his career as a doctor
④ the human love of the poor, the sick, and the deserted

24 Albert Schweizer got married to Helene __________.

① in 1913　　　　② in 1912
③ in 1911　　　　④ in 1952

어구 sail for~ ~를 향해 항해하다 │ colony 식민지 │ bank 강둑, 제방 │ journey 여행 │ reverence 경외, 존경 │ come to one's mind 생각이 떠오르다 │ have much in common 공통점이 많다 │ win a prize 상을 타다 │ contribution 공헌, 기여 │ leper patients 나병 환자들 │ brotherly love 형제애 │ example 모범, 예 〔보기〕 affection 애정 │ deserted 버림받은, 버려진 │ set an example of ~의 본보기가 되다, 모범을 보이다

해설 **22 〔특정정보〕 슈바이처 박사는 어떠한 모범을 보였는가?**

① 정치적 지도자
② 형제애
③ 종교적 믿음
④ 평화로운 삶

◐ 두 번째 단락에서 '인간뿐만 아니라 동물, 새, 꽃 과 같은 모든 생명체에 경외감을 표출했으며, 이를 결론지어서 마지막 문장에서 형제애의 본보기를 보였다고 진술되었다.

정답 ②

23 〔특정정보〕 "생명에 대한 경외심"을 통해서 슈바이처 박사는 무엇을 표현하려 하는가?

① 모든 생명체에 대한 사랑
② 부인에 대한 자신의 진정한 애정
③ 의사로서 자신의 경력에 대해 만족하고 있다는 점
④ 빈자들과 병자들과 버려진 사람들에 대한 인류애

◐ 두 번째 단락을 통해, '생명에 대한 경외' 는 모든 살아있는 생명을 사랑하는 것을 의미함을 알 수 있다.

정답 ①

24 〔특정정보〕 슈바이처 박사는 헬렌과 언제 결혼했는가?

① 1913
② 1912
③ 1911
④ 1952

◐ 첫 문장에서 '슈바이처와 부인인 헬렌이 아프리카로 떠났는데', 두 번째 문장에서 '전년도에 결혼을 했었다' 고 했으므로 1913년 전해인 1912년에 결혼했음을 알 수 있다.

정답 ②

해석 1913년 알버트 슈바이처와 그의 아내 헬레네는 배를 타고 많은 사람들이 질병으로 고통받는 아프리카로 향했다. 전년도에 결혼한 헬레네는 아프리카에서 일하고자 하는 그의 소망을 함께 했다. 그가 의사가 되기 위해 공부하는 동안, 그녀는 간호사가 되고자 공부하였다. 그들은 당시 프랑스 식민지였던 가봉의 램바랜느에서 병원을 개업하기로 계획하였다. 슈바이처 박사의 병원은 오고위 강둑에 위치하였다. 큰 강을 거슬러 올라 여행하던 어느 날 "생명에 대한 경외감"이라는 말이 떠올랐다. 그는 이 말이 인간뿐만 아니라 동물, 새, 나무, 꽃과 같은 모든 생명체들에 대한 자신의 경의를 가장 잘 표현한다고 생각했다. 그의 신념은 자신이 공부하였던 동양의 종교들과 공통점이 많았다. 간디는 모든 형태의 생명체들을 존중하였듯이 슈바이처 또한 그러했다.

1952년에 그는 모든 인류에게 기여한 공로로 노벨 평화상을 받았다. 이 돈은 나병환자들을 위한 병원을 건립하는 데 보태어졌다. 그는 형제애의 한 본보기를 제공했다.

'dash' 는 '여담' 이나 '부가적인 내용' 을 추가적으로 설명할 때 쓰인다.

He thought (that) these words best expressed his respect for all living things (A) *animals, birds, trees and flowers*, as well as (B) *human beings*.

⇨ A as well as B 구문으로서 'B뿐만 아니라 A도' 의 구문을 통해 앞서 나온 'all living things' 의 부가 설명을 하고 있다.

memo

□ 다음 글을 읽고 물음에 답하시오.

In American ideology, the individual reigns supreme. Historically, our culture has championed no single group, but it has championed the idea of the individual man or woman. The historian Frederick Jackson Turner proposed that the westward expansion and frontier experience of the 19th century was a major force in shaping Ⓐ <u>this aspect of our national character</u>.

In fact, we train our children to define and distinguish themselves from their peers, to be self-reliant and autonomous. Indeed, from a very early age, selfhood and independence are stressed. Children learn they must stand on their own two feet in a competitive world where self-reliance and self-realization are the name of the game. It is Ⓑ __________ then that in comparison to many other cultures, we are more tolerant of individual differences and non-conformity.

25 밑줄 친 Ⓐ가 가리키는 것으로 가장 적절한 것은?

① pragmatism
② ethnocentrism
③ individualism
④ realism
⑤ collectivism

26 밑줄 친 Ⓑ에 들어갈 가장 적절한 것은?

① not provable
② unreasonable
③ out of the question
④ not surprising
⑤ extraordinary

 **Check**

어구 **reign** 군림하다, 지배하다 │ **supreme** 최고, 절정 │ **westward expansion** 서부개척 │ **champion** 옹호하다, 지지하다 │ **distinguish A from B** A와 B를 구별하다 │ **self-reliant** 자기 의존적인 │ **autonomous** 자율의 │ **indeed** 실로, 참으로 │ **selfhood** 자아 │ **stress** 강조하다 │ **competitive** 경쟁적인 │ **stand on one's own feet** 자립하다 │ **self-realization** 자아실현 │ **the name of the game** 중요한 것, 본질 │ **in comparison to** ~와 비교하여 │ **be tolerant of** ~에 관대하다 │ **non-conformity** 불일치 〔보기〕 **pragmatism** 실용주의 │ **ethnocentrism** 자기민족 중심주의 │ **individualism** 개인주의 │ **collectivism** 집단주의 │ **provable** 입증할 수 있는 │ **unreasonable** 비합리적인 │ **out of the question** 불가능한 │ **extraordinary** 뛰어난, 비범한

해설 **25_〔지칭어〕**

① 실용주의
② 자기민족 중심주의
③ 개인주의
④ 현실주의
⑤ 집단주의

◎ 첫 단락의 첫 문장과 두 번째 문장에서 '개인이 최고의 지위에 있고 역사적으로 그러했다'고 했으므로, '우리 국민성에 대한 이러한 견해'는 '개인주의'임을 유추할 수 있다.

정답 ③

26_〔문장완성〕

① 입증이 안 되는
② 타당하지 못한
③ 불가능한
④ 놀랍지 않은(=당연한)
⑤ 터무니없는

◎ 개인 간의 차이를 관대히 대한다는 것은 결국 개인주의의 가치를 인정한다는 내용과 순접으로 이어져야 한다. 이하의 that 절이 진주어가 되므로 그 내용을 보어로 설명하는 형용사는 '놀랍지 않고 당연한'이란 말이 옳다.

정답 ④

해석 미국의 이데올로기에서 개인은 최고의 지위에서 군림한다. 역사적으로 우리 문화는 단일 단체를 지지하지는 않지만 남녀 개개인의 생각은 지지를 했었다. 역사가인 Frederick Jackson Turner는 19세기의 서부개척과 경제지방에서의 경험이 우리의 국민성에 대한 이러한 견해를 만드는 데 있어서 중요한 영향을 미쳤다고 알린다.

사실, 우리는 우리 아이들을 그들의 친구들과 경계를 만들고 구별하도록 하고 자기 의존적이고 자주적인 사람이 되도록 가르친다. 실로, 매우 어린 나이 때부터 자아와 독립이 강조된다. 아이들은 자기 의존과 자아 실현이 중요한 것으로 여겨지는 자유경쟁세계에서 자신의 두 발로 일어서야만 한다는 것을 배운다.

그러므로 여러 서로 다른 문화와 비교를 할 때, 우리가 개인 간의 차이점과 불일치에 대해 더 관대하다는 것은 전혀 놀라운 것이 아니다.

▶ 전치사구의 삽입

It is unreasonable then / 가주어 it이 이끄는 주절

that <*in comparison to many other cultures*>, we are more tolerant of individual differences and non-conformity./ 진주어 that 절

⇨ 전치사구인 'in comparison to many other cultures'가 진주어 that 절안의 접속사 that과 주어 we 사이에 삽입된 형태이다.

memo

□ 다음 글을 읽고 물음에 답하시오.

For more than 30 years, most researchers agreed that the healthiest diets were those low in percentage of calories attributable to fat. Now they realize that there are good types of fat as well as bad ones. The good fats — found in foods like fish, olive oil, avocados and walnuts — actually improve cholesterol levels in the blood. As for the bad fats, there are now <u>two villains</u> instead of just one. Saturated fats — typically found in red meat, butter and ice cream — are still champion artery cloggers. But trans fats — found primarily not only in processed foods, such as margarines and many commercially baked or fried foods, but also in whole milk — may be even worse.

27 Which of the following is the most appropriate title?

① Why Should We Lose Fat?
② Ways to Cook Low Fat Foods
③ Are All Fats Harmful?
④ Lowering Blood Pressure
⑤ Diets for Balanced Nutrition

28 밑줄 친 two villains의 범주에 속하는 것들로만 알맞게 짝지은 것은?

① olive oil - walnuts   ② avocados - ice cream
③ fish - red meat   ④ butter - whole milk
⑤ walnuts - margarines

어구 attributable to ~에 원인·탓을 돌리는 | avocado 열대과일 | walnut 호두 | as for ~의 경우에 | villain 악당 | just 정의로운, 올바른; 올바르게, 단지 | saturated fat 포화지방 | champion 상당히, 최고로; 승리하다; 우승자; 우승한, 훌륭한 | artery 동맥 | clogger 방해자 | trans fat 전이지방 | whole milk 전유 [보기] harmful 해로운 | balanced 조화로운

Check

▶**주격관계대명사+be 동사의 생략**

주격관계대명사+be 동사는 생략이 가능하다.

the healthiest diets were those/ 가장 건강에 좋은 다이어트는 이것들이다.

(which were) low in percentage of calories/ 칼로리의 비율이 낮은

(which were) attributable to fat/ 지방의 원인이 되는

⇨ 'low in percentage of calories'라는 형용사구는 앞의 선행사 those를 후치 수식 하며, 'attributable to fat' 또한 선행사 'calories'를 수식하는 형용사구이다. 각각 선행사와 형용사 사이에 'which were'가 생략되었다.

해설 **27_〔제목〕 위 글의 적절한 제목은?**

① 우리는 왜 지방을 줄여야 하는가?
② 저지방 음식 요리법
③ 모든 지방들이 해로운가?
④ 혈압 낮추기
⑤ 조화된 영양 다이어트

◎ 지방에는 나쁜 지방만 있는 것이 아니라 좋은 지방도 있다는 '좋은 지방과 나쁜 지방의 비교·대조' 글이므로 '모든 지방들이 해로운가?' 라는 제목에 대한 답변식 글이 될 수 있다.

정답 ③

28_〔지칭어〕 밑줄 친 two villains의 범주에 속하는 것들로만 알맞게 짝지은 것은?

① 올리브기름 – 호두
② 열대과일 – 아이스크림
③ 생선 – 적색 고기
④ 버터 – 전유
⑤ 완두콩 – 마가린

◎ 적색육과 버터, 아이스크림의 포화지방과 마가린과 상업용 음식 또는 전유의 전이지방은 해로운 지방이다.

정답 ④

해석 30년 이상 대부분의 연구원들은 지방에 기인하는 칼로리의 적은 비율을 갖춘 것이 가장 건강에 좋은 식품이라는 데 동의했다. 지금 지방에는 나쁜 점뿐만 아니라 좋은 점도 있다는 사실을 이해한다. 생선, 올리브기름, 열대과일, 호두와 같은 음식에서 발견되는 좋은 지방은 실제로 혈액의 콜레스테롤 수치를 증가시킨다. 유해한 지방의 경우는, 단지 한 개가 아닌 두 개의 악당이 있다. 적색육, 버터와 아이스크림에서 늘상 발견되는 포화지방은 여전히 가장 심하게 동맥을 막는 주범이다. 그러나 마가린이나 상업적으로 구워지거나 튀겨진 많은 음식들과 전유와 같은 가공식품에서 주로 발견되는 전이지방은 심지어 건강에 더 안 좋을 수 있다.

□ 다음 글을 읽고 물음에 답하시오.

Men who read the works of Balzac and Zola are not deceived by the claims of these writers that ㉠ they do no more than record the facts. Likewise, the readers of Christopher Isherwood's works do not take him ㉡ ____ when he writes, "I am a camera." Yet the same readers solemnly carry with ㉢ them from their school days this foolish picture of the scientist fixing by some mechanical process the facts of nature.

29 Choose the one which best fills the blank ㉡ ?

① frigidly　　　　② literally
③ creatively　　　④ continually
⑤ understandably

30 밑줄 친 ㉠과 ㉢이 가리키는 것으로 가장 알맞은 것은?

① the facts - Isherwood's works
② the claims - the same readers
③ the claims - Isherwood's works
④ these writers - Balzac and Zola
⑤ these writers - the same readers

어구　deceive 속이다 ｜ **no more than** 단지, 겨우 ｜ **take ~ literally** 문자 그대로 받아들이다 ｜ **solemnly** 엄숙하게 ｜ **foolish** 어리석은 ｜ **fix** 응시하다, (마음에) 새기다 [보기] **frigidly** 냉정하게 ｜ **literally** 문자 그대로 ｜ **creatively** 창조적으로 ｜ **understandably** 이해할 수 있게

해설　**29_(문장완성) 빈칸 ⓛ에 들어갈 가장 적당한 말은?**

① 냉정하게
② 정말로, 사실 그대로
③ 창조적으로
④ 지속적으로
⑤ 이해할 수 있게

　◎ 첫 문장에서 '사실'만을 기록했다는 점에 속지 않는다고 했으며, '순접-비유' 논리정보 장치인 'likewise'에 의해서 마찬가지로 '속지 않는다.'는 논리가 필요하다. 부정어 'not'이 위치했으므로 '사실 그대로'라는 뜻을 가진 'literally'가 옳다.

정답 ②

30_(지칭어)

① 사실들 – Isherwood의 작품들
② 주장들 – 같은 독자들
③ 주장들 – Isherwood의 작품들
④ 이 작가들 – Balzac과 Zola
⑤ 이 작가들 – 같은 독자들

　◎ ㉠- that 절 이하는 claims를 꾸며주는 동격절이며, 이하의 동사인 'do no more than record'를 통해서 '사실들을 기록할 수 있는 주체'이어야 한다. 따라서 '작가들'이 옳다.
　㉡- 어렸을 적부터 속고 마음속에 지니고 살아야 하므로 문장의 주어인 '같은 독자들'이 옳다.

정답 ⑤

해석　Balzac와 Zola의 작품을 읽는 이들은 Balzac와 Zola는 단지 사실만을 기록했다는 이 작가들의 주장에 속지 않는다. 마찬가지로, Christopher Isherwood 작품을 읽는 이들은, Christopher가 '자신이 카메라다'라고 기술했을 때, 문자 그대로 받아들이지 않는다. 그러나 이 독자들은 몇몇 기계적 과정을 통해서 자연의 진실을 바라보는 과학자의 어리석은 사진을 학창 시절부터 엄숙하게 가지고 다닌다.

Check

▶ 삽입된 전치사구

the same readers solemnly *carry* <with them from their school days> *this foolish picture of the scientist/*
⇒ 동사 carry와 목적어인 'this foolish picture of the scientist' 사이에 전치사구 'with ~ days'가 삽입된 형태이다.

fixing <by some mechanical process> *the facts of nature./*
⇒ 선행사 scientist를 수식하는 분사 fixing과 목적어 the facts of nature 사이에 전치사구 'by ~ process'가 삽입된 형태이다.

memo

□ 다음 글을 읽고 물음에 답하시오.

Among the few things certain about the next century is that it will be wired, networked and global. Because national borders will be unable to block the flow of information and innovation, the societies that ⓐ <u>thrive</u> will be those that are comfortable with ⓑ __________ and with the free flow of services, goods and ideas.

31 The underlined part ⓐ refers to __________.

① grow or prosper vigorously
② produce many kinds of need
③ be frugal or practice thrift
④ be economically unstable

32 Choose the one which best fills the blank ⓑ.

① management　　　② openness
③ happiness　　　④ contentment

어구　**wired** 유선화된 ｜ **networked** 네트워크화된 ｜ **national border** 국경선 ｜ **block** 막다, 차단하다 ｜ **flow** 흐름, 유입, 유출 ｜ **thrive** 번창하다 〔보기〕 **unstable** 불안정한 ｜ **frugal** 검소한 ｜ **prosper** 번영하다 ｜ **vigorously** 원기왕성하게, 활발히 ｜ **openness** 개방, 솔직함 ｜ **contentment** 만족

해설　**31_〔지칭어〕 밑줄 친 ⓐ가 가리키는 것은?**

① 왕성하게 성장하거나 번창하다
② 필요한 모든 종류들을 생산하다
③ 소박하거나 검소한 생활을 하다
④ 경제적으로 불안정하다

◎ thrive '번창하다, 성공하다' 는 뜻 이외에 '신체적으로 건강하다' 는 뜻도 가진다. (to become very successful or very strong and healthy)

정답 ①

32_〔문장완성〕 빈 칸 ⓑ에 들어갈 알맞은 말은?

① 관리, 경영
② 개방 상태
③ 행복
④ 만족

◎ 'and' 라는 '순접-열거' 논리정보 장치를 통해서 이하에 'the free flow(자유로운 유입)' 가 등장한다. 이와 순접으로 연결될 수 있는 내용은 '개방' 이다.

정답 ②

해석　다음 세기에 대하여 확실한 몇 가지 중 유선화, 네트워크화, 그리고 세계화가 될 것이라는 점이다. 국경선이 정보와 혁신의 범람을 막지는 못할 것이기 때문에 번창하는 사회는 서비스, 상품과 아이디어들의 개방과 자유로운 유입에 익숙하게 될 것이다.

Check

▶ 'among+명사' 의 도치

'among+명사' 가 문두로 위치할 경우, 도치가 발생한다.

That it will be wired, networked and global/ 주어인 that 절

is *among the few things certain about the next century.*/ be동사 + among 전치사구

= *Among the few things certain about the next century*/ among 전치사구

is that it will be wired, networked and global./ be동사 + 주어 that 절

⇨ 'among+ 명사' 가 문두로 위치하여 'be 동사 + that 절 주어' 어순으로 도치가 발생했다.

□ Read the passages and answer the questions.

Trade exists for many reasons. No doubt it started from a desire to have something different. Men also realized that different men could make different productions. Trade encouraged specialization, which led to improve in quality. Trade started from person to person, but grew to involve different towns and different land. Some found work in transporting the goods or selling them. Merchants grew rich as the demand for products increased. Craftsmen were able to sell more products at home and abroad. People in general had a greater variety of things to choose.

The knowledge of new products led to an interest in the lands which produced them. More daring persons went to see other lands. Others stayed at home, but asked many questions of the travellers. As people learned about the products and the conditions in other countries, (a) <u>they</u> compared them with their own. This often led to a desire for better conditions or hope for a better life. Trade was mainly an economic force, but (b) <u>it</u> also had other effects.

33 Choose the one which underlined parts (a) and (b) refer to.

① the products and the conditions - economic force
② merchants - knowledge of new products
③ people - trade
④ craftsmen - better life
⑤ new products - desire

34 Which statement is true about the above passage?

① People compared other countries with their own countries.
② More adventurous people kept asking questions of travellers.
③ Trade was nothing but an economic force.
④ Some people got new jobs in transporting or selling goods as trade grew.
⑤ Curiosity didn't arise in spite of the knowledge of new products in the lands which produced them.

□ 다음 글을 읽고 물음에 답하시오.

어구　no doubt 의심할 바 없이 ｜ encourage 권장하다, 격려하다 ｜ specialization 분업화 ｜ lead to 야기하다, 초래하다 ｜ grow to R 성장해서 ~하다 ｜ transport 운송하다 ｜ craftsman 장인 ｜ a variety of 다양한(different) ｜ daring 용감한, 뻔뻔한 ｜ compare A with B A와 B를 비교하다 ｜ hope for ~을 희망하다 ｜ mainly 가장, 우선 〔보기〕 ｜ adventurous 대담한, 모험을 즐기는 ｜ curiosity 호기심 ｜ keep ~ing 계속 ~을 하다 ｜ ask A of B A를 B에게 물어보다 ｜ nothing but 단지 ~일 뿐이다 ｜ arise 발생하다

해설　**33_〔지칭어〕 밑줄 친 (a)와 (b)가 가리키는 것은?**

① 상품들과 상황들 – 경제적 힘
② 상인들 – 신상품에 대한 지식
③ 사람들 – 무역
④ 장인들 – 개선될 삶
⑤ 신상품들 – 소망

◐ 상품과 상황을 비교하는 주체는 사람들(people)이며, it은 문맥상 but 앞의 문장의 주어인 trade를 가리킨다.

정답 ③

34_〔일치〕 위 글과 일치하는 것은?

① 사람들은 다른 국가들과 자신들의 국가를 비교했다.
② 모험심이 더 많았던 이들이 여행하는 이들에게 계속해서 질문을 했다.
③ 무역은 정말로 경제적인 힘일 뿐이다.
④ 무역이 성장함에 따라서 몇몇 사람들은 상품들을 운송하거나 판매하는 직장을 얻게 되었다.
⑤ 신상품을 만들어냈던 나라들에서 그 신상품들에 대한 지식에도 불구하고 호기심은 생기지 않았다.

◐ 첫 단락 일곱 번째 문장(Some found work~)에서 보기 ④번의 직접적인 설명이 언급되었다.

정답 ④

해석　무역은 많은 이유 때문에 존재한다. 의심할 바 없이, 무역은 무엇인가 다른 것을 갖고자 하는 욕구에서 야기되었다. 사람들은 다른 사람들이 다른 제품을 만들 수 있는 것을 이해하게 되었다. 무역으로 인해 분업화를 권장하게 되었고 이것은 질적인 발전을 이끌어 냈다. 무역은 사람들 사이에서 시작되었지만, 점점 발전하여 여러 도시와 나라들과 연관되게 되었다. 어떤 사람들은 물품들을 운송하거나 판매하는 직업을 찾게 되었다. 상품의 수요가 증가함에 따라 상인들은 부자가 되었다. 장인들은 국내와 국외로 더 많은 상품을 팔 수 있게 되었다. 일반인들도 선택할 수 있는 많은 종류의 것들을 갖게 되었다.
새로운 생산품에 대한 지식은 그것을 생산한 지역에 대한 관심을 야기시켰다. 보다 과감한 사람들은 다른 지역으로 갔다. 다른 사람들은 살던 곳에 머물렀지만, 여행자들에게 많은 질문을 했다. 사람들이 다른 나라의 상품들과 상황들을 알면서 그것들을 자신들의 것과 비교하였다. 이는 더 나은 삶에 대한 희망과 더 나은 상황에 대한 욕망을 야기시켰다. 무역은 대개 경제적인 힘이었지만, 그것은 또한 다른 효과도 가져왔다.

Check

▶ **grow 동사**

grow 동사가 to 부정사와 연결되면 '결과적 용법으로서' '성장하여 ~하게 되다'는 뜻을 가지게 되며, 형용사와 연결되면 '시간적인 변화'로서 '불완전 자동사' 기능을 가지게 된다.

Trade grew to involve different towns and different land.
무역은 성장하여 여러 도시들과 다른 나라와 연관되게 된다.

Merchants grew rich.
상인들이 부자가 됐다.

□ Read the following passage and answer each the question.

When personal computers began showing up on desktops, there was the idea that this business tool would lead to something called the "paperless office."
The "paper office" theory went like this: people would use magnetic discs and computers in place of file folders and paper. Paper use, therefore, would decrease. This was supposed to help preserve resources and improve the world's solid-waste disposal problem.

35 What is the report about?

① Selling computers
② Desktop publishing
③ The "paperless office"
④ World problems

36 In the first sentence, this business tool refer to ________.

① screwdrivers
② magnetic discs
③ desktops
④ personal computers

37 What would the "paperless office" have done?

① Preserved resources
② Confused secretaries
③ Cut costs
④ Improved communication

□ 다음 글을 읽고 물음에 답하시오.

어구 show up 나타나다, 폭로하다 ┃ business tool 사무도구 ┃ paperless 정보나 데이터를 종이로 쓰지 않고 전달하는 ┃ go like ~하게 진행되다 ┃ magnetic 자석의, 매력 있는 ┃ in place of ~을 대신하여(in lieu of, instead of) ┃ be supposed to R ~하기로 되어 있다, ~하기로 기대된다 ┃ solid-waste 고형폐기물 [보기] screwdriver 나사돌리개

해설 **35_[주제] 무엇에 관한 보고인가?**

① 컴퓨터의 판매
② 탁상출판
③ 페이퍼리스 오피스
④ 세상의 문제점들

◑ 이 글은 '컴퓨터 따위의 정보처리 시스템과 전자우편 따위의 비즈니스 통신망을 이용하여 종이를 일체 쓰지 않는 사무 합리화 시스템'인 'paperless office'에 관한 내용이 주제이다.

정답 ③

36_[지칭어] 첫 문장의 'business tool'은 무엇을 가리키는가?

① 나사돌리개
② 자기 디스크
③ 탁상
④ 개인용 컴퓨터

◑ 개인용 컴퓨터들이 '종이를 낭비하지 않고 데스크 탑' 형식으로 출현했으므로, '페이퍼리스 오피스'가 등장할 수 있게 된 발단이 되는 것이다.

정답 ③

37_[지칭어] "paperless office"가 무엇을 했겠는가?

① 자원을 보존한다.
② 경비 체계를 복잡하게 한다.
③ 비용을 감소시켜 준다.
④ 통신 상태를 향상시킨다.

◑ 마지막 문장에서 '자원보존'과 '고형 폐기물 문제 해결'에 도움을 준다고 설명이 되었다.

정답 ①

해석 개인용 컴퓨터가 탁상 위에 모습을 드러냈을 때, 이 사무용 도구는 '종이가 없는 사무실'이라 일컬어지는 것으로 초래될 것이라는 생각이 있었다.

'종이 사무실' 이론은 즉 이러하다. 사람들이 서류철 폴더와 종이 대신에 자기 디스크와 컴퓨터를 사용할 것이라는 것이다. 따라서 종이의 이용은 감소할 것이다. 이러한 점이 자원을 보존하고 전 세계의 고형 폐기물 문제를 향상시키는 데 도움을 줄 것으로 추정된다.

Check

▶ **동격의 that 절**

접속사 that이 이끄는 명사절은 'idea, belief, news, suggestion' 등과 결합하여 동격을 이끈다.

There was *the idea* that this business tool would lead to something called the "paperless office."

⇨ the idea라는 명사를 이하의 'that'절이 동격으로 연결된 문장이다. that 절 안의 'lead to'의 목적어 something을 이하의 'called the "paperless office"'라는 과거분사구문이 수식해주는 형태이다.

□ Read the following and answer the question.

Many people are worried about what TV has done to the generation of children who have grown up watching it. For one thing, recent studies tend to show that TV stifles creative imagination. Some teachers feel that TV has taken away the child's ability to form mental pictures in his own mind, resulting in children who can't understand a simple story without visual illustrations. Secondly, too much TV too early tends to cause children to withdraw from real-life experiences. Thus, they grow up to be passive spectators who (1) ____________, but not initiate it. The third area for concern is the serious complaint frequently made by elementary school teachers that <u>children exhibit a low tolerance for the frustration of learning</u>. Because they have been conditioned to see all problems resolved in 30 or 60 minutes on TV, they are quickly discouraged by any activity that promises less than instant gratification. But perhaps the most serious result is the impact of television violence on children, who have come to regard it as an everyday thing. Not only does this increase their tolerance to violent behaviour in others, but most authorities now concede that under certain conditions, some children will imitate antisocial acts that they witness on TV.

38 Which one best fills blank (1) ____________?

① can only respond to action
② merely look on life
③ are willing to participate in action
④ act as they are told to

 **Check**

□ 다음 글을 읽고 물음에 답하시오.

어구   tend to R ~하는 경향이 있다 | stifle 억누르다 | take away 줄이다, 없애다 | result in ~ 결과를 초래하다 | illustration 삽화, 예증 | withdraw 철수하다 | passive 수동적인 | spectator 구경꾼 | initiate 시작하다 | complaint 불평 | toleration 인내 | elementary school 초등학교 | frustration 좌절 | condition 결정하다, 습관화하다 | discouraged 낙담한 | gratification 만족 | tolerance 관용, 인내 | concede 인정하다, 양보하다 | imitate 흉내내다 | antisocial 반사회적인 | witness 증언하다 [보기] look on 구경하다, 방관하다 | be willing to R 기꺼이 ~하다 | participate in ~에 참여하다 | be told to R ~하도록 명령받다 | boring 따분한 | uninterested 공평한, 무관심한 | put up with 견디다 | selfish 이기적인 | pleasure-loving 쾌락을 좋아하는 | prone to violence 난폭해지기 쉬운 | cannot R without A A하지 않고서는 ~할 수 없다, ~할 때마다 A를 하다 | authorities 당국 | lead A to R A로 하여금 ~하게 하다 | nowadays 오늘날에 | seek for 추구하다 | momentary 순간의

해설   38_(문장완성) 빈 칸에 맞는 것을 고르세요.

① 행동에만 단지 반응할 뿐이다.
② 삶을 단지 방관할 뿐이다.
③ 기꺼이 행동하려고 한다.
④ 명령받은 대로 행동하다

◎ but 이하에서 '시작하려 하지 않는다.'는 내용이 나왔는데, but으로 인해 괄호는 반대의 의미가 필요하다. '자발적인 시작'과 반대의 관계는 '수동적인 반응'을 의미하는 ①이 가장 옳다. ④의 'be told to R'의 뜻인 '명령받다'는 '복종'의 관계이므로 틀리다.

정답 ①

▶ **동격의 that 절**

'사실(fact, truth)', '생각(belief, idea, opinion)'과 같은 '관념'의 명사들은 '완전한 that 절'을 동격으로 이어서 받을 수 있다.

The third area for concern is the serious *complaint*/ 주절

(frequently *made* by elementary school teachers)/ 선행사 complaint를 수식하는 과거분사구문

that children exhibit a low tolerance for the frustration of learning./ 선행사 complaint를 수식하는 동격의 that 절

⇒ 'that children ~ of learning'이라는 that 절 이하가 선행사 'complaint'를 받아서 동격으로 설명되고 있는데, 그 사이에 과거분사구문인 'frequently made ~ teachers'가 complaint를 또 후치 수식하고 있는 형태이다.

39 What is the meaning of the underlined sentence within the context of the above passage?

① children find learning difficult because they find it boring.

② learning is a frustrating process for children because they cannot handle it.

③ children are unable to learn when they are uninterested and frustrated.

④ children find it difficult to put up with learning which takes time and effort.

40 Which is NOT mentioned as a bad effect of television?

① TV sometimes makes children behave in anti-social ways.

② TV kills creativity in children.

③ TV tends to make children selfish and pleasure-loving.

④ TV tends to make children more prone to violence.

41 Which is NOT true of the children in the above passage?

① Children who have grown up watching too much TV cannot understand stories without looking at the pictures.

② Most authorities acknowledge that violent actions on TV can lead some children to behave in the same way.

③ Children nowadays are less patient about activities which do not provide immediate satisfaction.

④ Children nowadays are always seeking for momentary pleasures.

해설

39 [지칭어] 밑줄 친 부분의 의미는?

① 아이들은 학습이 지루하다고 판단하기 때문에 학습이 힘들다고 생각한다.

② 아이들은 학습을 통제할 수가 없어서 학습은 실망감을 안겨주는 과정이다.

③ 아이들이 관심이 없고 좌절감을 느낄 때 학습을 할 수 없게 된다.

④ 아이들은 시간과 노력을 들이는 공부를 견디기 힘들다고 판단한다.

　▶ '아이들이 학습의 좌절에 대해 약한 인내심을 보인다' 는 내용은 결국 '시간과 노력을 들이는 공부를 견뎌내기 힘들어 한다고 판단한다' 는 내용과 일치된다.

정답 ④

40 [특정정보] TV의 악효과로서 언급되지 않은 내용은?

① TV는 이따금씩 아이들로 하여금 반사회적인 행동을 하게끔 한다.

② TV는 아이들의 창조성을 없애 버린다.

③ TV는 아이들로 하여금 이기적이고 쾌락을 추구하게끔 하는 경향이 있다.

④ TV는 아이들로 하여금 더 폭력적인 경향을 갖게 하는 경향이 있다.

　▶ TV가 아이들로 하여금 이기적이고 쾌락을 추구하게끔 한다는 악효과에 대해서는 본문에 언급된 바 없는 설명이다.

정답 ③

41 [특정정보] 아이들에 대한 설명으로서 틀린 내용은?

① TV를 너무 많이 시청하면서 성장한 아이들은 그림을 보지 않고서는 이야기를 이해할 수 없게 된다.

② 대부분의 당국이 인정하기를 TV의 폭력 모습들이 몇몇 아이들로 하여금 동일하게(폭력적으로) 행동하게끔 야기한다고 한다.

③ 오늘날 아이들은 즉각적인 만족을 제공하지 않는 행동들에 대해서 참을성이 부족해졌다.

④ 아이들은 오늘날 순간적인 즐거움을 계속해서 추구하고 있다.

　▶ 아이들은 '즉각적인 만족' 을 원하는 것이지, 그 '기간의 지속성의 짧음' 을 의미하는 '순간적이고 찰나적인 기쁨만을 계속해서 추구한다' 는 것은 확장 유추이다.

정답 ④

해석　많은 사람들이 TV를 보면서 성장하는 아이들 세대에 TV가 주는 영향에 대해 걱정한다. 첫째, 최근의 연구에 의하면 TV는 창조적인 상상력을 억누른다고 한다. 일부 교사들이 느끼기에 TV는 아이들의 마음속에 정신적인 영상을 구성할 수 있는 능력을 없애버려서, 아이들이 단순한 이야기조차 시각적인 삽화 없이는 이해할 수 없다고 한다. 둘째, 너무나 많은 TV 방송 때문에 아이들이 너무 일찍부터 현실의 경험에서 등을 돌리게 되는 경향이 있다. 그리하여 아이들은 수동적인 구경꾼으로 성장하여 단지 행동에는 반응을 할 수 있지만, 시작하지는 못한다. 걱정에 대한 세 번째 영역으로는 심각한 불평을 초등학교 교사들이 하게 되는데, 아이들이 공부에서의 좌절감에 대해 약한 참을성을 나타낸다고 한다. 아이들은 모든 문제들을 30분 내지는 60분 안에 해결하는 것이 습관화되어 있기 때문에 즉각적인 만족이 약속되지 않는 어느 행동에 대해서도 빨리 낙담한다. 그러나 아마도 가장 심각한 결과는 아이들에 대한 TV에 나오는 폭력 때문일 것이다. 아이들은 폭력을 일상적인 것으로 여기게 된다. 이 영향은 다른 사람들의 난폭한 행동에 대한 인내심을 키울 뿐만 아니라 어떤 상태하에서 아이들은 TV에서 목격한 반사회적인 행동을 모방할 것이다.

Chapter **8**

추론

제8장

추론

1. 유형 정의

추론은 지문 내용에 의해 돌출되는 결론이다. 지문의 내용에 의해서만 직접적으로 얻어지는 것이 아닌, 지문의 전체 내용과 세부 내용에 관한 것으로부터 함축적이면서도 묵시적으로 얻어지는 것을 말한다. 순수 추론 문제가 어떠한 것일 수 있느냐에 대해서 논란이 많을 만큼 앞서 공부한 '특정 정보 파악'과 '일치·불일치'의 문제들에서도 이러한 추론적 이해를 요하고 있다. 따라서 본장에서는 문제의 설문 자체가 직접적으로 '추론'이란 명제를 제시하고 있는 문제들로 국한한다.

2. 공략 방법

(1) 추론 문제는 지문 속에서 언급된 정보를 통해 추출할 수 있는 정보에 국한하므로, 지문에서 다루어지는 내용에서 범위를 지나치게 넓혀 나가기보다는 지문에서 얻어진 내용에 근거한 내용과 연결될 수 있는지에 대해 미시적으로 판단해야 한다.

(2) 글 전체의 내용을 담고 있는 주제문을 파악한 후 그 논리적 흐름에 맞게 연결될 수 있는 내용인지 판단해야 한다.

(3) 실제 시험에서 이 문제가 추론 문제냐 아니냐는 설문만 보고서는 알 수 없다. 즉 결과적인 측면이 강하며, 앞서 다룬 '특정 정보'와 '일치·불일치'의 문제 유형 또한 상당수의 문제들이 추론 문제라고 생각해도 좋다.

3. 설문 유형

- It can be inferred from the passage that _______________.
- The author implies that the revised test _________
- From the passage, we can infer that _________.
- Which of the following can be inferred from the passage?
- Which is not implied in the passage?
- Which of the following conclusions can properly be drawn from the passage?
- Which of the following is assumed by the author of the passage?

1 다음 글에서 저자는 무엇에 대해 말하고 있는가?

Trying to get a driver's license was impossible because I knew I couldn't pass the written test. Even simple street directions were problems because I was not able to read signs. At the same time, I was ashamed to tell my friends I couldn't read, so I bluffed a lot. I memorized landmarks in order to get around.

① landmarks ② road signs
③ his illiteracy ④ driver's license

2 다음 글을 읽고 무엇을 설명하는지 알맞은 것을 고르시오.

Whenever you make a noise, you are making waves of sound that travel through the air. Although you can't see these sound waves, they touch things all around you. Usually, the sound waves fade as they travel. But sometimes the sound waves hit something and bounce back. Then you can hear the same sound twice. It's like a ball that bounces back toward you when you throw it against a wall.

① a clap ② an echo
③ an yo-yo ④ a bat

1   [추론일치]

어구 **driver's license** 운전면허증 | **street direction** 도로표시 | **bluff** 허세를 부리다 | **get around** 돌아다니다 [보기] **landmark** 경계표, 획기적인 사건 | **illiteracy** 문맹

해설 ① 경계표   ② 도로 표시   ③ 작가의 문맹 상태   ④ 운전면허증

◎ 이 글은 자신이 글을 읽지 못하는 작가의 경험을 쓴 글이다.

해석 나는 필기시험을 통과할 수 없었기 때문에 운전면허를 취득하는 것은 불가능했다. 심지어 가장 쉬운 도로표시들조차도 읽을 수 없었기 때문에 문제가 되었다. 동시에, 나는 글을 읽지 못한다는 점을 내 친구들에게 말하는 것이 부끄러웠다. 그래서 나는 허세를 많이 부렸다. 나는 돌아다니기 위해서 경계표지들을 암기했다.   **정답** ③

2   [추론일치]

어구 **make a noise** 시끄럽게 하다, 떠들다 | **sound wave** 음파 | **all around** 도처에, 사방에 | **fade** 흐릿해지다, 바래다, 시들다, 사라지다 | **bounce back** 되돌아오다 | **twice** 두 번의, 두 차례 [보기] **clap** 찰싹, 콰르릉, 쾅, 짝짝(천둥 · 문닫는 소리 · 박수소리 따위) | **echo** 메아리, 반향, 흉내 | **yo-yo** 요요(장남감의 일종), 변덕쟁이

해설 ① 천둥 · 문 닫는 소리 · 박수 소리   ② 반향, 메아리
③ 요요   ④ 박쥐

◎ 음파를 만들어내고, 그 음파에 따라 되돌아오고, 같은 소리를 두 번 듣는 것은 'echo' 의 정의를 말하는 것이다.

해석 당신이 시끄럽게는 때마다, 당신은 공기를 통해 이동하는 음파를 만든다. 비록 당신이 이런 음파를 볼 수 없지만, 그들은 당신 주변에 있는 모든 것을 접촉한다. 일반적으로 음파는 움직임에 따라서 흐려진다. 그러나 가끔씩 음파는 어떤 것에 부딪혀서 되돌아온다. 그래서 같은 소리를 두 번 들을 수 있다. 그것은 당신이 별을 향해서 공을 던질 때 당신을 향해서 되돌아오는 공과 같다.   **정답** ②

Check

▶ **종속 접속사 so**

종속 접속사 so (that)은 '콤마(,)' 뒤에 위치하여, 앞 문장이 원인, 뒤 문장이 결과를 나타내준다.

I was ashamed to tell my friends I couldn't read, *so* I bluffed a lot.

= I was ashamed to tell my friends I couldn't read, *so that* I bluffed a lot.

⇒ 콤마(,) 뒤에 위치한 so가 문장과 문장을 이어줄 경우, 앞 문장이 '원인' , so 이하가 '결과' 가 되어 '그리하여' 정도로 해석해 주면 된다.

▶ **whenever 복합관계부사**

'～할 때마다' , '～할 때에는 언제든지' 정도로 해석이 가능하며, 양보부사절을 이끈다.

Whenever you make a noise, you are making waves of sound.

= *Every time* you make a noise, you are making waves of sound.

= *Each time* you make a noise, you are making waves of sound.

3 Which of the following can be inferred from the passage?

In that corner of China, armed men in four-wheel-drive pick up trucks routinely hunt the endangered Chiru antelope for the soft fur under its chin that is used to make shahtoosh shawls. Trade in shahtoosh is outlawed across the world, but the shawls end up on the black market.

① Chiru antelope become completely extinct in China.
② Shahtoosh shawls are allowed to sell.
③ It is so hard to hunt antelope that shawls disappear on the black market.
④ Shahtoosh shawls can be bought in the black market.

4 Which is not implied in the passage?

Air pollution occurs when the air is polluted by gases from vehicles or power plants that burn fossil fuels. Air can be polluted by carbon monoxide, nitrogen oxide, sulfur dioxide, hydrocarbons, and by tiny particles of ash, dust or soot. Some air pollution occurs naturally, for example, when gases are released from a volcano. Most air pollution results from the burning of fossil fuels in power plants and in automobiles. The burning of coal to produce electricity releases tons of sulfur dioxide into the air. Sulfur dioxide and nitrogen oxide combine with water vapor in the air to produce acid rain.

Air pollution can also be caused by the burning of forests and grasslands. In Brazil, Indonesia, and India, farmers often clear land in this way. The gases form a layer around Earth that acts like a wall of windows in a greenhouse. The gases allow sunlight to pass through and warm Earth's surface. Heat and the reflected sunlight radiate back into this gas layer.

① The green house effect may be the cause of a rise in Earth's temperature.
② Most air pollution occurs naturally.
③ Air is polluted by gases from a variety of sources
④ The gas layer formed around Earth warms Earth's surface.
⑤ In some countries, farmers burn forests on purpose.

3 [추론일치] 위 글에서 유추해 낼 수 있는 것은?

어구　armed 무장한 ｜ **four-wheel-drive** 바퀴 4개로 운전이 되는 ｜ **pick up truck** 소형트럭 ｜ **routinely** 정기적으로 ｜ **endangered** 위험에 처한 ｜ **fur** 털 ｜ **chin** 턱 ｜ **outlawed** 법으로 금지된 ｜ **end up** 마침내 ~이 되다 ｜ **antelope** 영양, 영양가죽 ｜ **the black market** 암시장 〔보기〕 **extinct** 멸종한 ｜ **shawl** 외투

해설　① 치루 양은 중국에서 완전히 멸종해 버렸다.
② 샤투시 외투는 판매가 허용된다.
③ 영양 사냥이 너무나 힘들어서 암시장에서 외투가 사라졌다.
④ 샤투시 외투는 암시장에서 구입될 수 있다.
　◎ Shahtoosh가 암시장으로 흘러 들어간다는 마지막 문장을 통해서 유추가 가능하다.

해석　중국의 어떤 지역에서는 바퀴가 4개 달린 픽업 트럭을 탄 무장한 남자들이 일상적으로 위험에 처한 chiru 영양을 사냥하는데 이는 shahtoosh 숄을 만들기 위하여 사용되는 영양의 턱 바로 밑에 있는 부드러운 털을 얻기 위해서이다. Shahtoosh의 거래는 세계전역에서 법으로 금지되어 있지만, 숄은 결국 암시장으로 흘러 들어간다. 　　**정답** ④

4 [추론 불일치] 위 글에서 언급되지 않은 것은?

어구　**air pollution** 공기오염 ｜ **pollute** 오염시키다 ｜ **vehicle** 자동차 ｜ **power plant** 발전소 ｜ **fossil** 화석 ｜ **fuel** 연료 ｜ **carbon monoxide** 일산화탄소 ｜ **nitrogen oxide** 산화질소 ｜ **sulfur dioxide** 이산화황 ｜ **hydrocarbon** 탄화수소 ｜ **ash** 재 ｜ **dust** 먼지 ｜ **soot** 매연 ｜ **volcano** 화산 ｜ **coal** 석탄 ｜ **combine with** ~과 결합하다 ｜ **water vapor** 수증기 ｜ **acid rain** 산성비 ｜ **grassland** 목초지 ｜ **clear** 개간하다 ｜ **layer** 층 ｜ **reflect** 반사시키다 ｜ **radiate back into** ~으로 다시 복사되다 〔보기〕 **a variety of** 다양한 ｜ **on purpose** 고의로

해설　① 온실효과는 지구열 상승의 원인이 될 수 있다.
② 대부분의 공기 오염은 자연적으로 발생한다.
③ 공기는 많은 성분을 통해 가스에 의해 오염된다.
④ 지구둘레를 형성하는 가스 층은 지구 둘레를 따뜻하게 해준다.
⑤ 몇몇 국가에서는 고의적으로 우림을 태운다.
　◎ 첫 단락에서 대부분의 공기오염은 화석연료와 발전소 때문에 발생한다고 했으므로, 자연적 발생이 아닌 인위적 발생이 옳다.

해석　공해는 공기가 화석연료를 태우는 차나 발전소에서 나오는 가스로 오염될 때 발생한다. 일산화탄소, 산화질소, 이산화황, 탄화수소와 재, 먼지, 매연의 작은 입자들이 공기를 오염시킬 수 있다. 예컨대, 어떤 대기오염은 가스가 화산에서 나올 때 자연적으로 발생한다. 대부분의 대기오염은 발전소와 자동차에서 화석연료가 타기 때문에 발생한다. 전기를 만들기 위해 석탄을 태우는 것은 수톤의 이산화황을 대기로 배출시키게 한다. 이산화황과 산화질소는 수증기와 결합하여 산성비를 만들어 다.
숲과 목초지를 태움으로써 공기오염이 발생할 수도 있다. 브라질, 인도네시아, 인도에서 농부들은 이와 같은 방법으로 개간을 한다. 가스는 온실 창의 벽과 같은 역할을 하는 지구 둘레의 층을 만든다. 열과 반사된 빛은 다시 복사가 되어서 이 가스층으로 돌아온다. 　　**정답** ②

▶ hyphen의 기능

둘 또는 세 개의 단어를 연결해서 하나의 다른 단어로 만들 때 hyphen으로 결합시켜 줄 수 있다.

<u>four-wheel-drive</u> pick up
4 개의 바퀴가 달린(형용사)
truck

⇨ 'four라는 기수와 wheel이라는 명사와 drive라는 명사' 가 'hyphen'에 의해 결합되어 pick up truck이라는 복합명사를 수식해주는 형용사 기능을 하고 있다.

▶ to 부정사의 형용사적 용법과 부사적 용법

부정사는 명사 뒤에서 수식해주는 형용사적 용법과 부사적 용법을 수행하는데, 이는 해석상 구분해야 한다.

The burning of coal *to produce electricity* releases tons of sulfur dioxide into the air.

⇨ 이 문장에서 'to produce electricity'는 명사 'burning'을 수식하는 형용사적 용법 으로 쓰여서 '전기를 만들어내는 석탄의 연소' 라는 뜻으로 쓰였다.

Sulfur dioxide and nitrogen oxide combine with water vapor in the air *to produce acid rain*.

⇨ 이 문장에서 'to produce acid rain'은 '산성비를 만들어 내기 위하여' 라는 '목적' 의 부사적 용법으로 쓰였다.

251

5 The author implies that the revised test __________.

Five years ago a group of women began a legal fight with the New Jersey City Fire Department. They contended that a physical examination required to make them eligible to be firefighters was unfair. The test stressed strength, speed, and agility. Prospective firewomen had to show they could drag an 80-pound hose, climb ladders and stairs, lift a 150-pound dummy, and excel in similar activities. The test has been revised.

① is probably less difficult to pass than the old test
② is probably as difficult to pass as the old test
③ does not test physical abilities at all
④ will probably be discontinued
⑤ has not been approved by the State of New Jersey

6 Which of the following can be inferred from the passage?

Toward the end of the 6th century, Pope Gregory decided to have the religious music of Christian churches all over the world collected and written down. The several thousand melodies collected came to be known as Gregorian chant, after the Pope. For the next 1,000 years, these tunes served as the basis for nearly all Western music. Today, they continue to be used in the services of the Roman Catholic Church and of some other churches.

① Pope Gregory was a poor musician.
② Thanks to Pope Gregory modern churches enjoy the melodies of the 6th century.
③ Man has made no advance since the Middle Ages.
④ Gregorian chant has vastly improved since the 6th century.
⑤ Gregorian chants were composed by Pope Gregory.

5 [추론일치] 작가는 개정된 시험이 어떻다고 암시하는가?

어구 **legal fight** 법적투쟁 | **contend** 논쟁하다, 주장하다, 싸우다 | **physical examination** 신체검사 | **eligible** ~하기에 적합한 | **firefighter** 소방관 | **unfair** 불공정한 | **stress** 강조하다 | **agility** 민첩성 | **prospective** 장래의, 선견지명이 있는 | **drag** 질질 끌다 | **dummy** 모형, 장식인형 | **revise** 개정하다 [보기] **discontinue** 중단하다

해설 ① 아마도 이전 시험보다 합격하기가 덜 어려워졌을 것이다.
② 아마도 이전 시험만큼 합격하기 어려워졌을 것이다.
③ 전혀 신체 평가 시험을 치루지 않게 되었다.
④ 아마도 중단될 것이다.
⑤ 뉴저지 시가 찬성하지 않았었다.

◐ 기존 시험이 불공정해서 소송을 제기했고, 그리하여 개정이 됐다는 얘기는 공정한 시험으로 바뀐 것으로 유추가 가능하다.

해석 5년 전 한 여성단체가 뉴저지 시의 소방대와 법적 투쟁을 시작했다. 그들은 소방대원이 되도록 적합하게 되기에 필요한 신체검사가 불공정하다고 주장했다. 검사는 힘, 속도, 민첩성을 강조했다. 여자소방관이 되려는 사람은 80파운드의 호스를 끌고 사다리와 계단을 오르고 150파운드의 인형을 들 수 있고 이와 비슷한 활동에서 탁월함을 보여야 했다. 검사는 개정됐다.

정답 ①

6 [추론일치] 위 글에서 암시하는 것은?

어구 **collect** 수집하다 | **write down** 기록하다, 작성하다 | **come to R** ~하게 되다 | **be known as** ~로서 알려지다 | **serve as** ~로서 봉사하다 [보기] **thanks to** 덕택에 | **vastly** 거대하게, 엄청나게

해설 ① 그레고리 교황은 가난한 음악가였다.
② 그레고리 교황 덕택에 현대의 교회가 6세기의 선율을 감상을 할 수 있다.
③ 인간은 중세 시대 이후에 발전을 이룩하지 못했다.
④ 그레고리언 챈트는 6세기 이후에 엄청나게 발전을 했다.
⑤ 그레고리언 챈트는 그레고리 교황이 작곡했다.

◐ 마지막 문장에서 오늘날 교회의 예배에 사용된다고 했으므로 옳은 설명이다.

해석 6세기 말쯤에 그레고리 교황은 전 세계에 있는 기독교 교회의 종교음악을 수집하고 기록하기로 결심했다. 수집된 수천 곡의 선율은 교황이 죽은 이후 그레고리언 성가로 알려졌다. 그 후 천 년 동안 이 곡들은 거의 모든 서양 음악의 기반이 됐다. 오늘날도 로마 가톨릭 교회와 몇몇 다른 교회의 예배에 이 곡들이 계속해서 사용된다.

정답 ②

Check

▶ **명사 뒤에서 후치 수식하는 분사**

A physical examination *which was required* to make them eligible to be firefighters was unfair.

= A physical examination *required* to make them eligible to be firefighters was unfair.

⇒ '주격 관계대명사+be 동사'는 생략이 자유롭다. 또한 require 동사는 '목적어+to R'라는 5형식 구조를 갖추는데, 수동태 전환시 'be required to R' 구조를 갖추게 된다. 이 원리에 따라 'which was required to R' 구조였던 것이다.

▶ **have 사역동사**

have 동사는 '목적어와 목적보어의 관계가 능동인 경우 목적보어에 동사원형' 또는 '목적어와 목적보어의 관계가 수동인 경우 목적보어에 과거분사'를 위치시킨다.

Pope Gregory decided *to have* the religious music
　　　　목적어
(of Christian churches
　　전치사구
all over the world) underline{collected and written down}.
　　목적보어

⇒ have 동사의 목적보어의 태는 '목적어'와 따져야 한다. '종교음악'과 '수집하다/기록하다'의 관계는 수동이므로 과거분사가 위치한 형태이다. 또한 'of Christian ~ the world'는 목적어인 music을 꾸며주는 전치사구에 불과하다.

253

7 Which of the following can be inferred from the passage?

Clear communication is one of the most powerful tools available in today's competitive business world. The future belongs to those who have the skills to succeed--and one of the key skills is the ability to speak clearly and effectively. Clear speech enables people to perform profitably and efficiently in the business world, confident to communicate offers, information, and new ideas freely and without fear of misunderstanding. A regional or foreign accent can hinder clear communication. While native speech is a part of one's cultural identity, the inability to speak an adopted language clearly can hinder performance on the job and in social settings.

① Social settings are enhanced if native speech is used.

② It is without question that everyone should master English.

③ Standard language, coupled with clear communication, is the key to professional success.

④ Speaking standardized language effectively and clearly is inessential.

⑤ It is vital to master one's own dialect and communicate that dialect effectively.

7 [추론일치] 위 글에서 암시하는 것은?

어구 **competitive** 경쟁적인 | **belong to** ~에 속하다 | **key** 중요한 | **enable A to R** A로 하여금 ~할 수 있게 하다 | **efficiently** 효율적으로 | **confident** 확신하는 | **misunderstanding** 오해 | **identity** 정체성 | **inability to R** ~할 수 없음 | **hinder** 방해하다 [보기] **enhance** 향상하다 | **without question** 의심의 여지가 없는 | **coupled with** ~과 함께, ~과 결부하여 | **the key to ~ing/ N** ~에 대한 해결책 · 비법 | **standardize** 표준에 맞추다 | **inessential** 중요하지 않은, 시시한 | **vital** 중요한 | **dialect** 방언, 사투리

해설 ① 모국어가 이용된다면, 사회적 환경은 향상된다.
② 당연히 모든 이는 영어를 터득해야만 한다.
③ 분명한 의사 전달과 더불어 표준 언어는 전문분야의 성공을 위한 비책이 된다.
④ 표준언어를 효과적이고도 명확히 구사하는 것은 필수적이지는 않다.
⑤ 자기 자신의 방언을 터득하고 그 방언을 효율적으로 구사하는 것이 필요하다.

○ 첫 문장과 마지막 문장을 보건데, 분명한 의사 전달이 포함된 표준언어(채택된 언어)를 구사한다면 사업 분야에서 성공을 거둘 수 있으며 사회적 배경 하에서 장애를 받지 않을 수 있는 비책이 된다.

해석 분명한 의사 전달은 오늘날 경쟁이 치열한 사업 분야에서 가장 강력한 도구 중 하나이다. 미래는 성공의 기술을 가지고 있는 사람들의 것이며, 그 중요 기술 가운데 하나가 명확하고 효과적으로 말을 하는 능력이다. 명확한 말은 사람들이 사업 분야에서 유리하고 효율적으로 일을 할 수 있게 해주며 자신있게 제안과 정보, 새로운 생각들을 오해를 할까 걱정하지 않고 자유롭게 전달할 수 있게 한다. 지역 말투나 외국인의 말투는 분명한 의사 전달을 못하게 할 수도 있다. 모국어는 사람의 문화적 정체성의 일부분인 반면, 채택된 언어를 분명히 말할 수 없게 되는 것은 업무와 여러 사회적 배경 속에서 일을 하는 데 장애를 줄 수 있다.　　**정답** ③

Check

▶**분사의 생략**

'be' 동사를 이용한 분사인 'being 또는 having been'은 생략이 자유롭다. 그래서 'being 형용사'에서 'being'은 생략이 가능하다. '~인 채로, ~하면서' 정도로 해석해 주면 된다.

Clear speech enables people to perform profitably and efficiently in the business world, *(which is) confident* to communicate offers, information, and new ideas freely and without fear of misunderstanding.

= Clear speech enables people to perform profitably and efficiently in the business world, *(being) confident* to communicate offers, information, and new ideas freely and without fear of misunderstanding.

⇨ 주절이 끝나고 콤마 뒤에 위치한 '형용사' 이므로, 앞에 분사 'being'이 생략된 구조이다.

255

memo

8 According to the passage, what is Bill's job?

> Bill gives the signal to dim the lights and raise the curtain, trying hard to start on time. Throughout the performance, he gives the cues for scenery changes, lighting, and everything that happens on stage. During intermission, he makes sure that everything is ready for the second act, and he signals the house manager to dim the outside lights to call the audience back into the theater for the rest of the performance.

① actor
② singer
③ movie director
④ stage manager
⑤ costume designer

9 다음 글과 가장 관계가 깊은 기관은?

> Philosophy V3758x. Philosophy of Education. 3 pts. Instructor to be announced. Mon/Wed 1:10-2:25. Not open to freshmen. Philosophical presuppositions of intellectual and moral education. Selected readings from Plato, Rousseau, Piaget, and current periodical literature.

① court
② college
③ embassy
④ company
⑤ immigration office

8   [추론] Bill의 직업은 무엇인가?

어구   **give signal** 신호를 보내다 | **dim** 흐리게 하다; 희미한, 칙칙한, 어두운 | **on time** 제 시간에 | **cue** 큐(연기 시작 신호) | **scenery** 무대 장면, 풍경 | **intermission** 막간, 휴식시간, 중지, 중단 | **make sure that** ~을 확신하다, ~을 확인하다

해설   ① 배우   ② 가수   ③ 영화 감독   ④ 무대 관리자   ⑤ 분장 디자이너

◎ 무대조명과 무대에서 일어나는 모든 일을 위해 '큐' 사인을 보내는 것으로 보아 Bill은 '무대감독' 임을 추측할 수 있다.

해석   빌은 빛을 약하게 하고 커튼을 올리는 신호를 보내고, 제 시간에 시작할 수 있게끔 하기 위해 열심히 노력한다. 공연 내내 Bill은 무대 배경 변화, 조명과 무대에서 일어나는 모든 것들을 위하여 큐 사인을 보낸다. 막간동안에는 2막을 올릴 준비가 됐는지를 확인하며 객석감독에게 외부 조명을 약하게 하여 남은 공연을 보기 위해 극장으로 외부인들이 들어오도록 신호를 보낸다.

정답 ④

Check

▶ **수 개의 명사 뒤에 위치한 관계사절은 선택적으로 수식이 가능하다.**

He gives the cues for scenery changes, lighting, and *everything that* happens on stage.

⇒ changes, lighting, everything 이렇게 3 개의 명사 모두를 이하의 'that happens on stage' 주격관계대명사절이 수식해 주는 것이 아니라, 바로 앞의 명사 everything만 수식해 주는 것이다. 그래야만 단수 취급하는 everything과 관계사절 안의 동사 happens의 '수' 형태가 맞다.

---

9   [추론]

어구   **pts**(points) 학점 | **instructor** 강사 | **freshman** 1학년생 | **presupposition** 전제 | **periodical literature** 정기 간행물 [보기] **embassy** 대사관 | **immigration office** 이민국

해설   ① 법원   ② 대학   ③ 대사관   ④ 회사   ⑤ 이민국

◎ 학점, 교육철학, 강사, 플라톤 등이 나오는 것으로 보아 이 글은 '대학에서의 강의 개설 안내 공고' 이다.

해석   철학 V3758x. 교육철학. 3학점 강사는 발표될 예정. 월요일/ 화요일 1시 20분–2시 15분. 1학년 학생은 수강 불가. 지적 · 도덕적 교육의 철학적 전제. 플라톤, 루소, 피아제 및 최근 학회 저널 강독할 것.

정답 ②

▶ **공고문이기 때문에 완전한 문장이 아닌 '명사구', '형용사구', '명사구' 와 같은 '구' 만으로 지문이 형성됐다.**

10 Which of the following conclusions can properly be drawn from the passage?

> The extent of the Holocaust, the murder of six million Jews by the Nazis during World War Ⅱ, became apparent with the war's end in 1945. However it wasn't until the early 1990s due to the success of Steven Spielberg's film Schindler's List and the opening of U.S. Holocaust Memorial Museum in Washington, D.C. that it became a topic of general conversation among Americans.

① During the 1990s, the American public was largely unaware of the Holocaust.

② Schindler's List would not have been a success if the Holocaust museum had not opened at the same time.

③ Prior to the opening of the museum in Washington, the U.S. government had taken a serious official notice of the Holocaust.

④ The museum would not be as popular as it has been if Spielberg's film had not been so successful.

⑤ The success of Spielberg's film and the museum opening were instrumental in bringing the subject of the Holocaust to the public's attention.

10　[추론일치] 다음 중 유추가 가능한 결론은?

어구　**extent** 정도 | **holocaust** 유태인 대학살 | **jew** 유대인 | **apparent** 명백한 〔보기〕 **be unaware of** ~을 모르다 | **prior to** ~보다 먼저 | **take a notice of** ~을 주목하다 | **be instrumental in** ~에 도움이 되다 | **bring A to one's attention** A를 ~에게 알리다

해설　① 90년대에 미국 대중은 유태인 대학살을 잘 알지는 못했다.
　　② 유태인 대학살 박물관이 쉰들러리스트 영화와 동시에 개관되지 않았다면 쉰들러리스트 영화는 성공작이 되지 못했을 것이다.
　　③ 워싱턴에서 박물관의 개관에 앞서, 미국 정부는 유태인 대학살에 대해 진지하게 공식적으로 주목했었다.
　　④ 스필버그 영화가 성공하지 못했었더라면 박물관은 이전처럼 인기가 없었을 것이다.
　　⑤ 스필버그 영화의 성공과 박물관의 개관이 유태인 대학살의 실체에 대해 대중들이 관심을 가지게 하는 데 효과가 있었다.

　　◎ 스필버그의 감독과 박물관의 개관 덕분에 미국인들 사이에서 유대인 학살 규모가 화제가 되었다는 것은, 대중들로 하여금 그 사건을 알게 하는 데 도움이 되었다고 유추가 가능하다.

해석　제2차 세계대전 동안 나치에 의해 육백만 명의 유태인이 살해된 "유태인 대학살"의 규모는 1945년 전쟁이 끝나자 분명해졌다. 그러나 이 규모는 스티븐 스필버그 감독의 영화 "쉰들러리스트"의 성공과 워싱턴 D.C 소재 미국 대학살 기념박물관 개관에 힘입어, 1990년대 초가 되어서야 비로소 미국인들 사이에서 평범한 대화거리의 화제가 되었다.　　**정답** ⑤

Check

▶ **it is ~ that 강조구문**

'It is ~ that' 강조 구문에서, 'it is'와 'that' 사이에는 '주어, 목적어, 명사 보어, 전치사구, 부사구, 부사절' 모두 강조가 가능하다.

Until the early 1990s it did*n't* became a topic of general conversation among Americans. 〔단순 평서문〕

= *Not until* the early 1990s *did it become* a topic of general conversation among Americans. 〔not until 부사구가 문두로 위치하여 도치된 문장〕

= *It wasn't until* the early 1990s *that* it became a topic of general conversation among Americans. 〔not until 부사구가 it is와 that 사이에 강조된 문장〕

⇨ 두 번째 문장에서 부정어 not과 until the early 1990s라는 전치사구가 결합되어 문두로 위치하여 도치가 발생한 문장이다. 세 번째 문장은 그 'not until the early 1990s'가 it is와 that 사이에 강조된 문장이 되는 것이다.

= *it was*n't until the early 1990s <due to the success of Steven Spielberg's film Schindler's List and the opening of U.S. Holocaust Memorial Museum in Washington, D.C.> *that* it became a topic of general conversation among Americans.

⇨ 세 번째 문장의 it is ~ that 강조구문에서 다시 또 'due to the success ~ D.C.' 전치사구가 삽입된 형태이다.

11 **Which of the following is assumed by the author of the passage?**

Statistics indicate that, on average, women executives' salaries are about 20% lower than those of men in comparable jobs. This is true in spite of the job discrimination suits filed by the U.S government against firms such as AT&T and the Bank of America in the early 1970's, as well as the passage of laws forbidding job discrimination by gender in many states and localities. In the face of this unrelenting prejudice against women, it is plain that only an amendment to the U.S Constitution can fully remedy the iniquities under which today's women are laboring.

① All women executives are at least as well qualified as their male counterparts.
② A constitutional amendment is more likely to influence employment practices than separate state laws and court actions.
③ Legal remedies for discrimination can only be effective when coupled with a sincere desire for reform.
④ Average salaries are often misleading as indicators of the real status of a particular social group.

11 [추론일치] 이 글에서 작가의 생각이 어떻다고 유추할 수 있을까?

어구   **statistics** 통계학, 통계자료 | **executive** 간부, 행정부; 실행의 | **comparable** 비교되는, 필적하는 | **in spite of** ~에도 불구하고 | **discrimination** 차별 | **file suits** 소송을 제기하다 | **firm** 회사; 굳은, 견고한 | **unrelenting** 끝없는 | **prejudice** 편견 | **plain** 명백한 | **amendment** 수정 | **iniquity** 사악함 [보기] **be qualified as** ~로서 자격이 있다 | **counterpart** 상대방, 부본 | **be likely to R** ~일 것 같다 | **separate** 분리하다, 구별하다 | **misleading** 오해하기 쉬운

해설   ① 모든 여성 간부들이 적어도 남성 상대방(남성 간부)만큼 자격이 잘 갖추어져 있다.
② 개별적인 주의 법들과 법원의 조치보다 헌법을 수정하는 것이 채용 관행에 영향을 더 미칠 수 있을 것 같다.
③ 차별에 대한 법 개정이 개선에 대한 진지한 소망과 합쳐졌을 때 효과가 나타날 수 있을 뿐이다.
④ 평균 봉급이 특정 사회단체의 진정한 지위의 지표로서 종종 오류가 날 수 있다.

   🌑 주들의 법률과 소송이라는 법원의 조치에도 불구하고 여성 간부에 대한 차별이 존재하므로, 마지막 문장에서 헌법의 개정이 대안이 될 수 있다고 설명했다.

해석   통계에 따르면, 여성 간부들의 봉급이 동일한 일을 하는 남성들에 비해 약 20% 정도 적다고 한다. 많은 주의 지역에서 직업 성차별을 금지하는 법을 통과시키기도 했고, 1970년대 초 연방 정부에 의해 기소된 AT&T와 미국은행 같은 회사들에 대한 고용 차별 소송에도 불구하고, 이것이 현실이다. 여성에 대한 이와 같은 계속된 편견에 직면할 때, 미국 헌법을 수정하는 것만이 오늘날 여성들이 일하는 현장에 존재하는 불이익을 없앨 것임이 분명하다.

정답 ②

▶B as well as A

'B as well as A' 는 'A 뿐만 아니라 B도' 라는 뜻으로서, 'not only A but also B' 와 같은 뜻이다.

This is true in spite of <u>the job discrimination suits</u> (filed by the U.S government against firms such as AT&T and the Bank of America in the early 1970's,) *as well as* <u>the passage of laws</u> (forbidding job discrimination by gender in many states and localities).

⇨ 'the job discrimina-tion suits'와 'the passage of laws'를 'as well as'구문으로 병치시키고 있으며, 그 각각의 명사를 다시 'filed ~'와 'forbidding~' 분사가 후치수식하고 있다.

12   What is the advertisement about?

In order to implement successful database marketing solutions, you need to know how to: identify and gather relevant data about customers and prospects, use data warehousing techniques to transform raw data into powerful marketing information, apply statistical techniques to customer and prospect databases to analyze behavior, and score individuals in terms of the probability of their response. At the Database Marketing Seminar, we will address these topics and more, as we introduce you to the only end-on-end software solution for database marketing. By applying database marketing capabilities, you can increase profits while decreasing expenses. You can also increase your number of customers while reducing customer attrition. Come explore this important topic in depth with SAS Institute, the leader in applied analysis.

① A software package for marketing strategies
② A marketing company selling computers
③ A seminar to advertise a company's products
④ A university degree program

12   [추론] 무엇에 관한 광고인가?

어구 **implement** 충족시키다, 채우다 | **identify** (본인·동일인임을) 확인하다, 동일시하다 | **warehouse** (창고 등에) 보관·저장하다; 창고 | **transform A into B** A를 B로 전환하다 | **score** 점수를 매기다 | **in terms of** ~에 의하여, ~에 관하여 | **end-to-end** 철저한, 살살이 | **attrition** 마찰, 마멸, 감소 | **explore** 탐험하다, 연구하다 | **in depth** 철저히 | **applied analysis** 응용기술 [보기] **package** 거래, 교섭, 꾸러미 | **strategy** 전략 | **degree** 학위, 정도, 등급

해설 ① 마케팅 전략을 위한 소프트웨어 거래
② 컴퓨터를 판매하는 마케팅 회사
③ 회사의 상품을 광고하기 위한 세미나
④ 대학 학위 프로그램

  ○ '성공적인 데이터베이스 해결책', '마케팅 정보로의 전환', '데이터베이스 저장' 등을 SAS 회사가 고객들에게 하려는 세미나 광고가 주제가 된다.

해석 성공적인 데이터베이스 해결책을 충족시키기 위하여, 고객과 기대치에 대한 적절한 데이터를 확인하고 모아야 하며, 순수 데이터를 효과적인 마케팅 정보로 전환시키는 자료 저장 기술들을 사용해야 하며, 통계기술을 고객에게 적용하고 태도를 분석하기 위한 데이터베이스를 조사하여야 하며, 개개인이 반응 할 가능성에 비추어 점수를 줄 방법을 알 필요가 있습니다. 데이터베이스 마케팅 세미나에서, 우리는 데이터베이스 마케팅을 위한 철저한 소프트웨어 해결책을 여러분에게 소개할 때, 이 주제들과 그 이상의 것들에 대해서 알려드릴 것입니다. 데이터베이스 마케팅 능력을 적용시킴으로써, 수출을 감소시키는 반면 수익을 증대시킬 것입니다. 고객의 감소를 줄이는 반면 당신의 고객 수를 역시나 증가시킬 것입니다. 방문하셔서 응용분석의 리더인 SAS 회사의 이토록 중요한 주제를 연구해 보시기 바랍니다.

정답 ③

 Check

▶ **come +to 부정사**

'try, be sure, wait, come, go, run' 뒤에 위치한 to 부정사는 '~하러/ ~하기 위해' 정도로 해석해 주면 된다. 또한 구어체에서는 'to' 없이 '원형부정사' 만 위치하기도 한다.

Come *(to) explore* this important topic in depth with SAS Institute.

= Come *and explore* this important topic in depth with SAS Institute.

□ 다음 글을 읽고 물음에 답하시오.

A corporate president recently made a visit to nearby Indian reservation as part of his firm's public relations program. "We realize that we have not hired any Indians in the five years our company has been located in this area," he told the assembled tribesmen, "but we are looking into this matter very carefully. "Hora. hora" said some of the Indians, "We would like to eventually hire 5 percent of our total work force from this reservation" he said. "Hora, hora" shouted more of the Indians. Encouraged by their enthusiasm, the president closed his short addresses by telling that he hoped his firm would be able to take some hiring action within the next couple of years. "Hora. hora, hora" cried the total group. With a feeling of satisfaction the president left the hall and was taken on a tour of the reservation. Stopping in a field to admire some of the horses grazing there, the president asked if he could walk up closer to the animals." "Certainly", said his Indian driver, "but careful not to step into the hora."

13 From the passage, we can infer that __________.

① the Indians believed the president's speech

② the Indians did not believe the president's speech

③ the Indians could not understand what the president spoke about

④ the Indians liked the president very much

14 From the passage, we can infer that the president _______.

① thought the Indians deserved to be hired

② thought his company should not hire the Indians

③ misinterpreted the Indians's reaction to his speech

④ believed the Indians should be approached very carefully

어구 corporate 법인조직의 | **make a visit** 방문하다 | **indian reservation** 인디언 보호구역 | **firm** 회사 | **public relation** 홍보 활동 | **assemble** 모이다, 소집하다 | **tribesmen** 부족민들 | **look into** 조사하다 | **work force** 노동인구 | **enthusiasm** 열광 | **address** 연설 | **hiring action** 고용조치 | **graze** 목초를 먹다 | **step into** ~으로 걸어가다, ~을 밟다 | **hora** 와!(감탄사), 말똥 〔보기〕 **misinterpret** 오해하다, 잘못 해석하다

해설 **13_〔추론일치〕 위 글에서 우리는 무엇을 유추할 수 있나?**

① 인디언이 사장의 연설을 믿었다.
② 인디언들이 사장의 연설을 믿지 않았었다.
③ 인디언들은 사장이 말하는 것에 대해서 이해할 수 없었다.
④ 인디언들은 사장을 매우 좋아했다.

🔘 마지막 문장의 '똥을 밟지 말도록 조심하라'는 문장을 통해서, 사장이 연설을 할 때 외쳤던 'hora' 표현은 '감탄 표현'이 아니라 '똥이야'라는 비난이었다. 따라서 사장의 생각과는 반대로 인디언들은 사장을 믿지 않았음을 알 수 있다.

정답 ②

14_〔추론일치〕 사장이 어떠했다고 유추할 수 있나?

① 인디언은 채용될 가치가 있다고 생각했다.
② 자신의 회사가 인디언을 채용하지 말아야 한다고 생각했다.
③ 사장 자신의 연설에 대한 인디언의 반응을 오해했다.
④ 인디언들에게 매우 조심스럽게 접근해야 한다고 생각했다.

🔘 불신을 표출한 'hora' 표현을 자신에 대한 '감탄'으로 오해했으므로 보기 ③이 옳은 설명이다.

정답 ③

해석 어떤 회사의 사장이 자기 회사 홍보활동 프로그램의 일부로서 최근에 근처 인디언 보호구역을 방문했다. "우리 사회가 이 지역에서 자리잡은 이후 5년 동안에 인디언들은 한 명도 고용하지 않았다는 것을 인식하고 있습니다. 그러나 우리는 이 문제를 매우 주의 깊게 조사할 것입니다."라고 그는 소집한 부족사람들에게 말했다. 몇몇 인디언들은 ""Hora, hora"라고 말했다. "우리는 결국 이 보호구역에서 전체 노동인구의 5%를 고용할 것입니다."라고 그는 말했다. "Hora, hora"라고 더 많은 인디언들이 외쳤다. 그들의 열광에 고무되어서 그 사장은 그의 회사가 앞으로 2년 안에 회사가 고용 정책을 추진할 수 있기를 희망한다고 말함으로써 짧은 연설을 마쳤다. 모든 인디언들이 "Hora, hora"라고 외쳤다. 상당히 만족을 한 채 사장은 강연장을 떠난 후, 인디언 보호구역을 순시하다가 거기서 풀을 뜯어먹고 있는 말들을 감상하기 위하여 들판에 멈췄다. 그 사장은 그가 말들에게 더 가까이 걸어가도 되느냐고 물었다. "그래도 됩니다. 그러나 hora(말똥)을 밟지 않도록 조심하세요."라고 그의 인디언 기사가 말했다.

▶관계부사 when의 생략

앞서 위치한 '시간'의 의미를 가지는 명사를 'when'절이 수식해 줄 수 있는데, 부사절과 달리 형용사절의 기능을 가진다. 이 때 when은 that으로 대체할 수 있으며, 생략 또한 가능하다. 관계부사절은 앞의 선행사를 직접적으로 수식해서 해석하면 된다.

We have not hired any Indians in the five *years when* our company has been located in this area.

= We have not hired any Indians in the five *years that* our company has been located in this area.

= We have not hired any Indians in the five *years* our company has been located in this area.

⇨ 선행사 years를 수식해주는 'when our company has been located in this area.'라는 관계부사절 속에서 관계부사 when이 생략된 형태이다.

memo

□ 다음 글을 읽고 물음에 답하시오.

"Darling, do you ever think about your __________?"
"Yes, sometimes," she answered vaguely.
"I don't want you to forget her. Have you got a picture of her?"
"Yes, I think so. Anyhow, Aunt Marion has. Why don't you want me to forget her? She loved you very much."
"I loved her, too." They were silent for a moment.
"Daddy, I want to come and live with you,"she said suddenly. His heart leaped ; he had wanted it to come like this.
"Aren't you perfectly happy?"
"Yes, but I love you better than anybody. And you love me better than anybody, don't you, now that mummy's dead?"

15 내용상 밑줄 친 곳에 가장 알맞은 것은?

① daughter　　　　② son
③ friend　　　　④ mother

16 윗글의 대화로 보아 두 사람은 어떤 관계로 추측되는가?

① father - mother　　　　② father - daughter
③ brother - sister　　　　④ brother - daughter

어구　vaguely 애매모호하게 ｜ **for a moment** 잠시 동안 ｜ **leap** 뛰다 ｜ **now that** ~이기 때문에 ｜ **mummy** 엄마

해설　**15_〔문장완성〕**

① 딸
② 아들
③ 친구
④ 어머니

◎ mummy라는 단어를 통해 mother가 들어가야 한다는 것을 알 수 있다.

정답 ④

16_〔추론일치〕

① 아버지 – 어머니
② 아버지 – 딸
③ 오빠 – 언니
④ 오빠 – 딸

◎ Daddy라는 단어를 통해 부녀 관계라는 것을 유추할 수 있다.

정답 ②

해석　"애야, 너는 네 엄마에 대해서 생각해 본 적이 있니?"
"예, 가끔요"라고 그녀는 모호하게 대답했다.
"나는 네가 엄마를 잊는 걸 원하지 않는다. 엄마 사진을 가지고 있니?"
"예, 그럴 거예요, 여하튼 Marion 이모가 가지고 있어요. 왜 제가 엄마를 잊어버리기를 원하지 않나요? 엄마는 아빠를 많이 사랑하셨어요."
"나 또한 엄마를 사랑했단다." 그들은 잠시 동안 침묵했다.
"아빠, 저는 아빠와 함께 살고 싶어요."라고 그녀가 갑자기 말했다. 그의 심장이 뛰었다. 그는 이렇게 되기를 원했기 때문이다.
"너는 충분히 행복하지 않니?"
"예(행복해요), 하지만 저는 누구보다도 아빠를 사랑해요, 아빠가 가장 저를 사랑하고요. 안 그래요? 이제 엄마는 돌아가셨으니까요."

Check

▶ **긍정의 답변**

부정문으로 물어보았을 때 'yes'는 '긍정'의 답변이 된다.

"Aren't you perfectly happy?"

"Yes.(I am happy.)"

⇨ 부정문으로 물어보았을 때 'yes'의 답변은 우리말과 다르게 '긍정의 내용'을 담은 답변이 된다.

□ 다음 글을 읽고 물음에 답하시오.

My husband is a born shopper. He loves to look at things and to touch them. He likes to compare prices between the same items in different stores. He would never think of buying anything without looking around in several different stores. On the other hand, I am not a shopper. I regard shopping as boring and unpleasant. If I like something and I can afford it, I buy it instantly. I never look around for a good sale or a better deal. Bargains don't interest me. Needless to say, my husband and I never go <u>shop</u> together. The experience would be too painful for both of us. When it comes to shopping, we go separate ways.

17 What is the best title for the above passage?

① Shopping habits of my husband
② Sales and Bargains
③ How to get a better deal in a store
④ A born shopper and a born nonshopper

18 According to the passage, the author's husband __________.

① goes to quality department stores for shopping
② would become a good salesman in the long run
③ is not interested in the quality of shopping goods
④ would be reluctant to buy any nonsale goods

19 Choose the one which best replaces the underlined part?

① shop   ② to shop
③ shopping   ④ on shopping

어구 **born shopper** 타고난 구매자 | **look around** 둘러 보다 | **regard A as B** A를 B로 간주하다 | **boring** 따분한 | **unpleasant** 불쾌한, 재미없는 | **instantly** 즉각적으로 | **bargain** 매매, 거래, 홍정 | **needles to say** 말할 필요조차 없이 | **painful** 고통스러운 | **when it comes to N** ~에 따르자면, ~이라면 | **separate** 별개의, 분리된 〔보기〕 **quality department store** 고급 백화점의 상점 | **in the long run** 마침내 | **reluctant** 주저하는, 망설이는 | **nonsale** 공짜의

해설 **17_〔제목〕 위 글에 알맞은 제목은?**

① 내 남편의 쇼핑하는 습관
② 판매와 거래
③ 상점에서 좋은 거래를 하는 방법
④ 타고난 구매자와 타고난 비구매자

➲ 쇼핑을 즐기는 남편과 그렇지 못한 부인의 내용을 비교하며 진술한 내용이 이 글의 주제가 된다. 쇼핑을 즐기는 남편을 '타고난 구매자' 라 칭하였고, 쇼핑을 즐기지 못하는 부인 자신을 '타고난 비구매자' 라고 비유적으로 설명한 ④가 가장 옳다.

정답 ④

18_〔추론〕 위 글에 따랐을 때, 작가의 남편은 어떠한 사람인가?

① 쇼핑하려 고급 백화점에 간다.
② 마침내 뛰어난 판매원이 되었을 것이다.
③ 쇼핑할 물건의 질에 대해 관심이 없다.
④ 공짜 물건은 무엇이 되었든 간에 구입하기를 주저할 것이다.

➲ 작가의 남편은 한 곳에서 물품을 구입할 것을 결정하지 않고, 여기저기 둘러보고 구입을 결정한다고 했으므로, 쇼핑을 위해서 고급 백화점에 간다는 내용은 유추가 가능하다. 백화점에 가면 '여러 동종의 물건들이 다양한 브랜드를 통해서 백화점 안에 밀집되어 있음' 을 유추해 볼 것!

정답 ①

19_〔문법〕 밑줄 친 부분을 대체할 수 있는 것을 고르시오.

'쇼핑하러 가다' 는 표현은 'go shopping' 형태가 옳다.
* go shopping/swimming/skiing ex) I need to go shopping this afternoon.

정답 ③

해석 내 남편은 타고난 구매자이다. 그는 물건들을 살피며 만지는 것을 좋아한다. 그는 여러 상점들에 있는 같은 물건들의 가격을 비교한다. 그는 여러 다양한 상점들에서 이리 저리 구경하지 않고서는 그 어떠한 것도 구입하지를 않는다. 반면에, 나는 구매자가 못 된다. 나는 쇼핑을 따분하고 재미없는 것으로 간주한다. 만일 내가 무언가가 좋아서 그것을 구입할 능력이 되면, 나는 즉각 산다. 나는 결코 싼 가격이나 좋은 거래를 위해서 돌아다니지 않는다. 홍정은 재미가 없다. 말할 필요조차 없이, 남편과 나는 함께 쇼핑하러 가지 않는다. 경험은(=남편과 내가 같이 쇼핑하는 경험)은 우리 모두에게 너무나 큰 고통이다. 쇼핑이라면, 우리는 각자 간다.

Check

▶ 독립부정사

'needless to say' 는 '말할 필요도 없이' 라는 뜻을 가진 '부정사구' 로서, 주절보다 먼저 앞에 위치했다 할지라도, 그 의미상의 주어가 주절의 주어가 아닌 '일반인' 이 그 의미상의 주어가 된다. 일종의 표현으로 간주하면 된다.

Needless to say, my husband and I never go shopping together.

⇒ needless to say의 의미상의 주어가 주절의 주어인 'my husband와 I'가 아닌 '일반인' 이 의미상의 주어가 된다.

□ 다음 글을 읽고 물음에 답하시오.

With increasing development of computer technology, there is a new disease to worry about. Computer "virus" programs designed to sabotage computers are infecting computers in incorporations, homes, and universities. These viruses spread rapidly, much like biological contagion, and then disrupt the affected systems. The virus secretly attaches itself to other programs and then can delete or alter files. The damage is generally activated by using the computer's clock. Then, any program that is executed may be exposed to the virus, including programs spread through telephone connections. Because of the increasing incidents of virus infiltration, businesses and agencies are becoming wary of sharing software. Security policies need to be increased as immunity programs are being developed.

20 Which of the following is the best title of this passage?

① Beware of Computer Viruses

② Stop the Clock

③ Deleting Files

④ Sharing Software

21 It is inferred that a company can best protect itself from the virus by ___________.

① keeping clean   ② not using shared software

③ setting the clock correctly ④ spreading programs by telephone

22 If the virus infects a computer, the result would probably be ___________.

① sick personnel   ② dead telephones

③ lost information   ④ a power failure

어구 designed to R ~하기 위해 고안된 | sabotage 파괴하다 | infect 감염시키다 | incorporation 합병, 회사, 법인 | biological 생물학적인 | contagion 전염 | alter 바꾸다, 변경하다 | disrupt 붕괴시키다 | attach oneself to ~에 들러붙다 | delete 삭제하다 | be exposed to (위험 등에) 노출되다 | infiltration 침투 | wary 신중한, 경계하는 | immunity 면제, 면역 〔보기〕 beware of ~을 주의하다, 경계하다 | power failure 정전

해설 **20_〔제목〕 위 글의 알맞은 제목을 고르세요.**

① 컴퓨터 바이러스를 경계하시오
② 시계를 멈추시오
③ 파일 제거
④ 소프트웨어의 공유

◎ 이 글은 컴퓨터 바이러스의 침투 과정과 확산에 따른 피해의 내용, 그리고 그 문제에 대한 해결책의 제시가 주제가 된다. 따라서 '컴퓨터 바이러스에 대한 경계'가 제목이 된다.

정답 ①

21_〔추론〕 컴퓨터가 바이러스로부터 보호받을 수 있는 방법으로 유추가 가능한 내용은?

① 청결을 유지함으로써
② 공유된 소프트웨어를 사용하지 않음으로써
③ 시계를 정확히 맞춤으로써
④ 전화기로 프로그램을 확산시킴으로써

◎ 기업과 기관들이 소프트웨어를 공유하는 것을 조심한다는 점으로 미루어 보아, 공유를 하지 않는 것이 바이러스로부터 피해를 입지 않는 최상의 방법임을 유추할 수 있다.

정답 ②

22_〔추론〕 만일 바이러스가 컴퓨터를 감염시킨다면 결과는 어떠하겠는가?

① 아픈 사람
② 죽은 전화기(먹통 상태)
③ 정보 손실
④ 정전

◎ 바이러스가 컴퓨터를 감염시킨다면, 파일을 없애거나 변경시키는 소프트웨어의 손상이 결과로 나타난다는 점을 유추할 수 있다.

정답 ③

해석 컴퓨터 기술이 계속적으로 발전하면서 새로운 고민이 하나 존재한다. 컴퓨터를 고의적으로 망가뜨리려 고안된 컴퓨터 "바이러스" 프로그램이 회사와 가정, 그리고 대학 등에 있는 컴퓨터를 감염시키고 있다. 이 바이러스는 마치 생물학 전염병처럼 급격히 확산되면서 감염된 시스템을 파괴시킨다. 바이러스는 다른 프로그램에 은밀히 붙어서 파일을 없애거나 바꿔 놓을 수 있다. 장애는 컴퓨터에 내장된 시계를 이용함으로써 대개 그 활동이 시작된다. 그래서 전화선을 통해 확산되는 프로그램을 비롯한 실행되는 어떠한 프로그램도 바이러스에 노출될 수 있다. 바이러스 침투 사고가 늘어나면서 기업과 기관들은 소프트웨어를 공유하는 것에 대해 주의하고 있다. 면역 프로그램이 개발되고 있는 것처럼, 보안 대책의 증가가 요구된다.

▶ much의 부사 기능

'much'는 '형용사와 대명사' 기능 뿐만 아니라 '부사'로서 '상당히'라는 뜻도 가진다.

These viruses ① spread rapidly, *much* like biological contagion, and then ② disrupt the affected systems.

⇨ 삽입된 전치사구인 'like biological contagion'을 강조하기 위해서 부사 'much'가 위치한 형태이다. 전체적인 문장구조는 동사 'spread'와 'disrupt'가 and에 의해서 병치되고 있다. then은 'and'와 결합하여 '그리하여'라는 뜻으로 자주 쓰인다.

□ 다음 글을 읽고 물음에 답하시오.

Desert tundra, or cold desert, occurs on the Arctic edges of North America, Europe, and Asia. In these areas the near eternal freezing temperatures cause an environment in which plant life is virtually impossible. The existence of ice rather than water for the majority of the year means that vegetation lacks sufficient moisture for growth.

During the short period of time when the temperature increases enough for the ice to melt, there is generally a large volume of water. This excess of water, coupled with a lack of drainage through the frozen subsoil, does not allow vegetation to flourish.

23 What would be the most appropriate title for the passage?

① Why Cold Deserts Occur ② Where Desert Tundra is Found
③ Vegetation in the Arctic ④ The Weather in the Arctic
⑤ The Variety of Plant Life in Desert Tundra

24 According to the passage, what makes plant life almost impossible in areas of desert tundra during most of the year?

① The frozen state of the water
② The increase in temperature
③ The lack of ice
④ Excessive water on the plants
⑤ Sufficient moisture of growth

25 Which of the following happens when the weather heats up?

① Vegetation lacks sufficient water.
② There is too much water.
③ The days become shorter.
④ Plants can flourish.
⑤ The plant life changes.

어구   **eternal** 영원한 | **virtually** 사실상 | **the majority of** 많은 | **vegetation** 식물 |
sufficient 충분한 | **moisture** 습기 | **temperature** 기온, 온도 | **melt** 녹다 | **drainage** 배수 구역 | **subsoil** 하층토 | **flourish** 번창하다

해설   **23_[제목] 위 글의 알맞은 제목은?**

①추운 사막이 발생하는 이유
②Tundra 사막이 발견되는 장소
③북극의 식물
④북극의 기후
⑤Tundra 사막의 다양한 식물

○ 북극에 식물이 존재하게 되는 장소의 환경과 그 북극식물이 번창하지 못하는 이유를 설명한 것이 이 글의 주제가 된다. '기후'는 '날씨와 계절'을 의미하므로 '북극의 기후'가 제목이 될 수는 없다.

정답 ③

24_[추론] 한 해의 대부분 동안 Tundra 사막에서 식물들이 거의 살 수 없는 이유는?

①물의 얼은 상태
②온도의 증가
③얼음의 부족
④식물들에 대한 과다한 물
⑤성장의 충분한 습기

○ 첫 단락 두 번째 문장인 'In these areas ~' 지문에서 거의 영구적인 빙점의 기온이 식물의 생존을 사실상 불가능하게 한다고 언급됐다.

정답 ①

25_[추론] 날씨가 따뜻해질 때 무슨 일이 발생하는가?

①식물은 물이 부족해진다.
②너무나 많은 물이 존재한다.
③낮이 짧아진다.
④식물들이 풍성해진다.
⑤식물의 수명이 변화된다.

○두 번째 단락 첫 문장에서 얼음이 녹을 정도로 기온이 올라가면 많은 물이 생긴다고 언급했다.

정답 ②

해석   Tundra 사막 즉, 추운 사막 지방은 북미, 유럽 및 동양의 북극 외곽 지역에서 나타난다. 이 지역에서는 거의 영원히 지속되는 빙점의 온도 때문에 식물이 사실상 살 수 없는 자연환경이 만들어졌다. 일 년 중 대부분이 물보다는 얼음이 생긴다는 사실은 식물이 생장하는 데 충분한 습기가 부족하다는 것을 의미한다. 얼음을 녹일 정도로 온도가 상승하는 짧은 기간 동안에는 일반적으로 많은 양의 물이 존재한다. 그러나 이렇게 지나치게 수량이 늘어나면 얼어붙은 하층토로 통하는 배수 지역이 원래 부족하기 때문에 결국 식물이 번성하지 못하게 된다.

Check

▶ enough to R

enough는 '형용사와 부사' 기능이 모두 있는 바, 부사로 쓰였을 때에는 '동사와 부사, 형용사보다 반드시 뒤'에 위치한다.

The temperature increases
    주어   동사
<enough for the ice to melt>.
          부사구

⇨ 'enough'는 'to 부정사'와 결합하는데, 별도의 의미상의 주어가 'enough와 to 부정사' 사이에 위치할 수 있다. 즉 'for the ice'는 'to melt'의 의미상의 주어가 되어, '얼음이 녹을만큼 충분히'라는 뜻을 가지게 된다.

memo

□ 다음 글을 읽고 물음에 답하시오.

Perhaps it is only in childhood that books have any deep influence on our lives. In later life we admire, we are entertained, we may modify some views we already hold, but we are more likely to find in books merely a confirmation of what is in our minds already: as in a love affair it is our own features that we see reflected flatteringly back.

26 According to the passage, which of the following is not true?

① A child has a very susceptible mind.
② An adult is as quick as a child in learning new things from books he reads.
③ We love to recall our memory.
④ What an adult thinks can be determined by the books in childhood.

27 It can be inferred from the passage that ______________.

① the books we read in childhood are often fairy tales
② the books we read in childhood are about our adulthood
③ the books we read in childhood change our lives in later years
④ the books we read in childhood leave lasting impacts upon our mind

28 According to the writer, the books we read in childhood are like a love affair because ______________.

① we are averse to recall it bitterly
② we recall it with fond memories
③ we resist recalling our glorious moment
④ we are flirting with the idea of our bright future

어구   childhood 유년 시절 | have influence on ~에 영향을 미치다 | modify 변경하다 | hold a view 견해를 갖고 있다 | confirmation 확인, 확증 | reflect back 숙고하다 | flatteringly 우쭐대면서, 기뻐하면서, 아첨하면서 [보기] susceptible 민감한 | recall 상기하다, 생각해내다 | determine 결심하다 | fairy tale 동화 | lasting 영구적인, 영원한 | love affair 연애사건, 열광 | be averse to R ~을 싫어하다 | fond 애정어린 | resist 저항하다, 거부하다 | flirt with 장난치다, 즐기다

해설   **26_[불일치] 위 글과 맞지 않는 것은?**

① 아이는 매우 민감한 정서를 갖고 있다.
② 어른은 자신이 읽은 책을 통해서 새로운 것을 학습할 때 아이만큼 그 속도가 빠르다.
③ 우리는 회상을 즐긴다.
④ 성인이 어떻게 생각하느냐는 유년시절에 읽었던 책에 의해 결정될 수 있다.

◐ 책을 통해 어른들이 아이들만큼 새로운 것을 빨리 한다는 내용은 언급되지 않았다.

정답 ②

27_[추론일치] 위 글에서 유추할 수 있는 것은?

① 유년시절에 읽는 책은 종종 동화책이다.
② 유년시절에 읽는 책은 성인에 관한 것이다.
③ 유년시절에 읽는 책은 훗날 우리의 삶을 변화시킨다.
④ 유년시절에 읽은 책은 우리의 정서에 영원한 영향을 미친다.

◐ 유년시절에 읽는 책이 영향력을 미치게 되는데, 그 영향력이 성인 때까지 지속된다는 것이 이 글의 요지이다.

정답 ④

28_[추론일치] 우리가 유년시절에 읽은 책들이 연애 이야기와 유사하다고 작가가 설명하는 이유는 무엇인가?

① 비관적으로 회상하기를 꺼려 해서
② 즐거운 추억으로 회상할 수 있어서
③ 화려했던 순간을 기억하기를 꺼려 해서
④ 우리의 밝은 미래에 대한 생각을 하면서 즐길 수 있어서

◐ 마지막 문장에서 어린 시절 우리가 읽었던 책들이 연애이야기와 비슷하다고 한 이유는 즐거운 추억으로 회상할 수 있다는 공통점이 있기 때문이다

정답 ②

해석   아마도 책이 우리의 삶에 깊은 영향을 끼치는 것은 어린 시절에서만인 것 같다. 그 이후의 삶에서 (독서를 하며) 우리는 감탄하고, 위안을 받기도 하고, 우리가 이미 가지고 있는 어떤 견해들을 수정할지도 모르지만 그것은 이미 우리의 마음 속에 있던 것들을 단지 책에서 확인하는 것이기 쉽다. 연애에서처럼 선명하게 반추되는 것은 우리 자신들이 이미 지니고 있었던 특색들이다.

Check

▶ **it is ~ that 강조구문**

'주어, 목적어, 보어'로 쓰인 '명사(구)'나 '부사구 또는 부사절'은 it is와 that 사이에 강조될 수 있다.

We see <u>our own features</u>
　　　　　목적어
<u>reflected</u> flatteringly back.
목적보어

= *It is* our own features *that* we see reflected flatteringly back.

⇨ see 동사의 목적어인 'our own features'가 'it is'와 'that' 사이에 강조되었다.

□ 다음 글을 읽고 물음에 답하시오.

Thomas Edison was probably the greatest inventor in history. He had only three months of formal schooling, but he changed the lives of millions of people with such inventions as the electric light and the phonograph. Edison patented 1,093 inventions in his lifetime. He experimented in the field of medicine, and offered a program for farm relief. He came close to the invention of the radio, and he predicted the use of atomic energy. Henry Ford once suggested that the period of Edison's life be called the Age of Edison, because of the inventor's many great contributions.

29 Which of the following is the best title?

① The life of Edison
② A variety of Edison's inventions
③ The age of Edison
④ Edison as the greatest inventor

30 Which of the following did Edison invent?

① telephone ② electric light
③ radio ④ atomic energy

31 What cannot be inferred from the passage?

① Edison was poorly educated.
② Edison made a great contribution to society.
③ Henry Ford competed with Edison in getting the patents.
④ Edison was interested in various fields.

어구 **probably** 아마도 | **formal schooling** 정식 학교 교육 | **electric light** 전깃불 | **phonograph** 축음기 | **patent** 특허를 얻다; 특허 | **experiment in/ with** ~을 실험하다, 연구하다 | **atomic energy** 원자력 | **come close to N/ ~ing** 거의 ~을 하게 되다, 하마터면 ~할 뻔하다 (사실은 하지 못한 것임) | **contribution** 공헌, 이바지 〔보기〕 | **poorly** 형편없이 | **make a contribution to** ~에 이바지하다 | **compete with** ~와 경쟁하다

해설 **29_〔제목〕 위 글에 알맞은 제목은?**

① 에디슨의 인생
② 다양한 에디슨의 발명품들
③ 에디슨의 시대
④ 위대한 발명가인 에디슨

❍ 이 글은 에디슨의 인생이라는 시간적 과정을 쓴 글이 아니므로 보기 ①은 틀렸다. 발명가로서 위대한 공헌을 사회에 미쳤다는 내용이 주제이므로 제목 또한 보기 ④가 옳다.

정답 ④

30_〔특정정보〕 에디슨이 발명한 것은?

① 전화기
② 전깃불
③ 라디오
④ 원자력

❍ 두 번째 문장에서 에디슨은 '축음기와 전깃불' 을 발명했다고 설명이 됐다.

정답 ②

31_〔추론불일치〕 추론할 수 없는 내용은?

① 에디슨은 형편없이 교육받았다.
② 에디슨은 사회에 큰 이바지를 했다.
③ 헨리 포드는 특허를 얻을 때 에디슨과 경쟁했다.
④ 에디슨은 여러 분야에 관심을 가졌었다.

❍ 헨리 포드와 에디슨의 경쟁 관계에 대해서는 설명된 바 없다.

정답 ③

해석 에디슨은 아마도 역사에서 가장 위대한 발명가일 것이다. 그는 단지 3개월의 정식 교육을 받았지만, 전깃불과 축음기와 같은 발명품을 통해 많은 이들의 삶을 바꿔놓았다. 에디슨은 사는 동안 1093개의 발명의 특허를 얻었다. 그는 의학 실험도 했으며 농장 구제 계획안도 제시했다. 라디오를 거의 발명할 단계까지 갔으며 원자력의 이용을 예견하기까지 했다. 헨리 포드는 이 발명가의 많은 뛰어난 이바지들 때문에 에디슨이 살았던 시대를 에디슨의 시대라고 불러야 한다는 말을 했다.

Check

▶ should의 생략

suggest, require, insist, request, ask 동사의 목적어가 that 절일 경우, 그 'that 절' 의 내용이 '~해야 한다' 는 당위절이라면 그 that 절 안의 조동사 should는 생략이 가능하다.

Henry Ford once *suggested that* the period of Edison's life *(should) be* called the Age of Edison.

⇒ suggest의 목적어 that 절 안의 조동사 should가 생략되어서 본동사인 'be'만 원형으로 남은 형태이다.

순서배열/문장삭제/
문장삽입

제9장
순서배열 · 문장삭제 · 문장삽입

1. 유형 정의

글의 논리적인 전개과정에 따라 문장과 문장 간의 논리적 배열이 옳게 되었느냐(순서배열), 글의 흐름, 작가의 주장과 이를 뒷받침하는 부연 설명 및 기타 논리 전개에 위배되는 글이 있는지를 판단하고(문장삭제), 문단의 일관성을 유지하기 위해 특정 문장이 어디에 위치해야 되는지에 대한 판단(문장삽입)을 요하는 유형이다.

인하대, 중앙대, 가톨릭 대학교 등 몇몇 대학에서 한 문제 정도를 제외하고는 등장하지 않는 유형이다.

2. 공략 방법

(1) 순서배열 유형은 문장과 문장의 선후관계를 연결시켜 주는 논리 정보 장치, 시간 통제 부사 등과 같은 연결어구 등을 주의해야 한다. 이러한 연결어구가 드러나지 않는 경우에는 정확한 해석에 따른 논리 흐름을 파악해야 한다.

(2) 문장삭제 유형은 주제문과 그 주제문을 뒷받침해주는 문장들과의 통일성에 위배되지는 않았는지 글 전체의 흐름을 신경써야 한다. 즉, 글 전체의 흐름과 논리적으로 위배되는 문장을 고르면 된다.

(3) 문장삽입 유형은 순서배열과 마찬가지로 문장 간의 선후관계 연결의 일관성을 유념하면서, 주어진 문장에 있는 연결어구, 지시어 등을 살펴본다. 또는 주어진 문장과는 상관없이, 지문에 있는 문장들 간에 흐름이 어색한 내용을 발견한다면 그 부분에 주어진 문장이 삽입되어야 한다.

3. 설문 유형

- Choose the best arrangement of the following sentences.
- 다음 글의 문맥이 가장 잘 연결되도록 배열한 것은?
- 각 문장이 문맥상으로 그 순서가 적절하게 나열된 것은?
- 제시문 다음에 이어질 글의 순서로 가장 적절한 것을 고르시오.

memo

1 다음 주어진 문장에 이어질 글의 순서로 가장 적절한 것은?

> Free trade makes possible higher standards of living all over the globe.
>
> (A) Free trade also makes the world economy more efficient, by allowing nations to capitalize on their strength.
> (B) The case for free trade rests largely on this principle as long as trade is voluntary, both partners benefit.
> (C) The buyer of a shirt, for example, values the shirt more than the money spent, while the seller values the money more.

① (A) – (C) – (B)　　②　(B) – (A) – (C)
③ (B) – (C) – (A)　　④　(C) – (A) – (B)

2 다음 주어진 문장에 이어질 글의 순서로 가장 적절한 것은?

> While cordless drills are ideal portable devices, they are not well suited to masonry work.
>
> (ㄱ) This is because cordless drills are not as powerful (the drill bit does not revolve as fast) and the battery will quickly drain if used to drill into brick.
> (ㄴ) If you intend to use the drill for a lot of non-wood drilling (particularly masonry) then you should purchase a corded drill.
> (ㄷ) However, for the occasional masonry hole, cordless drills are still adequate.

① (ㄴ) – (ㄱ) – (ㄷ)　　②　(ㄴ) – (ㄷ) – (ㄱ)
③ (ㄷ) – (ㄱ) – (ㄴ)　　④　(ㄷ) – (ㄴ) – (ㄱ)

1 [순서배열]

어구   **all over the globe** 전 세계적으로 | **capitalize on** ~을 이용하다 | **case** 사건, 사례, 예, 사건 | **rest on** ~에 기초를 두다, ~에 달려 있다, ~을 의지하다 | **principle** 원리, 원칙 | **voluntary** 자발적인

해설   (A)문장에 등장하는 생활수준의 향상과 세계 경제의 효율성은 자유무역의 이점이므로 주어진 문장과 이어지며, 그 예를 (C)와 (B)를 통해서 들어주고 있다.

해석   자유무역은 전 세계적의 생활수준이 향상되게 한다.
(A) 자유무역은 또한 국가들이 그들의 힘을 이용하게 함으로써 세계경제를 효율적이게 한다.
(C) 예컨대, 셔츠의 구매자는 지불한 돈보다 셔츠를 더 중요시하지만, 판매자는 돈을 더 중요시한다.
(B) 자유 무역에 대한 사례는 무역이 자발적이고 양 당사자들이 이익을 보는 한 대개 이 원칙을 기반으로 한다.

정답 ①

2 [순서배열]

어구   **cordless** 무선의 | **drill** 송곳, 드릴, 훈련 | **portable** 운반할 수 있는 | **device** 고안, 계획, 장치 | **be suited to** ~에 적합하다 | **masonry** 석공술, 석조 건축 | **revolve** 회전하다 | **drain** 배수하다, 배출하다

해설   주어진 제시문의 주절의 내용이 무선 드릴의 단점을 설명하며, (ㄴ) 문장이 그 예를 들어준다. 다시 (ㄱ)에서 그 단점의 이유를 설명하며, (ㄷ) 문장에서 역접의 관계로 장점을 설명해준다.

해석   비록 무선 드릴이 휴대할 수 있는 이상적인 휴대 장비이지만, 석공 일에 적합하지는 않다.
(ㄴ) 만약 당신이 나무목재가 아닌 상당 부분(특히 석공)을 위해 이 드릴을 사용하려 한다면, 당신은 유선 드릴을 사야만 한다.
(ㄱ) 이러한 이유는 무선 드릴이 강하지 못하고(드릴 도구가 빠르게 회전하지 않으며), 벽돌의 구멍을 뚫을 때 이용하면 전지가 빠르게 소모되기 때문이다.
(ㄷ) 그러나 이따금씩 하게 되는 석공 구멍 작업을 위해서는 무선 드릴만으로 아직은 적합하다.

정답 ①

3 각 문장이 문맥상으로 그 순서가 적절하게 나열된 것은?

(A) Born a slave in North Carolina, Harriet Jacobs was taught to read and write by her mistress.
(B) Although her owner believed so, she in fact spent almost seven years hidden in the tiny dark attic.
(C) She finally escaped from her owner and started a rumor that she had fled North.
(D) On her mistress's death, Jacobs was sold to a white master who harassed her very much.

① A – B – C – D
② A – D – C – B
③ D – C – B – A
④ C – A – B – D
⑤ B – D – A – C

4 제시문 다음에 이어질 글의 순서로 가장 적절한 것을 고르시오.

Ironically, as Americans have gotten heavier as a population, the image of a beautiful woman has gotten much slimmer. Marilyn Monroe would be overweight by today's media standards.

A. Beer and soft drink commercials, for example, often feature very thin girls in bikinis.
B. As a result, many teenage girls have become insecure about their bodies and obsessed with losing weight.
C. Television shows and commercials feature actresses who are very slender.
D. Eating disorders such as anorexia and bulimia are now common among young women.

① A – B – D – C
② C – B – D – A
③ A – D – C – B
④ D – A – C – B
⑤ C – A – B – D

3 [순서배열]

어구 mistress 여주인, 주부 | in fact 사실상 | hidden 숨겨진, 은폐된 | attic 다락방 | flee 도망치다 | harass 괴롭히다

해설 (A) 착한 본래 여주인에게서 가르침을 받았지만 (D) 그 여주인이 죽고 사악한 남자 주인에게 팔려서 괴롭힘을 당하자, (C) 그 후 도망쳤다는 소문을 냈다는 내용으로 전개된다. (B) 하지만 그녀는 도망친 것이 아닌, 다락방에 숨어 있었다는 반전의 내용 전개가 옳다.

해석 (A) 노스 캐롤라이나에서 노예로서 태어난 Harriet Jacobs는 그녀의 여주인으로부터 읽고 쓰는 법을 배웠다.
(D) 그녀의 여주인이 죽자, 그녀는 그녀를 매우 괴롭혔던 백인 남자 주인에게 팔려 가게 되었다.
(C) 그녀는 마침내 그녀의 주인에게서 도망쳤고, 그녀가 북쪽으로 달아났다는 소문을 내기 시작했다.
(B) 그녀의 주인은 그렇게(도망갔다고) 믿었지만, 그녀는 사실 매우 좁은 어두운 다락에서 거의 7년 동안 숨어 지냈다. **정답** ②

4 [순서배열]

어구 ironically 아이러니컬하게도 | population 인구 | slim 날씬한 | soft drink 청량음료 | commercial 상업광고방송; 상업적인 | thin 날씬한, 홀쭉한 | insecure 불안한 | obsessed 강박관념에 사로잡힌 | slender 날씬한, 빈약한 | anorexia 식욕부진 | bulimia 과식 질환

해설 언론매체가 마릴린 먼로의 몸매를 날씬한 것으로 간주하지 않으니, 그 이하에는 언론 매체에서 날씬한 여배우를 방영한다는 C 문장에 이어, 그 방영의 내용을 구체적으로 A에서 풀어 설명하며, 그로 인한 악효과를 B, D 문장에서 설명한다.

해석 아이러니컬하게도, 미국인들은 인구가 증가하면서, 아름다운 여성에 대한 이미지는 더욱 날씬한 것이 되었다. 마릴린 먼로가 현대 언론 매체의 기준으로 보면 뚱뚱하다.
C. TV 프로그램과 상업 광고 방송들이 매우 날씬한 여배우들을 방영한다.
A. 예컨대, 맥주와 청량음료 광고 방송들이 비키니를 입은 매우 날씬한 여자들을 자주 방영한다.
B. 그 결과 많은 10대 여자 아이들이 자신의 신체에 대해 불안해하고, 몸무게를 줄이는 데 강박관념을 갖는다.
D. 식욕부진이나 과식 욕구 같은 식사 질환이 지금 젊은 여자들 사이에서 흔하다. **정답** ⑤

memo

5 다음 주어진 문장에 이어질 글의 순서로 가장 적절한 것은?

The stage of prewriting includes any activity you do in order to start writing the composition. It may include freely discussing the topic in a group, making a list, or drawing a diagram or chart.

ⓐ The selections are intended both to model effective argument writing, as well as to cause the reader to agree or disagree. ⓑ Your opinions, elicited by the selections, should form the basis for your own argument writing. ⓒ It may also include reading about the topic. Each chapter in this book includes a selection from a major newspaper or magazine on a controversial topic.

① ⓐ – ⓑ – ⓒ   ② ⓑ – ⓐ – ⓒ
③ ⓒ – ⓐ – ⓑ   ④ ⓑ – ⓒ – ⓐ

6 다음 문장들을 논리적인 글이 되도록 배열하시오.

ⓐ In March 1979 Wertheimer and physicist Ed Leeper, Ph. D., published this ominous finding in the American Journal of Epidemiology, one of the foremost epidemiological journals in the world. ⓑ In addition, appliances tend to be used sporadically and therefore do not constitute sources of chronic or continuous, magnetic field exposure. ⓒ They pointed out, however, that unlike the magnetic fields given off by power lines, the fields from most household appliances fall off sharply with distance from the appliance. ⓓ Their article noted that certain household appliances - hair dryers, toasters, and electric drills - can also product strong magnetic fields. ⓔ They wrote that "power lines are taken for granted and generally assumed to be harmless" but that assumption had "never been adequately tested."

① ⓐ – ⓔ – ⓒ – ⓓ – ⓑ   ② ⓔ – ⓓ – ⓒ – ⓑ – ⓐ
③ ⓒ – ⓐ – ⓓ – ⓑ – ⓔ   ④ ⓑ – ⓒ – ⓐ – ⓔ – ⓓ

5 [순서배열]

어구 **prewriting** 글쓰기 이전 | **in order to R** ~하기 위하여 | **composition** 작문, 구성, 조립, 화해 | **diagram** 도식 | **selection** 정선(물) | **model** ~을 형체화하다, ~을 따라하다 | **argument** 논쟁, 논의 | **elicit** 이끌어내다, 유도하다

해설 제시된 첫 문장과 두 번째 문장이 글쓰기 이전의 작문 단계에 하는 행위를 열거했으며, 'also'라는 '첨가' 부사를 통해 ⓒ의 문장이 이어지는 것을 알 수 있다.

해석 글쓰기 전 단계는 작문을 시작하기 위한 당신이 하는 모든 행위를 포함한다. 그것은 모임 안에서 자유롭게 주제를 토론하고, 리스트를 작성하고, 또는 도식이나 도표를 그리는 것을 포함할런지도 모른다.
ⓒ 또한 그것은 주제에 관한 독서를 포함할런지도 모른다. 이 책에 있는 각 장은 주요 신문이나 잡지에서 논란이 많은 주제에 관해 선별한 작품을 포함하고 있다. ⓑ 이 선출 작품들이 이끌어내는 당신의 견해들은 당신 자신의 토론 서식을 위한 기초를 만들어야만 한다. ⓐ 선별 작품들은 독자로 하여금 찬성하거나 반대하게끔 할 뿐만 아니라 효율적인 토론 서식을 형성하려고 의도됐다. **정답 ③**

6 [순서배열]

어구 **ominous** 섬뜩한, 불길한 | **finding** 발견, 조사 결과 | **epidemiology** 의생태학, 역학 | **foremost** 최초의, 선두의 | **appliance** 기구 | **sporadically** 간헐적으로 | **chronic** 만성의, 고질적인 | **magnetic-field** 자기장 | **give off** 발산하다, 뿜다 | **household** 가정 | **fall off** 줄다, 떨어지다 | **power line** 송전선 | **take A for granted** ~을 당연히 여기다

해설 불길한 연구 내용을 기고했다는 ⓐ 문장과, 그와 같은 맥락을 갖춘 통념과 상반된다는 ⓔ 문장이 자연스럽게 연결된다.

해석 ⓐ1979년 3월 Wertheimer와 물리학자인 Ed Leeper는 전 세계에서 가장 유력한 의생태학 잡지들 중 하나인 American Journal of Epidemiology에 불길한 연구 내용을 기고했다.
ⓔ 그들이 밝히기를, 송전선은 해롭지 않은 것으로 당연시되고 일반적으로 추측되지만, 그 가정은 결코 정확하게 연구된 것은 아니라고 한다.
ⓒ 그러나 그들이 지적하기를, 송전선이 방사하는 자기장과는 다르게 대부분의 가정용 전기기구로부터 나오는 자기장은 기구로부터 멀어질수록 자기장이 빠르게 감소한다고 한다.
ⓓ 그들의 논문에서 밝히길, 헤어드라이기, 토스터기와 전기드릴과 같은 특정 가정용 기구들도 또한 강한 자기장을 만든다고 한다.
ⓑ 게다가 전기기구들은 간헐적으로 사용되어지는 경향이 있으므로 만성적이고 고질적인 자기장 노출의 원인이 되지는 않는다. **정답 ①**

memo

7 다음 문장들을 가장 논리적인 글이 되도록 배열한 것은?

> ㉠ The early hunter could do little more than forage for berries, fruits, and edible animals.
> ㉡ Later, agriculture emerged as man's dominant activity, and he learned to control and direct living matter around him.
> ㉢ Primitive man lived in bondage to nature.
> ㉣ This complex and broad interaction between man and nature is still going on today.
> ㉤ He did nothing to interfere with the course of natural processes.

① ㉠㉡㉢㉣㉤　　　　② ㉠㉢㉤㉡㉣
③ ㉢㉠㉣㉤㉡　　　　④ ㉢㉤㉠㉡㉣

8 다음 문장들을 논리적인 글이 되도록 순서대로 바르게 배열한 것은?

> ㉠ For the past two years, I have been studying cancer survivors at the university, trying to find out why it is that some people respond much better to their treatment than do others.
> ㉡ Some patients fared much better in their therapies than others.
> ㉢ The patients I am talking about here received upon diagnosis whatever therapymedication, radiation, surgery-their individual cases demanded.
> ㉣ On closer scrutiny, however, I discovered that severity of the illness was only one of a number of factors that accounted for the difference between those who get well and those who don't.
> ㉤ Yet the response to such treatments was hardly uniform.
> ㉥ At first I thought that some patients did well because their illnesses were not as severe as the illnesses of others.

① ㉠㉡㉢㉥㉣㉤　　　　② ㉠㉥㉣㉢㉤㉡
③ ㉠㉢㉡㉤㉥㉣　　　　④ ㉠㉡㉥㉣㉢㉤

7 [순서배열]

어구 **forage for** (먹잇감을 위해서) 찾아다니다 | **berry** 딸기류 과일 | **emerge** 나타나다, 출현하다 | **dominant** 지배적인, 우세한 | **primitive** 원시의, 근본적인 | **bondage** 속박 | **interaction** 상호관계 | **go on** 계속하다, 해나가다, 살아가다

해설 인간과 자연의 상호 과정을 시간 순으로 설명하는 글이다. 처음에는 '자연에 지배를 당했다'는 ⓒ – ⑩에 이어서 '자연을 지배해가는' ㉠ – ㉡ – ㉣의 순서가 옳다.

해석 ⓒ 원시인은 자연에 구속되어 살았다.
ⓜ 원시인은 자연 과정 진행을 방해할 수 없었다.
㉠ 초기 사냥꾼은 단지 딸기, 과일, 식용 가능한 동물들만 찾아다녔다.
㉡ 나중에, 농업이 인간의 중요한 행위로 등장했고, 인류는 자신의 주위를 둘러싼 생태계를 통제하고 관리하는 법을 터득했다.
㉣ 인류와 자연의 복잡하고 광대한 상호작용은 오늘날에도 여전히 계속되고 있다.

정답 ④

8 [순서배열]

어구 **cancer survivor** 암 생존자 | **find out** ~을 밝혀내다 | **treatment** 치료 | **fare** 살아가다, 지내다(up) | **on diagnosis** 진단상 | **scrutiny** 정밀조사 | **get well** 건강하다 | **uniform** 한결같은, 획일적인 | **therapy** 치료 | **medication** 약물치료

해설 ⓒ 문장에서 개개의 경우에 있어서 어떠한 치료이든 다 받는다는 설명에 이어 ㉡ 문장에서 그에 따른 치료의 경과를 비교하는 점이 자연스럽다.

해석 ㉠ 지난 2년 동안 대에서 암 생존자들을 연구했으며, 몇몇 사람들은 다른 이들보다도 더 치료를 잘 받는지 그 이유를 밝혀내려 노력했다.
ⓒ 내가 여기서 대화했었던 환자들은 진단상 각각의 경우가 필요로 하는 약물치료, 방사선치료, 수술 등 어떠한 것이든 간에 치료를 받았다.
㉡ 몇몇 환자들은 다른 환자들보다도 자신들의 치료를 받고 경과가 좋았다.
ⓜ 그러나 그와 같은 치료들에 대한 반응이 거의 같지는 않았다.
ⓗ 처음 내가 생각하기로는 환자들의 질병이 다른 이의 질병만큼 심각하지 않기 때문에 그 환자들이 건강하다는 것이었다.
㉣ 그러나 자세히 들여다보자, 내가 알게 된 것은 질병의 심각성이 건강한 사람과 그렇지 못한 사람의 차이점을 설명하는 수 많은 요소들 중 단지 한 개에 불과하다는 것이었다.

정답 ③

9 다음 문장들을 논리적인 글이 되도록 순서대로 바르게 배열한 것은?

> ㄱ. I sent the prospectus to my brother in Denver, and it is possible that he would be interested.
>
> ㄴ. I'm sure you will find all the capital you need, and I wish you every success.
>
> ㄷ. Although it looks very appealing, this is not something we are prepared to get into at the moment.
>
> ㄹ. Thank you for sending us the information on your real estate trust investment opportunity.

① ㄱ - ㄴ - ㄷ - ㄹ   ② ㄱ - ㄷ - ㄴ - ㄹ
③ ㄹ - ㄱ - ㄷ - ㄴ   ④ ㄹ - ㄷ - ㄱ - ㄴ

10 다음 글이 들어갈 가장 알맞은 곳은?

> *For example, when we read a newspaper, we usually don't read every word of every article.*

> (㉠) When we skim a reading passage, an article, or a book, we don't read every word. (㉡) We look through it quickly until we know the main idea, or the general idea, of the text. (㉢) Instead, we look through the newspaper and skim some articles to get their general ideas.(㉣)

① ㉠   ② ㉡
③ ㉢   ④ ㉣

9 [순서배열]

어구 **prospectus** 설립 취지서, 내용 설명서 | **capital** 수도, 자본; 사형에 처할, 우수한, 으뜸의 | **appealing** 매력적인 | **get into** ~에 들어가다, 진출하다, ~에 마음이 빠지다 | **real estate** 부동산 | **trust investment** 신탁투자

해설 부동산 투자 신탁에 관한 정보를 받아서 고맙다는 인사말 '㉣'이 첫 문장이 되며, 자신이 할 수 없겠다는 유감스러운 내용 '㉢'이 두 번째 문장으로 이어지고, 자기 대신 동생에게 알려주겠다는 '㉠'으로 이어지는 내용이다.

해석 ㉣. 당신의 부동산 신탁 투자기회에 대한 정보를 보내 주셔서 감사드립니다.
㉢. 비록 매력적인 정보일지라도 지금 즉시 저희가 뛰어들 준비가 되어 있지는 않습니다.
㉠. 제가 덴버에 사는 동생에게 그 설명서를 보냈고 동생이 관심을 보일 가능성이 있습니다.
㉤. 당신이 필요한 모든 자본을 마련하실거라 확신하면서 당신의 성공을 기원합니다.

정답 ④

10 [순서배열]

어구 **reading passage** 독해 지문 | **skim** 대충 훑어보다 | **look through** 대강 훑어보다 | **text** 교재 | **instead** 대신에

해설 신문의 모든 단어를 다 읽는 것이 아니라 훑어보겠다는 말로 이어지는 것이 가장 적절하다.

◐ 책을 통해서 과거의 위대한 인물 또한 우리처럼 외로워하고 고통을 받으면서 노력하고 살았다는 점을 간접경험으로 배우게 된다는 주제이다.

해석 우리가 독해 지문, 기사 또는 책을 대충 훑어볼 때 우리는 모든 단어를 읽지 않는다. 우리는 교재의 요지 또는 대의를 알 때까지 그것을 대충 훑어본다. 예컨대, 우리가 신문을 읽을 때 우리는 일상적으로 모든 기사의 모든 단어를 읽지 않는다. 대신에, 우리는 신문을 대충 훑어보고 대의를 파악하기 위해서 어떤 기사들은 대충 훑어본다.

정답 ③

11 다음 글의 흐름으로 보아 주어진 문장이 들어가기에 가장 적절한 곳은?

While one roommate does research, another chats online with friends, and a third downloads music.

We're pretty sure that we could take a closer look everyday at how the Internet is changing our lives and not run out of things to say. Even our most receptive colleagues who embrace every new piece of new technology have a hard time keeping up with the potential. ①__________ Not long ago during the visit to the University of New Hampshire we noticed how connected the students were to the university's resources as well as the Internet. ②__________ If you want to know what your future may look like, just peek into this dorm at Berkeley where the computer dominates every aspect of these young lives. ③__________ That's because this dorm, like thousands of others across the country, has recently been wired with high-speed Internet access called Ethernet. ④__________ It eliminates the need for the slower phone modems they left back home.

12 다음 주어진 문장이 들어가기에 가장 적절한 곳은?

Today, many factors add to the problem along the edge of the desert.

The spread of the desert is not new. In ancient times, for example, the Middle East was a very fertile area. For hundreds of years, desert peoples moved from place to place with their animals before an area was destroyed. This gave the land a chance to recover. ⓐThey also raised crops every other year in an area, so they never overworked the land. ⓑ These traditional ways are disappearing, largely because of modern technology. ⓒ The population is growing, and too many animals feed on the fragile land. ⓓ

①ⓐ   ②ⓑ   ③ⓒ   ④ⓓ

 Check

11   [순서배열]

어구   **pretty** 매우, 잘 | **take a close look at** ~을 자세히 관찰하다 | **run out of** 닳다, 힘이 떨어지다 | **receptive** 받을 수 있는, 수용할 수 있는 | **embrace** 껴안다, 포함하다 | **have a hard time ~ing** ~하는 데 어려움이 있다 | **keep up with** 따라잡다, 유지하다 | **potential** 잠재성 | **peek** 엿보다 | **dominate** 지배하다, 우세하다 | **access** 접근, 면접, 출입 | **eliminate** 제거할 수 있는

해설   첫 문장은 기숙사의 룸메이트 3명을 예로 든 문장이다. 글의 흐름상 Berkeley 대학 기숙사의 젊은이들의 모습을 보여준 문장이다.

해석   우리가 매일의 삶을 자세히 들여다보면, 인터넷이 우리의 삶을 얼마나 바꾸어 왔고, 그것에 대해서 할말이 결코 줄지 않는다는 것을 매우 확신할 것이다. 심지어 새로운 기술공학을 잘 따라가고 있는 수용성이 많은 동료들조차도 인터넷의 잠재성을 따라가는 데 어려움을 느낀다. New Hampshire 대학을 얼마 전에 방문했을 때, 우리는 학생들이 인터넷과 학교의 시설 자원과 얼마나 잘 연결되어 있는지를 보았다. 만약 당신의 미래가 어떤지 알고 싶다면, 단지 Berkeley 대학의 기숙사를 들여다보면 컴퓨터가 얼마나 젊은이들의 삶을 지배하고 있는지 알 수 있을 것이다. 룸메이트 하나는 연구를 하고 있고, 다른 또 하나는 친구와 채팅하고 있고, 세 번째 룸메이트는 음악을 다운로드하고 있다. 이것은 수천 개의 전국의 다른 기숙사처럼, 이 기숙사도 Ethernet이라고 불리는 초고속 인터넷과 연결되어 있기 때문이다. 이것이 그들이 집에 놓고 온 느린 전화 모뎀에 대한 필요성을 없애준다.   **정답** ③

12   [순서배열]

어구   **edge** 가장자리 | **spread** 확산 | **fertile** 비옥한 | **raise crop** 농작물을 재배하다 | **overwork** 과용하다, 너무 많이 일을 시키다 | **disappear** 사라지다 | **fragile** 약한

해설   많은 요인들이 사막에 문제점을 증가시키고 있고 인구가 증가해서 동물들이 연약한 땅에 의존한다는 인과 관계가 성립한다.

해석   사막의 확산은 새로운 것이 아니다. 예컨대, 고대에 중동은 비옥한 땅이었다. 수백 년 동안, 사막에 사는 사람들은 그 지역이 파괴되기 전에 동물들을 데리고 여러 군데로 이동했다. 이것은 땅이 회복될 수 있는 기회를 주었다. 그들은 또한 한 지역에서 2년에 한 번 농작물을 재배하여 그 땅을 결코 과용하지 않았다. 이런 전통적인 방법이 현대의 기술 때문에 사라지고 있다. 오늘날, 많은 요인들이 사막에 문제점을 더하고 있다. 인구가 증가하고 있어서 너무 많은 동물들이 연약한 땅에 의존해서 먹고 살고 있다.   **정답** ③

13 다음 문장이 들어가기에 가장 적절한 곳을 고르시오.

Of course salt can be removed from sea water.

① In the future the sun will power not only factories but also railroad trains and automobiles. ② Scientists also hope that the sun will help to increase the world's water supply. ③ Deserts of the world could be changed into farms if sea water, changed into fresh water, were carried to the desert lands. ④ But the present methods are so costly that it is not practical to take the salt out of the great quantity of water that would be required. ⑤ Scientists are now trying to discover cheaper ways to make sea water pure by using the sun.

14 주어진 문장이 들어가기에 가장 적절한 곳은?

She is especially interested in how schools prepared and prepare students to be adults.

㉠ In this essay, Dr. Goodman compares and contrasts education in the past and present. ㉡ The point she makes is that society nowadays does not give children and adolescents enough good opportunities to try to be adults and to learn how to be adults. ㉢ She says that "We have left schools the job of producing adults but schools are where the young are kept, not where they grow up." ㉣ Has your schooling prepared you to be an adult? If so, how? If not, why not?

① ㉠   ② ㉡

③ ㉢   ④ ㉣

13   [순서배열]

어구   **railroad** 궤도 | **water supply** 물 공급 | **fresh water** 민물 | **costly** 비용이 많이 드는 | **practical** 실용적인 | **take A out of B** B로부터 A를 제거·축출하다 | **the great quantity of** 상당히 많은 양의 | **pure** 순수한, 깨끗한

해설   소금이 바다에서 축출될 수는 있지만, 그 비용이 많이 든다는 ④번 글 앞에 위치하는 것이 논리적으로 적합하다.

해석   미래에 태양은 공장뿐만 아니라 기차와 자동차들의 동력을 가동할 것이다. 과학자들은 또한 태양이 세계의 물공급을 증가시키는 데 도움을 줄 것이라고 희망한다. 민물로 바뀐 바닷물이 사막의 땅으로 갈 수 있다면, 사막은 농지로 바뀔 것이다. 물론, 바닷물에서 소금을 추출할 수는 있다. 그러나 현재 쓰이는 방법들은 너무나 비용이 많이 들어서 요구되는 만큼의 물의 최대량으로부터 염분을 축출하는 것은 실용적이지 못하다. 과학자들은 지금 태양을 이용해서 바닷물을 민물로 만드는 저렴한 방법들을 찾으려 노력하고 있다.   **정답** ④

14   [순서배열]

어구   **point** 요점 | **adolescent** 청소년 | **opportunity** 기회 | **schooling** 학교교육

해설   ⓛ 문장에서 사회가 아이들로 하여금 성인이 될 수 있는 기회를 충분히 제공하지 못한다고 했으므로 ⓛ문장 앞에 위치해야 옳다.

해석   이 에세이에서 Dr. Goodman은 과거와 현재의 교육을 비교 대조한다. 그녀는 특히나 학생들이 어른이 되도록 어떻게 과거와 오늘날 준비를 했는지에 대해서 관심이 많다. 그녀가 강조하는 부분은 사회가 오늘날 아이들과 청소년들이 성인이 되기 위해 노력하고 어떻게 성인이 되는지 충분한 기회를 주지 못한다는 점이다. 그녀가 말하기를, "우리는 성인을 창조하는 일을 학교에 남겨놨지만, 학교는 아이들이 성장하는 곳이 아닌, 아이들로 남아 있는 곳입니다."라고 한다. 당신의 교육은 어른이 되게끔 준비를 시켰나요? 만일 그랬다면 어떻게? 그렇지 않다면 어떻게?   **정답** ②

□ 다음 글을 읽고 물음에 답하시오.

Many people know the terms polygraph and lie detecter test, but many are not familiar with how this test actually works. The test uses a process that analyzes the physiological reactions in person's body while he or she answers questions, (a) First, a device called a pneumo-grapy is attached to a person's chest to record breathing patterns. Any abnormalities in respiratory patterns are recorded during an official interview. (b) Next, a machine similar to those is used to measure blood pressure. (c) Finally, skin response are used when the tips of a person's fingers are attached to electrodes. (d) An abnormal amount of sweating is an indicator that the person may be lying. After the preceding steps have been followed, polygraph experts analyze the results. (e) From the data, the experts may conclude that the person is telling the truth or they may decide that the person is most likely lying.

15 What is the main topic?

① Polygraph testing
② Pneumo-graph testing
③ Checking blood pressure
④ Steps of an official interview
⑤ Abnormal amount of sweating

16 아래 문장이 들어가야 할 위치는?

During this part of the polygraph test, the pulse and changes in blood pressure and heartbeat are recorded.

① (a)   ② (b)
③ (c)   ④ (d)
⑤ (e)

Check

어구 polygraph 거짓말 탐지기, 등사기 │ lie detector 거짓말 탐지기 │ be familiar with ~에게 익숙하다 │ analyze 분석하다 │ attach 붙이다 │ abnormality 비정상 │ respiratory 호흡 │ electrode 전극 │ indicator 징후, 표시기 〔보기〕 pulse 맥박

해설 **15_〔주제〕 위 글의 주제는?**

① 거짓말 탐지기
② 뉴모그래프 검사
③ 혈압 측정
④ 공식 인터뷰의 절차
⑤ 비정상적인 땀의 양

◎ 거짓말 탐지기를 통해서 어떻게 측정을 하는지에 대한 방법과 과정을 설명하는 글이다.

정답 ①

16_〔순서배열〕

◎ 거짓말 탐지기 분석 동안 사람의 생리학적 변화를 열거하는 앞 문장에 위치하는 것이 논리상 옳다.

정답 ①

해석 많은 이들은 거짓말 탐지기와 그 테스트를 알지만, 이 테스트가 얼마나 정확하게 측정을 하는지에 대해 잘 모른다. 테스트는 사람들이 질문에 답변을 하는 동안, 신체의 생리학적 반응을 분석하는 과정을 이용한다. 거짓말 탐지기가 생리학적 반응 분석을 하는 동안 맥박과 혈압 그리고 심장 박동의 변화가 기록된다. 첫째, 뉴모그래피라 불리는 기구가 호흡 패턴을 기록하기 위해 가슴에 붙여진다. 공식적인 질문을 할 때에는 모든 호흡 패턴이 불규칙해지는 것이 기록된다. 다음으로, 이것들과 유사한 장비가 혈압 측정을 위해 이용되어진다. 마지막으로 사람의 손가락 끝에 전극이 부착될 때 피부반응이 사용된다. 과하게 땀을 흘리는 것은 그 사람이 거짓말을 하는 것 같은 징후이다. 이전 단계들이 끝난 후에는 거짓말 탐지기 전문가들이 그 결과들을 분석한다. 데이터를 통해서 전문가들을 그 사람이 진실을 말하고 있다고 결론을 내리기도 하며, 대부분 거짓말을 하고 있는 것처럼 보인다고 결론을 내릴지도 모른다.

17 다음 글을 읽고 본문 전체의 흐름과 관계가 없는 문장을 고르면?

A healthy diet is important for children as well as adults. ① When adults have poor eating habits, their children usually do, too. ② After all, children eat the same way as their parents do. ③ We know that the food we eat affects us in different ways. ④ When parents eat healthy food, the children will think it tastes good.

18 다음 글의 흐름으로 보아 가장 관계가 없는 문장은?

Different regions of brain have different jobs. ① If there is any damage to the part of the brain known as Broca's area, a person will have trouble pronouncing words. ② Similarly, if there is damage to the part of the brain called Wernicke's area, a person will have problem remembering certain words. ③ There is much that scientists still do not know about the human brain. ④ The part of the brain called the cerebellum is concerned with controlling bodily position and motion.

 Check

17 [문장흐름]

어구 **poor eating habit** 잘못된 식사 습관 | **the same way** 같은 방식으로 | **taste good** 맛이 좋다

해설 ①, ②, ④는 부모의 식생활 습관이 아이들에게 영향을 끼친다는 내용이지만, ③은 전반적인 흐름과 전혀 관계가 없는 내용이 서술되어 있다.

해석 성인뿐만 아니라 어린이에게도 건강 식품은 중요하다. 어른들이 잘못된 식사 습관을 갖고 있으면, 그들의 아이들도 보통 그렇다. 결국 아이들은 자신의 부모와 같은 방식으로 먹는다. 우리가 먹는 음식물이 여러 가지 방법으로 우리에게 영향을 끼친다는 것을 우리는 안다. 부모들이 건강 식품을 먹을 때 아이들은 그것이 맛있을 것이라고 생각할 것이다. **정답** ③

18 [문장흐름]

어구 **region** 지역, 영역 | **damage** 피해, 손해 | **pronounce** 발음하다 | **cerebellum** 소뇌 | **be concerned with** ~와 관계되다 | **bodily position** 신체 자세 | **motion** 움직임

해설 첫 번째 문장이 주제문이다. 두뇌의 어떤 영역이 어떤 역할을 하는가에 대해서 언급해야 한다. ③번은 이 글의 흐름과 전혀 어울리지 않는다.

해석 두뇌의 여러 영역들은 다른 기능들을 갖게 된다. Broca's area라고 알려진 두뇌의 영역에 손상을 입게 되면 단어를 발음하는 데 어려움을 갖게 될 것이다. 마찬가지로 Wernicke's area라고 불리는 두뇌의 영역에 손상을 입게 되면 특정한 단어를 기억하는 데 문제가 발생하게 될 것이다. 인간 두뇌에 대해서 과학자들이 아직도 모르는 많은 것이 있다. 소뇌라고 불리는 두뇌 영역은 신체 자세와 움직임을 통제하는 데 관여한다. **정답** ③

19 다음 중 글의 흐름에 맞지 않는 것을 고르시오.

① During the first two years, boys and girls generally do not differ in competence. ② It appears that what babies can do under good conditions has relatively little to do with their gender, at least during the first year or so of infancy. ③ Boys and girls sit upright at about the same age and stand and walk at about the same time. ④ In fact, all the major milestones develop at about the same rate. ⑤ As a result, one-year-old boys engage in more gross motor activity than one-year-old girls do.

20 다음 글에서 전체의 흐름과 관계가 없는 문장은?

Everyone is in some measure an artist, even though he may shy away from art galleries and exhibits. ① Daily we express our artistic tastes in our choice of clothing, household furniture, costume jewelry, flowers, phonograph records, radio programs, movies. ② The modern industrial world caters to this sense of beauty which we all share. Design has made graceful many of our everyday properties, from streamlined locomotives to fountain pens. ③ From the earliest times, along with painting, sculpture, music and dance have been developing as expressions of man's creative impulse. ④ The phonograph and the radio have enriched our lives by making available the best classical music.

 Check

19 [문장흐름]

어구 **differ** 다르다 ┃ **competence** 능력 ┃ **gender** 성 ┃ **infancy** 유년기 ┃ **upright** 바로, 똑바로 ┃ **milestone** 이정표, 획기적인 사건 ┃ **engage in** 시작하다 ┃ **gross motor** 조대운동

해설 글의 전체적인 분위기는 남자아기와 여자아기가 태어나서 2년 동안은 차이가 없다는 것인데, 마지막 문장에서의 한 살짜리 남자아기가 조대 운동을 더 활발히 한다는 것은 전체 내용과 상반된다.

해석 처음 2년 동안 남자아이들과 여자아이들은 능력에 있어서 일반적으로는 다르지 않다. 아기들이 좋은 환경에서 할 수 있는 것은 적어도 한 살이나 유아기 동안에는 아기들의 성별과는 비교적 관계가 거의 없는 것 같다. 남자아이들과 여자아이들은 거의 같은 나이에 바로 앉고 거의 같은 시기에 걷는다. 사실 모든 중요 사건은 유사한 속도로 나타난다. 결과적으로 한 살짜리 여자아이들보다 조대 운동이 활발해진다.　　　　　　　**정답** ⑤

20 [문장흐름]

어구 **in some measure** 어느 정도는 ┃ **shy away from** ~에서 피하다 ┃ **artistic tastes** 예술적 취향 ┃ **cater** 요구를 충족시키다, 제공하다 ┃ **streamlined** 유선형의 ┃ **enrich** 풍요롭게 하다

해설 일반인들의 예술적 감각을 일상생활을 통해서 보여준다는 것이 이 글의 대의인데, 마지막 문장은 일반적인 삶의 풍요로움에 대해 설명함으로써 글 전체의 내용과 어긋난다.

해석 모든 사람들은 미술관과 전시회에서 꽁무니를 빼지만 어느 정도는 예술가이다. 매일 우리는 옷, 가구, 인조 장신구, 꽃, 전축판, 라디오 프로그램, 영화 등을 선택하는데, 이는 우리의 예술적 취향을 표현한다. 현대 산업 세계는 우리 모두가 공유하고 있는 이런 미적 감각의 요구에 부응하고 있다. 디자인은 유선형의 기관차에서 만년필에 이르기까지 많은 일상 용구의 모습을 우아하게 했다. 태초부터 그림과 함께, 조각과 건축, 음악과 무용이 인간의 창조적 충동의 표현으로 발달해오고 있다. 축음기와 라디오는 훌륭한 고전음악을 들을 수 있게 함으로써 우리의 삶을 풍요롭게 해 주었다.　　　　　　　**정답** ④

21 다음 글에서 전체 흐름과 관계가 없는 문장은?

"Learning a language is easy. Even a child can do it!" ① Most adults who are learning a second language would disagree with this statement. ② For them, learning a language is a very difficult task. ③ Language teachers often offer advice to language learners; "Don't translate - try to think in the new language."④ They need hundreds of hours of study and practice, and even this will not guarantee success for every adult language learner.

21 [문장흐름]

어구 **disagree with** ~에 반대하다 │ **task** 일, 임무 │ **guarantee** 보장하다

해설 이 글은 성인들이 겪는 어학 공부의 어려움이 대의인데, ③번 문장은 언어 학습법에 대한 선생님의 충고를 다루고 있으므로 글의 전개상 맞지 않다.

해석 "언어를 배우는 것은 쉽지 않다. 심지어 아이도 할 수 있다!" 제2의 언어를 공부하는 대부분의 성인들은 이런 말에 동의하지 않을 것이다. 그들에게 있어서 언어를 학습한다는 것은 매우 어려운 일이다. 어학 선생들은 종종 언어 학습자들에게 충고하기를, "번역하지 마라, 새 언어로 사고해라!"라고 한다. 그들은 공부하고 연습하는 데 수백 시간이 필요하다. 그리고, 심지어 이렇게 해서, 모든 성인 어학 학습자들에게 성공이 보장되는 것도 아니다.　**정답** ③

Chapter **10**

전후문단 추론

제10장
전후문단 추론

1. 유형 정의

주어진 지문의 앞부분이나 뒷부분에 나올 내용을 묻는 유형이다. 즉, 단락과 단락 사이의 주제를 연결하는 추론 문제이다.

2. 공략 방법

(1) 주어진 지문 앞에 나온 내용을 추론하는 경우, '첫 문장'에 거의 그 단서가 있다. 대개는 논리정보장치가 있어서 '순접'이냐 '역접'이냐를 쉽게 파악할 수도 있지만, 그러한 논리 정보 장치가 없을 경우에는 지문의 주제를 먼저 파악하여야 한다.

(2) 주어진 지문 후에 나올 내용을 추론하는 경우, '마지막 문장'에 그 단서가 포함되어 있다. 즉 보기항에 언급되어 있는 내용 중에서 마지막 문장과 논리적 연결이 될 수 있는지를 확인해야 한다.

3. 설문 유형

- Choose the one which might come after this passage.
- It may be inferred that the next paragraph of the above passage will be concerned with __________.
- In the paragraph following this passage, the author would probably discuss __________.
- Which of the following would contiguously follow the passage?
- What do you think was discussed before the paragraph?
- The passage is part of a longer composite unit. What do you think was discussed before the paragraph?
- 아래 글의 바로 앞 문단으로 가장 적절한 것은?
- 다음 글의 다음에 올 내용으로 가장 적절한 것은?

memo

1 What do you think was discussed before the paragraph?

On the other hand, some Indian tribes wish to modernize the reservations. They have set up cattle ranches and started small industries. The value of education is understood, with many Indians of these tribes earning graduate degrees as teachers, doctors, and engineers at their state universities. These alternatives, with many variations, are what most Indians have chosen.

① 인디언 전통문화의 답습
② 인디언들의 적극적인 사회 참여
③ 인디언 특별 보호구역의 현대화
④ 인디언들의 교육에 대한 열의

2 다음 글 뒤에 이어질 내용으로 가장 알맞은 것은?

Abundant energy is essential to modern civilization. Energy beyond that provided by human or animal muscles is needed for operating our factories, for heating and cooling our homes, for powering most forms of transportation and for hundreds of other purposes. Presently coal and oil supply the majority of our energy needs. But coal when burned tends to pollute the air, and oil is becoming scarcer. Other sources, therefore, must be developed.

① 공해 문제　　　　② 통신 수단 발달
③ 산업 개발　　　　④ 대체 연료 개발

1 [전문단추론] 이 글 앞에 논의되었을 것으로 추론되는 내용은?

어구 **on the other hand** 반면에, 그러나 | **reservation** 보호구역 | **set up** 세우다 | **a cattle ranch** 소 방목장 | **earn degrees** 학위를 취득하다 | **alternative** 대안 | **variation** 변화, 변동

해설 'on the other hand'라는 역접 논리정보 장치를 통해, 인디언 특별 보호 구역의 현대화와 반대되는 내용이 이 글 앞에 위치해야 된다.

해석 반면에 어떤 인디안 부족들은 인디언 특별 보호 구역을 현대화하기를 바란다. 그들은 소 방목장도 세웠고, 소규모의 산업을 시작하였다. 교육의 가치도 이해하여, 이 부족의 많은 인디언들은 그들이 살고 있는 고장의 주립대학에서 교사, 의사, 기술자 학위도 취득했다. 많은 변화와 함께, 이러한 대안들은 대부분의 인디언들이 선택한 것이다. **정답** ①

2 [후문단추론]

어구 **abundant** 풍부한(ample, copious) | **be essential to** ~에 필수적이다 | **muscle** 근육 | **operate** 가동시키다 | **power** 동력을 공급하다 | **transportation** 운송수단 | **scarce** 부족한, 불충분한

해설 석유는 고갈되고, 석탄은 공해를 일으키기 때문에, 대체 연료를 개발하자는 내용이 전개되어야 한다.

해석 현대문명에는 풍부한 에너지가 필수적이다. 공장을 가동시키고, 가정의 난방과 냉방을 하고, 교통수단에 동력을 공급하고 또한 다른 수백 가지의 목적에 인간이나 동물이 제공하는 에너지를 능가하는 에너지가 필요하다. 현재 석탄과 석유는 우리가 필요로 하는 에너지의 대부분을 공급한다. 그러나 연소될 때 석탄은 공기를 오염시키는 경향이 있고, 석유는 고갈되고 있다. 그래서 다른 자원이 개발되어야만 한다. **정답** ④

Check

▶**with + 목적어 + ing/ pp: with 부대상황 구문**

'with + 목적어' 이하에 위치한 분사는 '~한 채, ~하면서' 라는 의미를 가지며, 분사구문의 일종으로서, '현재분사, 과거분사, 형용사, 부사(구)'가 모두 위치할 수 있는데, 형용사와 부사(구) 앞에 'being' 이 생략된 것으로 본다.

with many Indians of these tribes *earning* graduate degree

⇒ 'many Indians of these tribes(이 부족의 많은 인디언들)'가 의미상의 주어가 되며, '대학 학위를 취득하다(earn graduate degree)' 와 능동의 관계이어서, '현재분사' 가 위치했다. 해석은 '이 부족의 많은 인디언들이 학위를 취득하면서' 로 해주면 된다.

▶ **앞서 나온 명사의 반복을 피하기 위한 that**

앞서 나온 명사가 뒤에서 'the + 명사' 로 반복되며, 후치 수식하는 어구가 있을 때 'the+명사' 는 'that' 으로 대신하게 된다.

Abundant energy is essential to modern civilization. Energy beyond *that*(= the abundant energy) <u>provided by human or animal muscles</u> 대명사 that을 꾸며주는 분사구문 is needed.

⇒ 앞서 나온 명사(abundant energy)가 반복이 되는데, 이하에 분사구문인 'provided by human or animal muscles'가 후치 수식해 주므로 지시대명사 기능을 하는 'that'이 쓰였다.

memo

3   What do you think was discussed before the paragraph?

People who must endure loud environments may risk more than their ears. Studies show they can suffer more elevated levels of cholesterol and more stomach ulcers, more high blood pressure and more heartbeat abnormalities than people who live and work in quieter environments. Loud noise triggers the body's "fight or flight" response — a rise in the level of adrenalin, and a subsequent increase in blood pressure and contraction of muscles.

① 환경 정책의 필요성   ② 소음이 귀에 미치는 영향
③ 환경과 심장 박동의 관계   ④ 소음이 유발시키는 질병의 종류

4   What do you think was discussed before the paragraph?

Resignation, however, has also its part to play in the conquest of happiness, and it is a part no less essential than that played by effort. The wise man, though he will not sit down under preventable misfortunes, will not waste time and emotion upon such as are unavoidable.

① How to overcome misfortunes
② Importance of resignation in achieving our happiness
③ Significance of our efforts in seeking our happiness
④ The wise man's conquest of happiness
⑤ A role played by resignation in approaching happiness

3   [전문단추론] 이 글 앞에 논의되었을 것으로·추론되는 내용은?

어구   **elevated** 높아진, 숭고한, 기분 좋은 | **stomach ulcer** 위궤양 | **abnormality** 비정상 | **trigger** 야기시키다, 방아쇠를 당기다 | **fight or flight response** 스트레스에 따른 신체의 도피 반응 | **subsequent** 결과로서 일어나는 | **contraction** 수축, 생략, 제한

해설   첫 문장에서 귀 이외의 신체 부분이 고통을 겪을 수 있다고 했으므로, 앞 내용은 귀 자체가 소음으로 겪는 영향이 설명되어야 한다.

해석   소음 환경을 견뎌야만 하는 사람들은 그들의 귀보다 더 많은 부분들을 위험하게 할 수도 있다. 조용한 환경에서 살고 일하는 사람들보다 높은 콜레스테롤 수치, 더 많은 위궤양, 고혈압, 비정상적인 심장 박동으로 고통스러워한다는 것을 연구 결과가 나타내준다. 시끄러운 소음은 신체의 도주 반응을 야기시킨다. 즉, 아드레날린 수치가 증가하고, 그 결과로 혈압과 근육 수축이 증가하는 것이다.   **정답** ②

4   [전문단추론] 이글 앞에 논의되었을 것으로 추론되는 내용은?

어구   **resignation** 포기, 체념, 사직 | **in the conquest of** ~얻는 데 있어서 | **essential** 필수적인 | **by effort** 노력으로 | **sit down under** (모욕 등을) 참다 | **preventable** 미연에 방지할 수 있는 | **misfortune** 불행 | **unavoidable** 피할 수 없는 [보기] **overcome** 극복하다 | **significance** 중요성, 의의 | **see one's happiness** 행복을 추구하다 | **conquest** 정복, 획득

해설   ① 불행을 극복하는 방법
② 우리의 행복을 성취하는 데 있어서 체념의 중요성
③ 우리의 행복을 추구하는 데 있어서 노력의 중요성
④ 현명한 사람의 행복의 획득
⑤ 행복을 추구하는 데 있어서 체념이 수행하는 역할

   ○ 'however' 라는 역접 논리정보장치를 통해, 체념과 반의 관계에 해당되는 행복 추구의 내용이 옳다.

해석   그러나 체념 또한 행복을 정복하는 데 있어서의 역할이 있고 노력으로 얻어지는 행복만큼이나 필수적인 하나의 역할이다. 현명한 사람은 미연에 방지할 수 있는 불행들을 가만히 당하지는 않지만, 피할 수 없는 불행들에는 시간과 감정을 소모하지 않는다.   **정답** ③

Check

▶**비교구문의 생략**

비교급 구문의 종속절에서는 주절에서 반복되는 어구가 종속절에서 등장한다면 생략해도 무방하다.

<u>They</u> can suffer *more* elevated levels of cholesterol and *more* stomach ulcers, *more* high blood pressure and *more* heartbeat abnormalities *than* <u>people</u> who live and work in quieter environments (can suffer).

⇨ 비교 대상은 'they'와 'people'이며, 결국 고통받는 대상의 비교가 되므로 동사인 'can suffer'는 생략이 된 것이다.

▶ **no less ~ than**

no less ~ than은 '양자긍정의 원급'이 되며, no more ~ than은 '양자 부정의 원급'이 된다.

· It is a part *no less* essential *than* that. (양자 긍정)
= It is a part as essential as that.
⇨ '그것은 저것만큼 필수적인 하나의 역할이다.' 는 해석이 되는 '양자 긍정'의 내용이 된다.

· It is a part *no more* essential *than* that. (양자 부정)
= It is a part not essential any more than that.
⇨ '그것은 저것과 마찬가지로 필수적이지 않다' 는 해석이 되는 '양자 부정'의 내용이 된다.

5 이 글 바로 뒤에 전개될 내용으로 올바른 것은?

All of us communicate with one another non-verbally, as well as with words. Most of the time we're not aware that we're doing it. We gesture with eyebrows or a hand, meet some one else's eyes and look away, and shift position in a chair. These actions we assume are random and incidental. But researchers have discovered in recent years that there is a system to them almost as consistent and comprehensible as language.

① 다양한 의사소통 방법
② 구술 언어의 역할과 중요성
③ 언어 연구에 대한 미래 전망
④ 신체 언어의 구체적인 사례와 의미

6 **The passage is part of a longer composite unit. What do you think was discussed before the paragraph?**

And fashion goes far beyond the western world. The streets of Seoul are full of fashionable Korean women and men. Go to Africa - to Kenya, to Morocco, to Egypt - it doesn't matter. Go to Central and South America - to Mexico, to Brazil, to Argentina - wherever you go, you will also find that fashion and style are important. People spend a lot of time and money figuring out how to wear their hair and what kind of clothing, makeup, and jewelry to wear.

① Fashion on the decline in the western world.
② A wide variety of races around the world.
③ Fashion industries in western countries.
④ People's different interests in fashion.

5 [후문단추론]

어구 **non-verbally** 말로 하지 않고, 비언어적으로 | **gesture** 몸짓으로 이야기하다 | **eyebrow** 눈썹 | **meet one's eye** 눈을 마주치다 | **look away** 눈길을 돌리다 | **random** 무작위의, 임의적인 | **incidental** 부수적인, 우발적인 | **consistent** 일관된 | **comprehensible** 이해할 수 있는

해설 일반적인 언어에 있는 체계가 비언어적 표현에도 있다는 사실의 구체적인 사례와 의미가 이어져야 논리상 적합하다.

해석 우리 모두는 말을 통해서뿐만 아니라, 그렇게 하지 않고서도 대화를 나눈다. 대부분의 시간 동안 우리는 그러고 있다는 사실을 인식하지 않는다. 우리는 눈썹과 손으로 이야기하고, 누군가 눈과 마주쳤다가 돌리고, 의자를 이동하기도 한다. 우리가 가정하는 이런 행동들은 임의적이고 우발적인 행동이다. 그러나 최근 몇 년 동안 연구자들은 언어만큼이나 일관되고 이해할 수 있는 체계가 비언어적 표현에도 있다는 사실을 발견했다. **정답** ④

6 [전문단추론] 이글 앞에 논의되었을 것으로 추론되는 내용은?

어구 **go beyond** ~을 넘다, ~을 능가하다 | **be full of** ~으로 가득하다 | **matter** 중요하다 | **figure out** 이해하다, 계산하다 | **makeup** 화장, 허구, 거짓말 | **jewelry** 보석 〔보기〕 a **variety of** 다양한

해설 ① 서양의 쇠락하는 유행
② 전 세계의 다양한 인종들
③ 서양 국가들의 유행 사업
④ 사람들의 유행에 대한 다양한 관심들

◉ 첫 문장에서 패션 유행이 서구에만 국한된 것은 아니라고 했으니, 그 이전의 글은 서구사회의 패션 유행과 관련된 내용이 언급되었음이 유추가 가능하다.

해석 그리고 유행은 서양에만 국한된 것이 아니다. 서울의 거리들은 멋진 남자들과 여자들로 붐빈다. 아프리카의 케냐, 모로코, 이집트 어디를 가든 간에 문제가 되지 않는다. 중남미의 멕시코, 브라질, 아르헨티나 어디를 가든지 간에, 당신은 패션과 스타일이 중요하다는 것을 역시나 알게 될 것이다. 사람들은 머리 모양을 어떻게 하며 무슨 종류의 옷과, 화장과 보석을 할 것인지를 생각하는 데 많은 시간과 돈을 소비한다. **정답** ③

▶ 삽입된 전치사구

Researchers have discovered <*in recent years*>/ 주어 + 동사 + 전치사구

that there is a system <*to them*> almost as consistent and comprehensible as language (is)./ 동사 discovered의 목적어 that 절

⇒ 목적어인 명사절 that 절 안의 주어가 'there 부사가 문두로 위치하여' 도치가 발생했는데, there 부사가 문두로 위치하면 '동사+주어'로 도치가 발생한다. 그 주어를 이하의 'as consistent and comprehensible as language'가 수식해 주는데, 사이에 전치사구인 'to them'이 삽입된 형태이다.

▶ 의문사+to R

'의문사+to R'은 본래 '의문사+주어+should R'의 절을 구로 전환시킨 형태이다. 이 때 부정사의 의미상의 주어는 문장의 주어 또는 일반인이 주어가 된다.

People spend a lot of time and money figuring out *how they should wear* their hair and *what* kind of clothing, makeup, and jewelry *they should wear*.

⇒ People spend a lot of time and money figuring out *how to wear* their hair and *what* kind of clothing, makeup, and jewelry *to wear*.

⇒ 의문부사인 'how'와 의문형용사인 'what'의 수식을 받는 절이 '의문사+부정사 구'로 전환된 형태이다.

7 **Which of the following would contiguously follow the passage?**

I walked south to Martin Luther King Boulevard and saw before me, six blocks down Congress Avenue, that majestic state capitol which had come into being in so strange a manner and with such curious results. In 1882 the state had been broke, but it lusted for the biggest possible capitol building to adorn the biggest state, so it offered three million acres of seemingly worthless western plains to anyone who would finance the project, and some Illinois investors took the bait.

① How the capitol came to be constructed
② Why the state congress was adjourned
③ Who the author met on Congress Avenue
④ What cities had to suffer budget cuts

7 [후문단추론]위 글 다음에 이어질 내용은?

어구 **majestic** 위엄한 | **state capitol** 주의회 의사당 | **come into being** 존재하다, 생겨나다 | **curious** 신기한 | **broke** 파산한 | **lust for A to R** A가 ~하기를 열망하다 | **adorn** 장식하다 | **seemingly** 외형상 | **worthless** 가치없는 | **plain** 평야; 솔직한, 분명한, 못생긴 | **finance** 재정을 지원하다 | **take the bait** 미끼를 물다 [보기] **adjourn** 휴회하다 | **budget cuts** 예산 삭감

해설 ① 의회가 어떻게 건설되었는지
② 주의회가 왜 휴회를 했는지
③ 작가가 Avenue 의회에서 누구를 만났는지
④ 어떤 도시가 예산 삭감에 고통받았는지

◑ 의사당 건설에 필요한 투자 자본이 모였으니, 의사당이 건설된 방법이 전개될 것이다.

해석 나는 Martin Luther King 거리 남쪽으로 걸어갔으며, Congress Avenue에서 여섯 블록 내려가서 내 앞에 있는 위엄 당당한 주의회 의사당을 봤는데, 그것은 너무 이상한 방법과 이상한 결과로 존재하게 된 건물이었다. 1882년에 그 주는 파산했으나 가장 큰 주를 장식하는 주의회 의사당 건물을 열망했다. 그래서 그 주는 그 계획에 재정적으로 돈을 대려는 사람이라면 누구에게나 겉으로 보기에는 가치 없는 서부의 3백만 에이커에 달하는 평야를 제공했으며 몇몇 일리노이주 투자가들이 그 미끼에 걸려들었다. **정답** ①

▶명사구의 부사 역할

'전치사+무게/ 시간/ 거리/ 가격'의 부사구에서는 전치사가 생략되고, 명사구만으로도 부사의 기능을 수행할 수 있다.

I saw/ 주어 동사

before me, six blocks down Congress Avenue,/
전치사구 두 개가 콤마로 연결

that majestic state capitol/
목적어

⇒ 'on six blocks down'에서 전치사 'on'이 생략된 형태이다. '여섯 블록 밑에'라는 '전치사구'인데 '거리'의 부사구이므로 전치사 없이 명사만으로 부사의 기능을 수행한 것이다.

Does technological advance set us free? Don't computers, by becoming simpler to use every day, set us free to become better humans? Of course, you may answer yes to these questions but there are other things to consider. Evolution of technology certainly makes our life more convenient but it also increases the complexity of the social context in which technology is utilized. What happened, for instance, when the automobile was converted from an unreliable, high maintenance machine to the relatively cheaper and care free device of today? Among other things, it led to the lengthened daily commute, not to mention the incalculable damage to the environment made by this all round pollutant.

8 The main topic of the passage is __________.

① traffic congestion of big cities.

② the uses of computers.

③ the need for spiritual rebirth.

④ the gains and losses of technology.

⑤ computers and environmental movement.

9 Which of the statements follow from this passage?

① Auto industry will be the fastest growing business in the next century.

② Life will be infinitely improved thanks to the advances in computer technology.

③ Technological development must be stopped if the environment is to be saved.

④ Humans should not lose control of their technological development.

⑤ The fate of mankind depends on computer science.

ㅁ 다음 글을 읽고 물음에 답하시오.

어구 **evolution** 진화 | **convenient** 편리한 | **complexity** 복잡함 | **context** 관계, 맥락 | **utilize** 활용하다 | **convert** 전환하다 | **unreliable** 의존할 수 없는, 안전하지 않는 | **high maintenance machine** 유지 비용이 많이 드는 기계 | **relatively** 상대적으로 | **lead to** ~을 야기하다 | **commute** 출퇴근 | **incalculable** 상당한, 셀 수 없는 | **pollutant** 오염물질 (보기) **spiritual** 정신의, 종교의, 초자연적인 | **rebirth** 부활, 재생 | **gain** 이득 | **loss** 손실 | **infinitely** 무한히 | **thanks to** ~덕택에 | **loss** 잃다 | **lose control of** 통제하지 못하다

해설 **8 (주제) 위 글의 주제는?**

① 대도시들의 교통 체증
② 컴퓨터의 이용
③ 종교 부활의 필요성
④ 기술의 득실
⑤ 컴퓨터와 환경 운동

이 글은 기술의 발전으로 우리 생활이 편리해진 이득과 환경 파괴에 의한 손실을 나타냈다는 것이 주제이다.

정답 ④

9 (후문단추론) 위 글 다음에 이어질 내용으로 적절한 것은?

① 자동차 사업이 다음 세기에는 가장 빨리 성장하는 사업 분야가 될 것이다.
② 컴퓨터 기술 때문에 삶은 무한히 발전될 것이다.
③ 환경이 보호되어지려면 기술의 발전은 중단되어야만 한다.
④ 인간은 기술의 발전을 통제하는 것을 늦춰서는 안 된다.
⑤ 인류의 운명은 컴퓨터 과학에 달려 있다.

환경의 엄청난 손실뿐만 아니라 통근 시간을 연장시켰다는 문제점이 지적되었으므로, 그 문제점들에 대한 해결책이 제시된 ④가 가장 옳다.

정답 ④

해석 기술의 발전으로 우리가 자유로워지는가? 컴퓨터가 일상생활에 사용하기 편해짐에 따라, 우리가 보다 나은 인간이 되도록 해방시키지 않는가? 물론, 이 질문에 당신은 '예' 라고 대답할지도 모르지만 고려해야 할 다른 것들이 있다. 기술의 진화는 분명히 우리 생활을 더욱 편리하게 하지만 기술이 사용되는 사회적 관계의 복잡함을 가중시킨다. 예컨대, 자동차가 안전하지도 않고 유지 비용이 많이 드는 기계에서 오늘날의 상대적으로 비용이 더 싸고 즐거운 장비로 바뀌어졌을 때, 무슨 일이 일어났는가? 이 전반적인 오염에 의한 환경의 상당한 손실은 말할 것도 없고, 그 중에서도 특히, 매일의 출퇴근시간을 길게 했다.

Check

▶ ~은 말할 것도 없고, ~은 물론

'~은 말할 것도 없고' 라는 뜻을 가진 표현으로서 'not to mention = let alone = to say nothing of' 등이 있다.

It led to the lengthened daily commute, *not to mention* the incalculable damage.

= It led to the lengthened daily commute, *let alone* the incalculable damage.

= It led to the lengthened daily commute, *to say nothing of* the incalculable damage.

= 'the lengthened daily commute'에 'the incalculable damage'를 부가적으로 추가 설명하기 위해 'not to mention'이 쓰였다.

When early humans hunted and gathered food, they were not in control of their environment. They could only interact with their surroundings as lower organisms did. When humans learned to make fire, however, they became capable of altering their environment. To provide themselves with fuel, they stripped bark from trees, causing the trees to die. Clearings were burned in forest to increase the growth of grass and provide a greater grazing area for the wild animals that humans fed upon. This development led to farming and the domestication of animals. Fire also provided the means for cooking plants which had previously been inedible. Only when the process of meeting the basic need for food reached a certain level of sophistication was it possible for humans to follow other pursuits such as the founding of cities.

10 Which of the following is the best title for the passage?

① The Development of Civilization
② The Evolution of Farming Techniques
③ Basic Food-gathering Techniques
④ Hunting as a Source of Food

11 According to the passage, one way that humans maintained their food supply before they dominated their environment was by __________.

① hunting animals
② cooking plants
③ stripping trees
④ burning forests

어구　be in control of ~을 관리 · 통제하다 ┃ interact 상호 작용하다 ┃ alter 바꾸다, 변경하다 ┃ strip A from B A를 B에게서 벗기다 ┃ grazing area 목초지 ┃ feed (up) on ~을 먹이로 하다 ┃ domestication 사육, 교화, 길들임 ┃ inedible 먹을 수 없는 ┃ sophistication 세련미, 복잡함 ┃ pursuit 추적, 추구, 일 ┃ founding 설립, 창시 [보기] evolution 진화 ┃ dominate 지배하다 ┃ predatory 약탈하는, 욕심이 많은 ┃ primarily 최초로, 원래는 ┃ migratory 이주하는, 방랑하는 ┃ urbanization 도시화 ┃ chemistry 화학 ┃ anthropology 인류학

해설　**10_(주제) 위 글의 주제는?**

① 문명의 발전
② 농경 기술의 발전
③ 기초적인 식량 수집의 기술
④ 음식 공급원으로서의 사냥

◉ 이 글은 인간이 환경을 지배해 가는 과정을 시간 순서로 설명해 나가므로 이에 합당한 제목은 '문명의 발전'이 되겠다.

정답 ①

11_(특정정보) 위 글에 따랐을 때, 인간들이 환경을 지배하기 이전에 자신들의 음식 공급을 유지하는 방법은 어떻게 존재했었는가?

① 동물을 사냥함으로써
② 음식을 요리함으로써
③ 나무를 벗겨냄으로써
④ 숲에 불을 지름으로써

◉ 첫 문장을 통해 환경을 지배하지 못했을 때에는 사냥과 채집을 통해서 식량공급을 했음을 알 수 있다.

정답 ①

12 It can be inferred from the passage that before the development of agriculture people were __________.

① strictly predatory ② hungry most of the time
③ primarily migratory ④ afraid of fire

13 The paragraph following this passage would most likely be about __________.

① fire ② hunting
③ farming ④ urbanization

14 This passage would most probably be required reading for a course in __________.

① biology ② chemistry
③ psychology ④ anthropology

해설

12_(추론) 농경 개발 이전에 사람들은 어떠했다고 추론할 수 있는가?

① 정말로 약탈적이었다

② 대부분의 시간 동안 굶었다

③ 대부분 이주하고 다녔다

④ 불을 무서워했다

◐ 사냥을 하며 먹이감을 마련하기 위해 개척지 등에 불을 지른 것으로 보아, 다른 곳으로 이동해 다녔음을 유추할 수 있다.

정답 ③

13_(후문단추론)위 문장 다음에 나올 내용은?

① 불

② 사냥

③ 농업

④ 도시화

◐ 마지막 문장에서 도시를 건설하는 것을 추구한다고 했으므로 다음 단락에서는 이 도시화에 대한 내용이 전개되리라 유추가 가능하다.

정답 ④

14_(추론) 이 글은 어떠한 교육과정에서 독서를 하는데 필요하겠는가?

① 생물학

② 화학

③ 심리학

④ 인류학

◐ 초기 인간의 발전 과정을 서술하고 있으므로, 이 글은 인류학 학과 과정으로 필요하다.

정답 ④

해석

초기 인류가 음식을 사냥하고 수집할 때, 환경을 지배하지 못했다. 하등 생물이 그러하듯이 그들은 단지 주변 상황과 상호 작용을 할 수 있었다. 그러나 인간이 불을 피우는 법을 배웠을 때, 그들은 환경을 바꿀 수 있게 됐다. 연료를 공급받기 위해 나무에서 껍질을 벗겨 나무가 죽었다. 풀의 재배를 증가시키고 인간이 먹는 야생동물의 넓은 목초지를 마련하기 위하여 개척지를 태웠다. 이 발전으로 인하여 농업화와 동물의 가축화가 가능했다. 불은 또한 전에는 식용이 불가능했던 식물들을 요리하는 법을 제공했다. 음식에 대한 기본적인 욕구를 충족시키는 과정이 세련된 수준에 도달했을 때만이, 인간이 도시를 건설하는 것처럼 다른 일을 추구할 수 있게 됐다.

Chapter 11

문장완성

문장완성

1. 유형 정의

특정 어휘나 어구 또는 문장을 삭제하여 빈 칸을 만든 후, 불완전한 문장을 제시하여 보기항 중 올바른 어휘나 어구 또는 문장을 선택하여 완전한 문장을 완성하는 유형이다.

과거 GRE, SAT에서 도입된 이후, 국내에서는 고시와 대학원에서 그 유래를 찾아 볼 수 있으며, 모든 편입 영어시험 및 공무원 시험에서도 반드시 출제되는 유형이다.

이 유형은 크게 세 가지로 분류할 수 있다. 첫째 어휘 위주의 문장완성, 둘째 논리력 위주의 문장완성, 셋째 2어 문장완성으로 분류할 수 있겠는데, 본 교재는 초보자를 위한 책의 성질을 갖고 있으므로 가장 큰 부담이 되는 2어 문장완성은 중급단계의 교재에서 공부하는 것이 순서상 적합하다 생각되어 2어 문장완성은 생략한다.

2. 공략 방법

(1) 어휘 위주의 문장완성이 70% 이상을 차지할 정도로, 이 유형은 어휘력이 가히 절대적이라 할 수 있다. 따라서 본격적인 문장완성을 공략하기 이전에, 기본적으로 실전 수준의 어휘 교재를 1회독 정도는 하는 것이 바람직하다.

(2) 원칙적으로 수험생의 추론 능력을 측정하는 유형이므로 문장 간의 논리 흐름을 통제하는 논리 정보 장치를 숙지하여야 한다.

(3) '예시, 열거, 진술부연, 인과, 통념비판, 비교, 대조, 양보…' 라는 글의 전개 방식에 따른 접근 방법보다는 글의 핵심어와 동의관계로 문장이 진행되는 '순접' 이냐 아니면, 그 핵심어와 반의관계로 진행되는 '역접' 이냐에 초점을 맞추는 것이 가장 바람직하다.

3. 논리정보 장치 〔출처-문장완성뽀개기 700제(넥서스)〕

(1) 의견제시

- additionally 게다가, 더구나
- again 또
- also 또한
- and (then) 그리고
- as well as ~외에도
- at the same time 동시에, 또한
- besides 게다가
- between A and B A와 B사이에
- both ... and 둘 다
- either ... or 둘 중 어떤 것
- further 게다가, 더 나아가
- furthermore 게다가
- in addition (to) ~외에도
- indeed 실로, 사실상
- last but not least 덜 중요하진 않지만 마지막으로
- likewise 유사하게
- moreover 게다가, 더구나
- neither ... nor 둘 다 ~아니다
- next 다음으로
- not only A but also B (=B as well as A) A뿐 아니라 ~B도
- not to mention ~은 말할 필요도 없고,
- on top of that 게다가
- or 즉
- plus 그 외에
- similarly 유사하게
- together with ~와 함께, ~와 더불어
- what's more 게다가

(2) 동의/AGREEMENT

- according to ~에 따르면
- in accordance(=in agreement/conformity) ~에 일치하여

(3) 대조 / CONTRAST

- after (all) ~에도 불구하고
- alternatively
- although ~에도 불구하고
- as opposed to ~과 반대로
- at the same time 동시에, 또한
- but/ yet 그러나
- conversely 반대로
- despite ~에도 불구하고
- even though ~라 할지라도
- for all that 그에도 불구하고
- however 그러나
- in contrast 대조적으로
- in face of / in spite of / nevertheless /nonetheless / notwithstanding ~에도 불구하고
- on the contrary 반면에, 반대로
- on the other hand 반면에 또 다른 한 편으로는
- still 그러나, 여전히 cf) 고요한, 정지한
- though ~에도 불구하고
- unlike ~와 달리
- whereas 반면에, ~에 반해서
- while 반면에
- that is not so. 사실은 그렇지 않다.

(4) 비교/COMPARISON

- comparing 비교해 보면
- likewise 비슷하게
- in comparison 비교해 보면
- in the same way 비슷하게
- similarly 유사하게

(5) 강조 / EMPHASIS

- above all 무엇보다도
- a key feature 주요 특징
- a major concern 주요 관심사

- definitely(=doubtlessly) 분명히
- especially significant 특히 중요한
- in any event 좌우간, 여하튼간에
- indeed 실로, 사실상
- in especial 특히
- in fact 사실상
- in particular 특히
- more/more important(ly) 보다 중요하게도
- naturally 당연히
- particularly 특히
- positively 분명히
- primarily 일차적으로
- principally 주로, 대게
- specifically 구체적으로
- the basic cause 기본적 대의
- the chief factor 주요 요인
- the key point 핵심
- the main reason 중요 이유
- unquestionably/undoubtedly/without doubt 의심의 여지없이

(6) 시간 관련/ TIME RELATIONSHIP

- after a while 잠시 후에
- afterward(s) 나중에
- as time goes by 시간이 흐름에 따라
- at last 마침내
- at present 현재로선
- at this point 지금
- at the same time/simultaneously 동시에
- during ~동안에
- here 지금
- immediately 즉시, 당장
- in the meantime/meanwhile 한편
- lately / recently / currently / nowadays 최근에
- later 나중에, 그 후에
- meanwhile 한편
- now/at the moment 지금
- nowadays 현재는, 요즘에
- presently 현재

- shortly (after) ~한 직후
- now 지금 (과거 사실과 대비)
- since ~한 이래
- soon 곧
- temporarily 일시적으로
- then 그 때
- thereafter 그 후로
- throughout ~전반에 거쳐
- thereupon 그 후로
- until ~할 때까지
- up until now 지금까지
- while ~동안에
- yet 아직

(7) 사건의 순서/ SEQUENCE OF EVENTS

- first 첫째
- second 둘째
- third 셋째
- subsequently 그 뒤, 계속되는
- following 이어지는, 뒤따르는
- then 그런 후에
- next 다음으로
- later 나중에
- after that 그 후에
- finally 마지막으로
- at the same time 동시에, 또한

(8) 인과관계 설명/EXPLANATION OF CAUSE OR CONSEQUENCE

- as ~함에 따라, ~해서
- because ~때문에
- due to(=owing to, on account of, thanks to, on the ground of) ~때문에
- for 왜냐하면, ~해서(간접적 이유로 뒤에 S+V 가 온다)
- in order that ~하기 위해
- now that ~이니까, ~이므로
- since ~이니까, ~이므로
- so A that B : A 해서 그 결과 B 하게 된다
- that is because 그건 ~때문이다

• that is why 그건 ~이유 때문이다
• cause / result in / lead to / create / make

(9) 결과 / RESULT

• accordingly 따라서
• as a consequence 그 결과
• as a result 그 결과
• consequently 결과적으로
• for this reason 이런 이유 때문에
• hence 그래서
• in short 간단히 말해
• in consequence 따라서
• so ... that = such ... that 너무 ~해서 ~하다
• then 그래서, 그때
• thereby/therefore/thus 따라서, 그래서
• truly 실로

(10) 상황 / CIRCUMSTANCES

• from the standpoint/viewpoint of ~의 관점에서
• in my opinion 내 견해로는
• in the midst of ~의 와중에

(11) 조건 / CONDITION

• as long as ~하는 한
• even if ~라 할지라도
• if ~라면
• if not ~아니라면
• in case of(that) ~의 경우에
• in the event of(that) ~의 경우에
• only if 단지 ~라면
• otherwise 그렇지 않으면, 그 반대의 경우라면
• provided / providing (that) ~라면
• suppose ~라 가정해 보자
• whether or not ~이든 아니든

(12) 예외/제외/ EXCEPTION/EXCLUSION

- apart/aside from ~은 별도로 하고, 치워두고
- but/except for/excepting/secluding/save for/saving ~외에는, ~을 제외하고
- unless ~가 아니라면

(13) 예/ EXAMPLE

- for example 예를 들면
- for instance 예를 들면
- in another case 다른 경우라면
- including ~을 포함하여
- in particular 특히
- in this case 이 경우
- in this manner 이런 식으로
- namely / that is 즉
- such as ~와 같은 것
- take the case of ~의 경우를 들어 보자
- to illustrate 예를 들면

(14) 목적/ PURPOSE

- for this reason 이런 이유 때문에
- for your information 정보를 주기 위해
- in an effort to ~할 노력으로
- in order to ~하기 위해
- to the purpose of ~의 목적으로
- to this end 이런 목적으로
- with this in mind 이를 명심하고
- with this purpose 이런 목적으로

(15) 대체/ SUBSTITUTION

- in place of ~대신에
- instead of ~대신에
- or 혹은
- rather 차라리

(16) 반복, 재언급/ REITERATION/REFORMULATION

- in other words 달리 말하자면
- in short (=briefly) 간단히 말하면
- more simply 더 간단히 말하면
- namely (=viz) 즉, 바꿔 말하면
- rather 차라리
- so to speak 말하자면
- that is/that is to say 즉
- to make a long story short 간단히 말하면
- to put it another way 달리 표현하자면

(17) 도입/ INTRODUCTION

- in/with reference to ~에 관하여
- (at) first 먼저
- by the way 그런데
- concerning/in the first place ~에 관하여
- first of all 먼저, 무엇보다도
- initially 우선
- on the one hand 한편으로 ↔ on the other hand 또 한편으로는
- regarding ~에 관해
- speaking of ~에 대해 말하자면
- to begin / start with 우선, 먼저

(18) 매개/ INTERMEDIATING

- by ~으로
- by means of ~을 통해
- this way 이런 식으로
- through (which) ~을 통해

(12) 고백/CONCESSION

- after all ~에도 불구하고
- although ~이지만
- granted that/admitting ~은 인정하지만

(19) 증거, 확실성/ CERTAINTY/EVIDENCE

- certainly 분명히
- doubtlessly 의심의 여지없이
- distinctly 분명히
- evidently 분명히
- explicitly 분명히
- indeed 실로, 사실상
- naturally 당연히
- needless to say ~은 말할 필요도 없고
- obviously 분명히
- of course 물론
- undoubtedly 의심의 여지없이
- unquestionably 의론의 여지없이
- without question 의심의 여지없이
- without a doubt 의심의 여지없이

(20) 결론, 요약/ CONCLUSION/SUMMARY

- all things considered 모든 것을 고려해 보면
- at last/finally/eventually/in the end/in the long run/after all 결국, 마침내
- in brief/in short/briefly 간단히 말해
- in conclusion 결론적으로
- in summary 요약하자면
- last(ly) 마지막으로
- on the whole(=as a whole) 대체로, 일반적으로
- thus 고로
- to conclude 결론짓자면
- to sum up/to summarize 요약하자면

memo

1 The parents tried in vain to __________ the child who had lost his dog.

① console   ② seduce
③ a few   ④ captivate
⑤ attract

2 He is very __________ and can speak on the telephone for hours.

① flighty   ② pertinent
③ taciturn   ④ loquacious
⑤ brusque

3 The discussion was prolonged unnecessarily because of his many __________ remarks.

① sententious   ② astute
③ digressive   ④ discerning
⑤ salacious

4 When you send me a statement of your expense, I will __________ you.

① reimburse   ② audit
③ reprove   ④ reiterate
⑤ restore

5 Some people are gregarious; to the contrary, others __________.

① arrive late   ② are amicable
③ are agreeable   ④ are herbivorous
⑤ keep to themselves

1

해석 그 부모들이 개를 잃어버린 아이를 위로하려 했으나 헛된 일이었다.

해설 강아지를 잃어버린 아이에게 헛된 노력을 했다는 내용으로 연결되기 위해서는 '달래다, 위로하다' 의 내용이 적합하다.

□ **in vain** 헛되이
□ **console** 위로하다
□ **seduce** 유혹하다
□ **captivate** 사로잡다
□ **contradict** 반박하다
□ **attract** 매료시키다

2

해석 그는 매우 수다스럽고 몇 시간 동안 내내 전화 통화를 한다

해설 '전화기로 몇 시간 동안 말을 한다' 는 내용이 'and' 라는 '순접-열거' 논리정보장치에 의해서 이어지기 위해서는 '수다스럽다' 는 내용이 옳다.

□ **flighty** 변덕스러운
□ **pertinent** 타당한
□ **taciturn** 과묵한
□ **loquacious** 수다스러운
□ **brusque** 무뚝뚝한

3

해석 그가 주제에서 벗어나는 언급을 많이 했기 때문에 그 토론은 불필요하게 시간이 늘어났다.

해설 'because of' 는 주절과 종속구의 관계를 '순접-인과' 로 이어주는 논리정보장치이다. 따라서 '주제에서 벗어나는 내용의 언급' 이 원인이 되어서 토론의 시간이 불필요하게 연장되었다는 내용이 적합하다.

□ **prolong** (시간을) 연장하다
□ **unnecessarily** 불필요하게
□ **remark** 소견; 말하다, 주목하다
□ **sententious** 간결한
□ **astute** 교활한
□ **digressive** 주제에서 벗어나는
□ **discerning** 분별력 있는
□ **salacious** 음탕한, 저속한

4

해석 당신께서 경비내역서를 보내주시면, 제가 비용을 지급해 드리겠습니다.

해설 계산서를 보내준다는 내용은 돈의 지출에 관한 내용이어야 한다.

□ **statement of expense** 계산서
□ **reimburse** 갚다, 상환하다, 변상하다
□ **audit** 회계 감사하다, 수업을 듣다; 회계 감사
□ **reprove** 혼내다
□ **reiterate** 되풀이하여 말하다

5

해석 어떤 사람들은 사교성이 있지만, 정반대로 다른 사람들은 혼자 있기를 좋아한다.

해설 사교성이 있다는 내용이 '역접-대조' 의 관계를 가리키는 'to the contrary' 에 의해서 반대말인 '은둔하다' 는 내용과 이어져야 한다.

□ **gregarious** 군교성의, 사교성이 좋은
□ **to the contrary** 정반대로
□ **amicable** 우호적인
□ **agreeable** 즐거운
□ **herbivorous** 초식성의
□ **to oneself** 혼자서만, 독점적으로

정답 1 ①, 2 ④, 3 ③, 4 ①, 5 ⑤

6 Marvin's __________ boss terrorizes the office staff, inflexibly insisting that everything be done a certain way.

① autocratic   ② aristocratic
③ democratic   ④ authentic
⑤ oligarchic

7 To invent a story is to make it __________.

① off   ② over
③ out   ④ away
⑤ up

8 The company was accused of selling milk that had been __________ by the addition of water.

① condensed   ② improved
③ enriched   ④ renovated
⑤ adulterated

9 "You know I wouldn't do a __________ job on you! I'm telling the truth."

① fog   ② snow
③ mist   ④ rain

10 When you go walking through the poorer districts of cities, you will find that many of the buildings are __________, or run down.

① restored   ② enlarged
③ decorated   ④ dilapidated
⑤ rehabilitated

6

해석 마빈의 독선적인 상사는 모든 일을 일정한 방식으로 하도록 완고하게 고집을 부리면서, 사무실 직원들을 공포에 떨게 한다.

해설 사무실 직원들을 공포로 몰아넣고, 완고하게 고집을 피우려면 '독선적인' 이란 말이 옳다.

□ **terrorize** 위협하다
□ **inflexibly** 완고하게
□ **autocratic** 독재 · 독선적인
□ **aristocratic** 귀족정치의, 귀족의
□ **democratic** 민주적인
□ **authentic** 진짜의, 믿음이 가는
□ **oligarchic** 과두정치의

7

해석 이야기를 만드는 것은 이야기를 꾸미는 것이다.

해설 '이야기를 만들다' 라는 뜻을 갖춘 표현은 'make up' 이다.

□ **invent** 만들다, 창조하다
□ **make off** 도망치다
□ **make over** 양도하다
□ **make out** 이해하다, ~을 작성하다
□ **make away** 급히 가버리다
□ **make up** 날조하다, 꾸며내다, (이야기를) 만들다, 화장하다, 보충하다

8

해석 그 회사는 물을 더 넣음으로써, 질이 떨어진 우유를 판매했다는 이유로 기소됐다.

해설 회사가 우유를 팔아서 기소를 당할 만한 이유는 '우유에 물을 섞어서 품질을 떨어뜨렸음' 이 합당하다.

□ **accuse A of B** B라는 이유로 A를 비난 · 기소하다
□ **addition** 추가, 더함
□ **condense** 농축하다, 압축하다
□ **enrich** 풍부하게 하다
□ **renovate** 개선하다, 혁신하다
□ **adulterate** 품질을 떨어뜨리다: 간통한, 품질이 나쁜

9

해석 당신은 내가 감언이설을 하지 않으려는 것을 알아! 진실을 말할 거야.

해설 진실을 말할 거라는 뒤 문장을 통해서 '감언이설' 하지 않겠다는 내용이 옳다.

□ **fog** 안개
□ **snow job** 감언이설
□ **mist** 안개

10

해석 도시의 빈민 지역들을 걸어다니면, 많은 건물들이 못 쓰게 되거나, 헌 것을 알게 될 것이다.

해설 빈민지역에서 건물들이 헐어 있다는 상태와 순접의 보기가 필요하다. 따라서 '(건물이) 못 쓰게 되다' 의 수동형 과거분사인 dilapidated가 옳다.

□ **district** 지역, 지방
□ **run down** 약해지다, 비난하다, 속독하다
□ **restore** 반환하다
□ **enlarge** 확대하다, 커지다
□ **decorate** 장식하다
□ **dilapidate** (건물 등을 방치하여) 못 쓰게 하다
□ **rehabilitate** 복직 · 회복시키다

정답 6 ①, 7 ⑤, 8 ⑤, 9 ②, 10 ④

11 If someone has a light scratch or abrasion, we call that a
__________ wound, while if he has a severe cut, we call that a
deep wound.

① critical   ② perilous
③ epidemic   ④ contagious
⑤ superficial

12 Life in a bureaucracy can have a profound effect on those who
work within it. People very often do what is expected of them,
even when what is expected of them is outrageous. A study has
demonstrated just how __________ bureaucratic roles can be.

① coercive   ② efficient
③ trivial   ④ salutary

13 When the news of his __________ with the enemy became
known, he was hanged in effigy.

① involvement   ② conservations
③ bickering   ④ collusion

14 Passengers records are __________, and information concerning
passengers must no be given to outsiders.

① confidential   ② accurate
③ entrusted   ④ reliable

15 History has taught us that crises which seem __________ and
pretend ultimate doom often end not in destruction but in an
unforeseeable technological advance.

① insoluble   ② evitable
③ beneficial   ④ uncanny
⑤ placid

11

해석 만일 누군가가 가벼운 찰상이나 찰과상을 당한다면, 우리는 그것을 얕은 상처라고 부른다. 반면에 누군가가 깊이 베였다면, 우리는 그것을 깊은 상처라고 부른다.

해설 if 조건절의 내용이 '가벼운 찰상이나 찰과상을 입는다'는 내용이며, 주절에서 그 정의를 물어보므로, if 조건절의 내용을 담고 있는 단어인 'superficial(얕은)'이 옳다.

- **light scratch** 가벼운 찰상
- **abrasion** 찰과상, 마모
- **wound** 상처
- **severe** 혹된, 엄격한
- **critical** 비평의, 위기의, 중요한
- **perilous** 위험한
- **epidemic** 유행병의; 유행병
- **contagious** 전염성의, 만연하는
- **superficial** 피상적인

12

해석 관료사회 내에서의 삶은 그 안에서 일하는 사람들에게 깊은 영향을 미칠 수 있다. 사람들은 종종 그들에게 기대되고 있는 일을 할 수 있으며, 심지어 엄청난 것일지라도 그러하다. 한 연구는 관료적인 역할을 수행하는 것이 얼마나 강압적인 것인지를 보여주었다.

해설 관료주의의 지배를 받는 이들은 자신들이 그 제도하에서 하는 일이 터무니없을지라도 그 일 자체를 수행한다고 했으므로, 관료주의라는 제도는 매우 '강압적인' 상태라고 보아야 한다.

- **bureaucracy** 관료주의
- **profound** 심오한
- **outrageous** 터무니없는, 난폭한
- **demonstrate** 증명하다, 나타내다, 시위하다
- **coercive** 강압적(compulsive)
- **salutary** 유익한, 건전한, 건강에 좋은

13

해석 그가 적과 공모했다는 소식이 알려지자, 그는 화형대에서 교수형에 처해졌다.

해설 화형에 처해질 만한 합당한 이유이어야 옳으므로, 단순히 '적과 관련이 있거나', '적을 보호해주었다'는 내용보다는, '적과의 공모'가 화형의 더 타당한 원인이 되겠다.

- **be hanged in effigy** 화형에 처해지다
- **involvement** 관련
- **conservation** 보호
- **bicker** 말다툼하다
- **collusion** 공모

14

해석 승객들 기록은 비밀이고, 관련 기록이 외부인들에게 알려져서는 안 된다.

해설 '콤마+and'는 경우에 따라서 '그래서'라는 뜻을 가지게 된다. 승객들에 관한 정보가 외부인에 전해져서는 안 된다는 내용의 원인이 되기 위해서는 승객의 기록은 비밀로 취급되어져야 한다.

- **concerning** ~에 관하여
- **outsider** 외부인
- **confidential** 비밀의 (disclosed), 믿을 만한(reliable)
- **assurate** 정확한
- **entrust** 위임하다, 위탁하다
- **reliable** 믿을 만한

15

해석 역사는 해결할 수 없을 것 같으며 최후의 운명과 같은 위기가 종종 파멸이 아니라 예상하지 못한 기술의 진보로 결말이 난다는 것을 우리에게 가르쳐 준다.

해설 and라는 '순접-열거'를 가리키는 접속사에 의해서 '최후의 운명'이라는 내용과 연결되기 위해서는 '해결할 수 없는'이라는 부정적인 단어가 필요하다.

- **crisis** 위기
- **ultimate** 최후의
- **doom** 운명
- **unforeseeable** 예견할 수 없는
- **insoluble** 해결할 수 없는
- **evitable** 피할 수 있는
- **beneficial** 유익한
- **uncanny** 이상한, 불가사의한
- **placid** 평온한

정답 11 ⑤, 12 ①, 13 ④, 14 ①, 15 ①

16 A(n) __________ is a very loud, unpleasant noise, especially one that consists of a lot of different sounds together.

① euphony ② euphoria
③ cacophony ④ consonance

17 The body and mind are __________ interwoven in all of us; they cannot be separated.

① inaptly ② inextricably
③ inadequately ④ inaccurately

18 If you are trying to make a strong impression on your audience, you cannot do so by being understated, tentative, or __________.

① authoritative ② argumentative
③ restrained ④ passionate

19 The traitor attempted to __________ dissension among the soldiers so that they would not do the jobs with the precision necessary for the enterprise.

① juxtapose ② foment
③ relegate ④ surfeit
⑤ hinder

20 Historians believe that there were many causes of the American Civil War, One of the important causes of the war was the __________ between the North and the South over the issue of slavery. For almost 250 years before the Civil War, the economy of the South depended on the use of black slaves. The slaves were used to plant and pick cotten and tobacco. This was not the situation in the North. The northern economy did not depend on the use of slave labor.

① smuggling ② coincidence
③ friction ④ whole heart
⑤ cooperation

16

해석 불협화음은 매우 크고 불쾌한 잡음인데, 여러 다양한 소리가 모여서 구성된 것이다.

해설 시끄럽고 불쾌한 소리를 내는 것에 대한 정의를 묻는 문제이다.

- loud 시끄러운
- unpleasant 불쾌한
- consist of ~으로 구성되다
- euphony 좋은 소리
- euphoria 행복함
- cacophony (불쾌한) 불협화음

17

해석 육체와 정신은 우리 모두의 안에 섞여서 짜여져 있다. 즉, 그 둘은 분리되어질 수 없다.

해설 세미콜론은 문장완성 문제에서는 '순접-인과/ 진술부연'의 논리 관계로 보면 된다. 세미콜론 이하에서 신체와 정신은 분리될 수 없다고 했으므로, 주절의 부사 또한 '뒤엉키게'라는 부사가 옳다.

- interweave 섞여 짜다, 뒤엉키다
- separate 분리하다
- inaptly 적절하지 않게
- inaccurately 부정확하게
- inadequately 불충분하게
- inextricably 뒤엉키게, 풀리지 않게

18

해석 청중에게 강렬한 인상을 남기고 싶다면 소극적으로 말하거나, 주저하거나, 제약된 말을 해서는 안 된다.

해설 '소극적인', '주저하는'이라는 단어들이 'or'에 의해서 병치되고 있으므로 같은 '순접'의 단어 가 필요하다.

- impression 인상
- understate 삼가면서 말하다
- tentative 주저하는, 확실치 못한 (unconfirmed)
- restrained 제약된, 구속된
- argumentative 논쟁적인
- authoritative 권위적인
- passionate 열정적인(fervent, fervid, ardent)

19

해석 군인들이 그 작전에 필요한 정확도 있는 임무를 수행하지 못하도록 하기 위하여 그 반역자는 군인들 사이에서 의견의 차이를 선동하려는 시도를 했다.

해설 군인들이 작전을 잘 수행할 수 없게 할 수 있는 수단은 '불화를 선동한다'는 논리가 옳다.

- traitor 반역자
- dissension 의견 차이
- with the precision 정확하게
- juxtapose 병렬하다. 비교하다
- foment 선동하다
- relegate 추방하다(dispell, expel) 좌천시키다
- surfeit 과식, 싫증
- hinder 방해하다

20

해석 역사가들은 미국 남북전쟁이 일어나게 된 원인에 여러 가지가 있다고 믿는다. 그 중 한 가지 중 요한 원인은 노예제도 문제를 둘러싼 남과 북의 충돌이다. 남북전쟁이 일어나기 전 거의 250년 동안 남부경제는 흑인노예의 사용에 의존하였다. 그 노예를 사용하여 목화와 담배를 심고 땄 다. 북부의 상황은 이렇지 않았다. 북부경제는 노예노동의 사용에 의존하지 않았다.

해설 흑인노예의 사용에 대한 북부와 남부의 차이를 이하에서 비교 설명하므로 'friction'이 옳다

- slavery 노예제도
- depend on ~에 의존하다
- be used to R 하는 데 사용되다
- slave labor 노예노동
- cotten 목화
- tobacco 담배
- depend on 의존하다
- smuggle 밀수하다
- coincidence 동시 발생
- friction 마찰, 불화
- whole heart 충심, 진심
- cooperation 협력

정답 16 ③, 17 ②, 18 ③, 19 ②, 20 ③

21 John's unsportsmanlike, humiliating behavior caused him to be __________ by the other members of the country club.

① readmitted　　　　② excelled
③ wavered　　　　　④ ostracized
⑤ embraced

22 Such doltish behavior was not expected from so __________ an individual.

① exasperating　　　② astute
③ cowardly　　　　　④ enigmatic
⑤ democratic

23 The sincerity and __________ with which the eminent scholar discussed the problem was disarming.

① discomfort　　　　② artlessness
③ impudence　　　　④ caution

24 Such homely virtues such as __________, hard work, and simplicity seem old-fashioned these days.

① prodigality　　　　② wantonness
③ frugality　　　　　④ indigence
⑤ asceticism

25 His belief in a hard core of historical facts existing objectively and independently of the interpretation of the historian is a __________ fallacy; one which is very nonsensical.

① edifying　　　　　② reflective
③ premature　　　　④ prolix
⑤ preposterous

21

해석 존의 스포츠맨답지 않고, 비열한 행동 때문에 그는 그 시골단체의 다른 회원들로부터 따돌림을 당하게 되었다.

해설 동사 'cause' 는 주어가 원인이 되고, 목적어 이하가 결과가 되는 '인과' 의 논리가 형성된다. 주어를 수식하는 형용사 '스포츠맨답지 않고, 비열한 행동' 에 따른 결과는 '따돌림' 이 옳다.

- **unsportsmanlike** 스포츠맨답지 않은
- **humiliating** 비굴한, 비열한 (humble, debasing, disgracing)
- **readmit** 다시 받아들이다
- **excel** 능가하다
- **waver** 흔들리다
- **ostracize** 따돌리다, 배척하다 (shun, shut out)
- **embrace** 환영하다

22

해석 그와 같은 멍청한 행동은 기민한 사람으로부터는 기대할 수 없다.

해설 어리석은 행동이 예상되어지지 않는 이는 '어리석은' 이란 뜻의 반대말이어야 한다.

- **doltish** 멍청한
- **be expected from** ~로부터 기대가 되어지다
- **exasperating** 격분시키는
- **astute** 민첩한, 영리한, 교활한
- **cowardly** 겁 많은
- **enigmatic** 수수께끼의

23

해석 그 저명한 학자가 문제에 대해 진지하고도 꾸밈 없이 토론하자 사람들의 마음은 편안해졌다.

해설 'sincerity(진지함)' 이라는 단어가 'and' 에 의해서 순접으로 연결되고, 이들 주어의 주격보어로서 'disarming(안심시키는)' 이란 단어가 나왔으므로, 이에 따른 순접 관계를 의미하는 단어는 '꾸미지 않은 태도' 를 의미하는 'artlessness' 가 옳다.

- **sincerity** 진지함
- **eminent** 유명한(renowned, prominent, notable)
- **disarming** 안심시키는
- **discomfort** 불쾌, 곤란
- **artlessness** 순수함, 소박함
- **impudence** 뻔뻔함, 무례함 (rudeness, boldness, impertinence)

24

해석 절약, 성실, 검소와 같은 소박한 덕목들은 요즘에는 구식으로 보여진다.

해설 'hard work(성실)' 과 'simplicity(검소)' 라는 단어가 'and' 에 의해서 열거되므로, '순접' 의 단어인 '절약' 을 의미하는 'frugality' 가 옳다.

- **homely** 검소한, 가정적인
- **simplicity** 검소
- **old-fashioned** 구식의
- **prodigality** 낭비, 방탕
- **wantonness** 방종
- **frugality** 절약(thrift)
- **indigence** 가난
- **asceticism** 금욕주의

25

해석 객관적으로 존재하고 있고 역사가의 해석과는 독립된 역사적 사실의 핵심에 대한 그의 믿음은 터무니없는 오류이다. 즉, 그것은 매우 불합리한 믿음이다.

해설 문장완성에서 세미콜론(;)은 '순접-진술부연' 의 논리이다. 해석은 '즉' 정도로 해주면 되는데, 본문에서 관계사절 이하에서 '매우 불합리한(very nonsensical)' 이란 내용과 순접의 단어가 필요하므로, '터무니없는' 이란 의미를 가진 'preposterous' 가 옳다.

- **objectively** 객관적으로
- **interpretation** 해석
- **fallacy** 오류
- **eradicate** 제거하다(eliminate, exterminate)
- **edifying** 교훈이 되는
- **reflective** 반사하는, 사려 깊은
- **premature** 조숙한, 시기상조의
- **prolix** 지루한
- **preposterous** 터무니없는 (absurd)

정답 21 ④, 22 ②, 23 ②, 24 ③, 25 ⑤

26 Economic decisions seem more __________ and are subject to less agreement because of the context in which the decisions are made.

① drastic ② complacent
③ imperious ④ controversial
⑤ futile

27 Actors are often very __________ since they must believe strongly their own worth and talents.

① tedious ② reticent
③ egoistic ④ fortuitous
⑤ equivocal

28 The rapid withdrawal of your hand from the flame was a reflex, not a(n) __________ reaction.

① protective ② refractory
③ dangerous ④ voluntary
⑤ natural

29 When I started to complain about my boss at a party, my wife told me not to wash my dirty __________ in public.

① shirt ② socks
③ boots ④ linen

30 The governor's __________ remarks caused his political party to be much embarrassed.

① polite ② impromptu
③ prudent ④ inimitable

26

해석 경제에 대한 결정들은 그 결정들이 만들어지는 상황 때문에 보다 논란이 있는 것처럼 보이며 쉽게 의견 일치가 생기기 어렵다.

해설 '순접-열거' 의 논리 관계를 연결하는 'and' 에 의해서 '의견 일치가 쉽지 않다' 는 내용과 순접이 되기 위해서는 '논쟁이 벌어지는' 이란 의미를 가진 'controversial' 이 옳다.

- **be subject to** ~하기 쉽다
- **context** 상황
- **drastic** 급격한
- **complacent** 만족하는
- **imperious** 중대한
- **controversial** 논쟁이 있는
- **futile** 효과가 없는

27

해석 배우들은 자기 자신의 가치와 재능을 강하게 믿어야 하기 때문에 종종 매우 이기적이다.

해설 주절이 현재완료가 아닌 시제일 경우, 'since절' 이 이끄는 부사절은 '~한 이후로' 가 아닌, '~이기 때문에' 라는 '인과' 의 내용이 된다. 배우들이 자신들의 가치와 능력을 강하게 믿음' 에 따른 결과적 내용은 '이기적인 성향' 이 된다.

- **talent** 재능
- **tedious** 지루한
- **reticent** 과묵한
- **egoistic** 이기적인
- **fortuitous** 우연한
- **equivocal** 애매모호한

28

해석 불길로부터 당신의 손을 빠르게 빼는 것은 의지적인 반응이 아닌 반사작용이다.

해설 'B, not A' 구문은 'not A but B'와 같은 구문이다. 따라서 'reflex(반사 작용)'과 반의어인 'voluntary(자발적인, 의지가 반영된)'이 옳다.

- **withdrawal** 철회
- **reflex** 반사작용, 반사적인, 반성하는
- **refractory** 고집 센
- **voluntary** 자발적인, 의지적인

29

해석 내가 파티에서 사장에 대해 불평을 하기 시작했었을 때, 나의 부인은 남에게 수치를 외부에 드러내지 말아 달라고 말했다.

해설 'wash one's dirty linen in public' 의 표현을 물어보는 문제이다.

- **in public** 공개적으로
- **wash one's dirty linen in public** 집안의 수치를 외부에 드러내다

30

해석 그 주지사의 즉흥적인 말이 자신이 속한 정치당으로 하여금 매우 당황하게하였다.

해설 자신이 속한 정치당이 당황하려면 그만한 이유가 필요하다. '사전에 충분히 준비하지 않고, 무심코 내뱉었다는 즉흥적인' 뜻을 가진 'impromptu'가 옳다.

- **governor** 주지사, 통치자
- **cause A to R** A로 하여금 ~하게끔 야기하다
- **embarrassed** 당황한
- **impromptu** 즉흥적인
- **prudent** 신중한
- **inimitable** 흉내낼 수 없는, 비길 데 없는

정답 26 ④, 27 ③, 28 ④, 29 ④, 30 ②

31 Kangaroos normally have a coat of grayish-brown fur that acts as a natural camouflage against attack by wild dogs, eagles, and man. However, an albino, or pure white, Kangaroo lacks __________.

① protective coloration　　② strong legs
③ natural enemies　　④ adequate food

32 You must learn to deal with the most important things first. That is, you should learn to get your __________ right.

① priorities　　② positions
③ suggestions　　④ emotions
⑤ grounds

33 Despite their monumental proportions, the murals of Diego Rivera give his Mexican compatriots the sense that their history is __________ and human in scale, not remote and larger than life.
① shameful　　② accessible
③ untouchable　　④ complicated
⑤ overwhelming

34 American trade representatives continue to pressure foreign governments to reduce __________ on auto imports.

① convulsions　　② tariffs
③ seductions　　④ sniffs
⑤ fragments

35 A __________ person is one who is not under the influence of alcohol or drugs, one who is clear-headed, in full control of his or her senses.

① sober　　② controversial
③ reciprocal　　④ futile
⑤ fertile

31

해석 캥거루는 회색빛의 갈색 털을 가지고 있다. 이 털은 들개, 독수리, 사람의 공격으로부터 자연 위장할 수 있는 역할을 한다. 색소결핍증이 있고 원래 하얀 캥거루는 보호색이 없다.

해설 'However'라는 '역접' 논리정보장치에 의해서, 천연 위장 능력을 갖추고 있다는 앞 문장의 내용과 반대 관계가 나와야 한다. 두 번째 문장의 동사가 '~이 없다'는 뜻을 가진 부정내용의 동사가 나왔으므로 '보호색'이 옳다.

- grayish-brown fur 회색빛의 갈색 털
- camouflage 위장
- albino 색소결핍증이 걸린 사람(또는 사물)
- pure 순수한, 순종의
- protective 보호하는
- coloration 천연색
- enemy 적

32

해석 당신은 우선 가장 중요한 것들을 해결하는 방법을 배워야만 한다. 다시 말해서, 당신은 올바르게 당신의 우선순위를 정하는 것을 배워야 한다.

해설 'that is(즉, 다시 말하자면)' 표현은 앞 문장에 대한 요약을 말한다. 따라서 우선적으로 가장 중요한 것들을 해결한다는 내용과 순접 단어인 '우선순위'가 옳다.

- deal with 해결하다, 극복하다, 거래하다
- that is 다시 말하자면
- priority 우선순위
- suggestion 제안, 암시
- grounds 마당, 근거

33

해석 엄청난 규모에도 불구하고, 디에고 리베라의 벽화들은 멕시코 국민들에게 그들의 역사가 멀리 떨어져 있고 실물보다 더 크게 그려진 게 아니라 접근하기 쉽고 인간적인 크기로 그려졌다는 느낌을 준다.

해설 'Despite ~' 전치사구와 역접의 내용이 필요하다. 전치사구의 핵심 내용이 '엄청난' 이란 뜻이 있으므로, 반대 의미를 가진 단어가 필요하며, 또한 괄호 이하에 '순접-열거'를 가리키는 'and'에 의해서 '인간적인(human)' 과 순접의 뜻을 가진 '접근하기 쉬운' 이 옳다.

- monumental 기념비적인
- mural 벽화
- compatriot 동포
- remote 먼
- shameful 부끄러운
- accessible 접근하기 쉬운
- untouchable 실체가 없는
- complicated 복잡한
- overwhelming 압도적인

34

해석 미국 무역대표부는 외국 정부들로 하여금 자동차 수입품에 대한 관세를 줄이라고 압력을 계속 가한다.

해설 미국 무역 표부가 자동차 수입에 관한 무언가를 줄일 수 있다는 논리는 '관세 감소'가 옳다.

- representative 대표
- pressure A to R A로 하여금 ~하도록 압력을 가하다
- auto import 자동차 수입
- convulsion 경련
- tariff 관세
- seduction 유혹
- sniff 비웃음
- fragment 파편

35

해석 술이나 마약의 영향을 받지 않고 명석하고 자신의 감정을 완전히 통제하는 이를 정신이 멀쩡한 사람이라 한다.

해설 괄호를 직접적으로 수식하는 관계대명사 이하의 내용이 '술이나 마약의 지배를 받지 않는 이'이므로 이에 합당한 내용은 '정신이 멀쩡한 사람' 이어야 한다.

- be under the influence of ~의 영향을 받다
- clear-headed 똑똑한
- in control of ~을 통제하는
- sober 술 취하지 않은, 제 정신의
- controversial 논쟁의 여지가 있는
- reciprocal 상호간의
- futile 쓸데없는
- fertile 비옥한

정답 31 ①, 32 ①, 33 ②, 34 ②, 35 ①

36 There was something _________ about the old house. In many ways one was made to feel that ghosts and demons existed there.

① attractive ② celestial
③ ominous ④ insipid

37 Our _________ was burdened; the democracies are united and recovering their vitality.

① admirers ② allies
③ adversaries ④ anarchies
⑤ authorities

38 Given the secretary of State's _________ the president's foreign policies, he has no choice but to resign.

① concurrence with ② antipathy toward
③ reliance upon ④ support for
⑤ pretense for

39 If a man suddenly collapse in the streets of many modern cities, and lies there dying, there would be no one to help him. The level of human _________ reached by the urban dwellers has frightening.

① violence ② indifference
③ detachment ④ decadence

40 Many older people, teachers and professors among them, hold opinions that are rather old-fashioned and _________. This leads them into dramatic conflicts with their younger, more radical colleagues, to say nothing of their students.

① affirmative ② conservative
③ reformist ④ liberal

36

해석 그 오래된 집에는 불길한 무엇인가가 있었다. 많은 면에 있어서 귀신과 악마들이 거기에 존재한다고 느끼지 않을 수가 없었다.

해설 귀신과 악마가 있다고 느낄 정도라면 그 집은 '불길한' 무언가가 있다는 논리가 적합하다.

- **in many ways** 많은 면에 있어서
- **demon** 악마
- **attractive** 매력적인
- **celestial** 하늘의, 거룩한, 절묘한
- **ominous** 불길한, 나쁜 징조의, 험악한
- **insipid** 재미 없는, 활기 없는, 무미건조한

37

해석 우리의 적은 부담을 느꼈다. 그래서 민주국가들은 통합되었고 자신들의 활력을 회복하고 있었다.

해설 민주국가가 통합되고 활력을 회복하기 위해서는 누가 부담을 느껴야 하겠는가?

- **burden** 부담을 주다(weigh down)
- **vitality** 활력, 활기
- **ally** 동맹
- **anarchy** 무정부 상태
- **authorities** 당국

38

해석 국무장관이 대통령의 외국정책을 싫어하는 점을 고려한다면, 그는 사임하지 않을 수 없다.

해설 사임하지 않을 수밖에 없는 타당한 이유는 '반감'을 가지고 있어야 한다.

- **given** ~을 고려해 보건데
- **have no choice but to R** ~하지 않을 수 없다(can not but R)
- **resign** 사임하다
- **concurrence** 일치
- **antipathy** 반감(aversion, enmity, animosity, repugnance)
- **reliance** 믿음, 의지
- **pretense** 핑계

39

해석 어떤 사람이 많은 현대 도시의 길거리에서 갑자기 쓰러져서 그곳에서 누워 죽는다, 그를 도울 사람은 거의 없을 것이다. 도시의 거주자들이 나타내는 무관심의 수준이 놀라울 정도가 되었다.

해설 길거리에 쓰러져 죽어도 도울 사람이 없다는 내용은 '무관심'을 의미하는 것이다.

- **collapse** 무너지다, 쓰러지다
- **urban** 도시의
- **dweller** 거주자
- **frightening** 놀라운
- **violence** 폭력
- **indifference** 무관심 (disinterest, unconcern)
- **detachment** 초연, 분리
- **decadence** 타락(corrupt)

40

해석 그들 중 많은 연장자들, 교사들과 교수들은 다소 진부하고 보수적인 의견을 가지고 있다. 이로 인해 때때로 그들은 자신들의 학생들은 말할 것도 없고 보다 젊은 급진적인 동료들과 심한 충돌을 일으킨다.

해설 젊고, 급진적인 동료들과 격한 논쟁이 벌이고, 'and'라는 '순접-열거' 논리정보장치와 연결되기 위해서는 '보수적인(conservative)'가 옳다.

- **old-fashioned** 진부한
- **dramatic** 심한
- **radical** 급진적인(drastic)
- **conflict** 갈등
- **affirmative** 긍정적인
- **conservative** 보수적인
- **reformist** 개혁가

정답 36 ③, 37 ③, 38 ②, 39 ②, 40 ②

41 Revolution implies __________. It sends a flood of newness into the lives of countless individuals confronting them with unfamiliar institutions and first-time situations.

① contradiction   ② novelty
③ conflict   ④ confrontation
⑤ notoriety

42 I'm afraid that you will have to alter your __________ views in the light of the tragic news that has just arrived.

① dour   ② roseate
③ tragic   ④ pessimistic

43 Airport noise inhibits the development of new airports and can seriously __________ the efficient and economic operation of existing facilities.

① dangle   ② cram
③ define   ④ constrain
⑤ decompose

44 Once you have earned the license to drive, you must continue to drive safely. A series of minor violations or one serious violation could cause you to __________ your driving privileges.

① secure   ② forfeit
③ procure   ④ bargain

45 The salesperson's __________ voice was exceptionally annoying. Potential customers avoided anywhere near her product.

① jovial   ② pleasant
③ strident   ④ affectionate

41

해석 혁명은 신기한 것을 의미한다. 그것은 수많은 개인들로 하여금 친숙하지 않은 제도와 최초의 상황과 직면하게 만들면서 새로운 것을 그들의 인생 속으로 불어 넣게 된다.

해설 친숙하지 못했던 최초의 상황에 직면하게 한다는 것은 혁명이 진기함을 의미한다는 것을 알 수 있다.

- **countless** 수많은
- **confront** 직면하다
- **unfamiliar** 친숙하지 않은
- **contradiction** 부인, 모순
- **novelty** 신기함, 진기함
- **conflict** 싸움, 논쟁
- **confrontation** 직면, 대결
- **notoriety** 악명

42

해석 방금 도착한 그 비극적인 소식으로 당신의 낙관적인 견해가 바뀔까 두렵다.

해설 비극적인 소식이 도착했기 때문에 바뀔 수 있는 견해라면 반의 관계의 단어인 '낙관적인'이 옳다.

- **be afraid that** ~일까 두렵다
- **alter** 바꾸다, 변경하다
- **in the light of** ~의 관점에서, ~에 비추어
- **roseate** 낙관적인
- **dour** 음침한
- **tragic** 비참한

43

해석 공항의 소음이 새로운 공항의 개발을 억제하고 기존의 시설들을 효율적이고 경제적으로 운영하는 것을 심각하게 제한하고 있다.

해설 'and'에 의해서 새 공항의 개발을 억제함과 순접의 내용이 연결되기 위해서 효율적이고 경제적인 운영을 '억제한다(constrain)'는 내용이 옳다.

- **inhibit** 억제하다, 방해하다
- **dangle** 매달리다
- **cram** 주입시키다
- **define** 정의하다
- **constrain** 제한하다, 강요하다
- **decompose** 분해하다

44

해석 운전면허를 얻고 나서도 계속 안전 운전을 해야 한다. 여러 번의 경미한 위반이나 한 번의 중대한 위반 때문에 운전 특권들을 박탈 당할 수 있다.

해설 위반을 저지른다면 운전상의 특권이 뺏긴다는 논리가 옳다.

- **once** 일단 ~하면, ~하자마자
- **earn a license** 면허를 취득하다
- **a series of** 일련의
- **violation** 위반
- **privilege** 특권
- **secure** 보증하다, 책임지다
- **forfeit** 상실하다, 몰수하다
- **procure** 획득하다
- **bargain** 흥정을 하다, 계약하다

45

해석 그 판매원의 귀에 거슬리는 목소리가 유난히도 짜증나게 했다. 단골이 될 가능성이 있는 사람들이 물건 가까이에 오기만 하면 어디서든 피해 버렸다.

해설 짜증나게 할 만한 이유와 단골이 될 가능성이 있는 사람들이 피할 만한 이유가 논리상 옳다.

- **exceptionally** 별나게, 유난히도
- **potential customer** 단골이 될 가능성이 있는 사람
- **jovial** 명랑한
- **strident** 귀에 거슬리는
- **affectionate** 애정이 담긴

정답 41 ②, 42 ②, 43 ④, 44 ②, 45 ③

46 When my neighbor's dog was run over, we sent a __________ card.

① condign
③ indolence

② insolence
④ condolence

47 Because I find that hot summer weather __________ me and leaves me very tired, I try to leave the city every August and go to Maine.

① refreshes
③ enervates

② delights
④ invigorates

48 Montreal has a large number of __________ citizens who speak English and French.

① linguistic
③ garrulous

② verbose
④ bilingual

49 The plot of this story is so __________ that I can predict the outcome.

① trite
③ inveterate
⑤ appreciated

② clever
④ insipid

50 The yearning for freedom in Poland and Afghanistan and human rights activity in the Soviet Union continue to be __________ suppressed.

① relentlessly
③ revocably
⑤ revealingly

② reversely
④ retroactively

46

해석 이웃의 강아지가 차에 치였을 때 우리는 위로문을 보냈다.

해설 이웃의 강아지가 차에 치여서 보낼 수 있는 카드는 '위로문'이 옳다.

- **be run over** 차에 치이다
- **condign** (처벌이) 정당한
- **insolence** 거만함(arrogance)
- **indolence** 나태, 게으름 (lethargy)
- **condolence** 위로

47

해석 뜨거운 여름이 나의 힘을 빼앗아버리고 매우 지치게 하기 때문에, 8월이 되면 언제나 도시를 떠나 Maine으로 떠나려 노력한다.

해설 'and'라는 '순접-열거' 논리 정보 장치에 의해서 '매우 지치게 한다'는 내용과 순접의 내용이 필요하다.

- **tired** 지친
- **try to R** ~하려고 노력한다
- **refresh** 상쾌하게 해주다
- **delight** 기쁘게 하다
- **enervate** 힘을 빼앗다
- **invigorate** 원기를 불어넣다

48

해석 몬트리올에는 영어와 불어를 구사하는 2개 국어 시민들이 많이 있다.

해설 영어와 불어를 둘 다 구사하는 이들은 '2개 국어를 구사하는 이'들임을 알 수 있다.

- **linguistic** 언어의
- **verbose** 말이 많은(garrulous)
- **bilingual** 2개 국어의

49

해석 이 이야기의 줄거리는 너무나 진부해서 결과를 예측할 수 있었다.

해설 '순접-인과' 논리 정보 장치인 'so ... that'에 의해서 결과를 예측할 수 있을 법한 원인이 나와야 한다. 줄거리 내용이 진부하므로 결과를 예측할 수 있다는 내용이 적합하다.

- **plot** 줄거리
- **predict** 예견하다
- **trite** 진부한(banal)
- **inveterate** (감정, 병 등이) 뿌리 깊은
- **insipid** 싱거운
- **appreciated** 감사되어진, 평가되어진

50

해석 폴란드와 아프가니스탄에서 자유에 대한 갈망과 소련에서의 인권운동이 무자비하게 탄압받고 있다.

해설 '억압 받은'이란 뜻을 가진 분사형용사 'suppressed'를 수식할 수 있는 부사는 '혹독하게'가 가장 옳다.

- **suppressed** 억압 받는
- **yearning for** ~에 대한 열망
- **relentlessly** 혹독하게
- **reversely** 역으로, 거꾸로
- **revocably** 취소할 수 있게
- **retroactively** 소급적으로

정답 46 ④, 47 ③, 48 ④, 49 ①, 50 ①

51 The visiting professor was so __________ in his field that many of our faculty members became nervous in his presence.

① antithetical　　② eminent
③ archetypal　　④ plebeian
⑤ pathological

52 Pity is often a perception of our own misfortunes in those of others; it is a shrewd foresight of the evils into which we may fall. We help others in order to engage them to help us in similar circumstances; and the services we render them are, to speak properly, a good which we do to ourselves by __________ .

① perception　　② solicitation
③ virtue　　④ anticipation
⑤ depletion

53 For forty years, Europe has been advancing by fits and starts. Its progress toward "a more perfect union," to borrow a phrase from the U.S. constitution, was never smooth. It mode oscillated wildy between __________ and despair.
① attraction　　② majesty
③ organization　　④ euphoria

54 Mountain-climbing involves many risks, and the climber must be alert all times. Reckless climbers soon meet with an accident. The job is really one for a man who is __________.

① bold　　② strong
③ frightened　　④ prudent

55 His success in converting the people to his way of thinking was largely a result of his __________ criticisms of the existing order.

① persuasive　　② substantial
③ indiscreet　　④ emotional

51

해석   그 초빙교수는 그 분야에서 너무나 저명하여 우리 교수단 일원들 중 많은 이들이 그 초빙교수 앞에서 초조해졌다.

해설   교수단 일원들이 초빙교수 앞에서 초조해하려면 그 초빙교수는 어떠한 인물이어야 하는가?

- **visiting professor** 초빙교수
- **faculty** 교수단, 학부, 직원
- **nervous** 초조한
- **antithetical** 정반대의
- **eminent** 저명한, 훌륭한
- **archetypal** 전형적인
- **plebeian** 평민의
- **pathological** 비정상의 (anomalous)

52

해석   연민은 종종 다른 사람들의 불행 속에서 자신의 불행을 인식하는 것이며, 우리가 겪을지도 모르는 불행을 영리하게 미리 보여주는 것이다. 우리가 다른 이를 도와주는 것은 우리가 비슷한 상황에 처했을 때 그들이 우리를 돕게 하기 위함이며, 정확히 말하자면 우리가 그들에게 제공하는 도움들은 예상을 통해 우리가 스스로에게 베푸는 선행이다.

해설   우리들이 가까운 미래에 겪을런지도 모르는 상대의 불행을 돕는 것은 예상을 통해서 우리 자신을 미리 돕는다는 논리와 같다.

- **pity** 연민
- **misfortune** 불행
- **shrewd** 영리한, 약삭빠른
- **in order to R** ~하기 위하여
- **to speak properly** 정확히 말하자면
- **a good** 선행
- **solicitation** 간청(importune, begging, plead)
- **anticipation** 예상
- **depletion** 고갈

53

해석   40년 동안, 유럽은 발작적으로 발전을 해왔다. 미국 헌법상의 표현을 빌리자면, "보다 완벽한 연합체"를 향한 유럽의 진보는 결코 원만하지 않았다. 유럽의 발전 방식은 행복과 절망 사이에서 거세게 동요했다.

해설   앞 문장에서 유럽연합의 발전은 결코 원만하지 않았다는 내용의 진술 부연은 '행복과 절망' 사이에서 동요했다는 논리가 적합하다.

- **union** 연합
- **constitution** 헌법
- **mode** 방식
- **oscillate** 흔들리다, 동요하다
- **despair** 절망
- **attraction** 매력
- **majesty** 위엄, 권위
- **euphoria** 행복감

54

해석   등산에는 많은 위험을 내포하고 있으며, 등산가는 언제나 주의를 기울여야 한다. 부주의한 등산가들은 곧 사고를 겪게 된다. 등산은 정말로 신중한 사람을 위한 것이다.

해설   등산에는 많은 위험들이 있으므로, 등산을 하는 이는 '신중한 사람'을 위한 일이 된다는 논리가 적합하다.

- **alert** 경계하는
- **reckless** 무모한, 부주의한
- **bold** 용감한
- **frightened** 무서워하는
- **prudent** 신중한

55

해석   그가 자신의 생각대로 사람을 바꾸는 데 성공하는 것은 전적으로 기존질서를 설득력 있게 비판한 결과이다.

해설   사람들을 자신의 생각대로 바꾸어 놓으려면 설득력 있는 이어야 한다.

- **convert** ~를 개종하다, 전환시키다
- **largely** 전적으로
- **existing** 현존하는, 기존의
- **persuasive** 설득력 있는
- **substantial** 실질적인
- **indiscreet** 무분별한
- **emotional** 감정적인

정답 51 ②, 52 ④, 53 ④, 54 ④, 55 ①

56 It has always been dangerous to teach men new ideas contradictory to those which are generally accepted. The first men who taught that the earth is round were __________.

① persecuted　　② rewarded
③ right　　　　 ④ conformists

57 A religion should offer a way to make understandable something that is beyond time and space and therefore outside the __________ of our intellect.

① illumination　　② science
③ singularity　　 ④ capability

58 He __________ his fine secretary by leaving all the work to her and doing nothing himself. I wouldn't put up with him.

① loses track of　　② takes a stand on
③ makes a point of　④ takes advantage of

59 A : Finding a stranger on our doorstep startled me, but the favorable expression on his face told me not to worry.
B : In his usual __________ manner, my neighbor carefully picked up the ant in his kitchen, brought it outside, and gently put it down on the sidewalk.

① benign　　② arrogant
③ lucrative　④ mandatory

60 Medieval kingdoms did not become constitutional republics overnight; on the contrary, the change was __________.

① unpopular　　② unexpected
③ sufficient　　④ gradual

56

해석 일반적으로 받아들여지는 생각과 모순된 새로운 생각을 사람들에게 가르치는 것은 언제나 위험했다. 지구가 둥글다는 사실을 알려준 첫 번째 사람은 처형됐다.

해설 통념의 생각과 다른 생각을 가르치는 것이 위험했으므로 지구가 둥글다는 점을 최초로 알려줬다면 그러한 논리전개는 위험했음에 분명하다.

- contradictory 모순적인
- persecute 처형하다, 학대하다
- conformist 순응하는 사람

57

해석 종교는 시간과 공간을 초월하여 우리의 지적인 능력을 벗어난 무언가를 이해하게끔 하는 방법을 제공해야만 한다.

해설 'and'라는 '순접-열거' 접속사에 의해서 '시공을 초월'했다는 내용과 이어지기 위해서는 '지적인 능력'을 벗어났다는 내용이 적합하다.

- beyond time and space 시공을 초월한
- illumination 계몽, 조명
- singularity 특이함
- capability 능력

58

해석 그는 모든 일을 자신의 여비서에게 떠맡기고 스스로는 일을 전혀 하지 않음으로써, 자신의 훌륭한 비서를 이용했다. 나는 도무지 참을 수가 없다.

해설 그녀에게 모든 일을 남겨놓고 자신은 아무 일도 하지 않는 행위를 수단으로 비서를 어떻게 대한 것이겠는가?

- secretary 비서
- put up with 견디다, 참다
- lose track of (시야에서) 놓치다, 잊어버리다, 연락이 두절되다
- take a stand on ~ 입장을 고수하다
- make a point of 반드시 ~ 하도록 하다
- take advantage of ~을 이용하다

59

해석 A : 우리 문 앞 계단에 이상한 사람이 있어서 무척 놀랐어. 그런데 그 사람의 상냥한 얼굴 표정 때문에 걱정하지 않게 됐어.
B : 항상 온화한 태도를 보이는 그 이웃이 부엌에서 개미를 조심스럽게 잡아서는 바깥으로 가져와서 보도 위에 올려놓더라.

해설 부엌의 개미를 죽이거나 없애지 않고 밖에다가 조심히 가져다 놓는 행위는 인자한 행위이다.

- startle 놀라게 하다
- favorable 상냥한
- pick up 들어올리다, 차를 태우다
- benign 인자한, 상냥한
- arrogant 거만한
- lucrative 돈벌이가 되는
- mandatory 의무적인

60

해석 중세왕국들이 하룻밤에 입헌 공화국이 되지는 않았다. 정반대로 그 변화는 점차적으로 이루어졌다.

해설 '하룻밤'이라는 짧은 시간 내에 입헌 공화국이 되지 않았다는 내용은 점진적인 변화였다는 논리가 옳다.

- medieval 중세의
- kingdom 왕국
- constitutional
- republic 입헌공화국
- overnight 하룻밤 사이에, 밤새
- unpopular 인기 없는
- unexpected 예기치 못한
- sufficient 충분한
- gradual 점차적인

정답 56 ①, 57 ④, 58 ④, 59 ①, 60 ④

61 The government is setting __________ standards on thermal pollution, since it has found present regulation to be deficient in many respects and unable to safeguard our waters.

① immaterial　　② relaxed
③ indelible　　④ stringent
⑤ insecure

62 Try to answer your cellular phone on the first ring. Otherwise, the caller may __________ and you might miss an important message.

① call on　　② pick up
③ hang up　　④ put on

63 While he was looking on at the baseball game he __________ an old classmate from his high school days.

① ran over　　② ran across
③ broke in　　④ broke down

64 I've just made a terrible __________ : I've made two appointments for the same hour!

① occasion　　② blunder
③ duplicate　　④ obligation
⑤ responsibility

65 Rebecca delayed the bus because she was __________ in her purse for the correct change.

① baffling　　② stuffing
③ lurching　　④ fumbling
⑤ stifling

61

해석 현재의 규정이 많은 면에서 결함이 있으며 바다를 보호하기 힘들다는 사실을 정부가 알았기 때문에, 정부는 열 공해에 대한 엄격한 기준을 세우고 있다.

해설 'since'라는 '순접–인과' 논리정보 장치에 의해, 현행규정에 부족함이 많고 바다를 보호하기에 힘들다면 현행 규정보다 더 엄격한 기준을 세운다는 논리가 옳다.

- standard 표준, 기준
- thermal 열(熱)의, 뜨거운
- deficient 결함의, 불충분한
- waters 바다
- immaterial 하찮은
- relaxed 안심한
- indelible (치욕을) 지울 수 없는
- stringent 엄격한
- insecure 불안정한

62

해석 휴대폰의 처음 신호가 울릴 때 받도록 해라. 그렇지 않는다면, 발신자는 전화를 끊게 되고 중요한 메시지를 못 받을 수도 있다.

해설 'and'에 의해서 '중요한 메시지를 받지 못할 수도 있다' 는 내용과 순접의 논리가 필요하다.

- cellular phone 핸드폰
- on the first ring 처음 벨이 울릴 때
- otherwise 그렇지 않다면
- caller 발신자
- call on ~를 방문하다
- pick up 줍다, 태우다
- hang up 전화를 끊다
- put on ~을 입다, ~인 체하다

63

해석 그는 야구 경기를 보던 중, 고등학교 시절의 옛 동창을 우연히 만났다.

해설 문맥상 오래된 동창을 '우연히 만났다' 는 'run across'가 옳다.

- look on 구경하다
- classmate 동창, 동급생
- run over (자동차가 사람을) 치다
- run across 우연히 만나다
- break in 뛰어들다
- break down 부수다, 극복하다

64

해석 방금 큰 실수를 저질렀다. 즉 같은 시간에 두 가지 약속을 하고 말았다!

해설 같은 시간대에 두 개의 약속을 한 것은 '실수' 이다.

- terrible 끔찍한
- appointment 약속
- occasion 경우, 기회
- blunder 큰 실수; 크게 실수하다
- duplicate 복사의, 위조의, 이중의
- obligation 의무, 책임
- responsibility 책임, 의무

65

해석 레베카는 잔돈을 제대로 지갑에서 찾느라 버스를 지체시켰다.

해설 버스를 놓치려면 지갑에서 잔돈을 더듬었다는 논리가 적합하다.

- purse 지갑
- change 잔돈
- baffle 좌절시키다
- stuff 채우다, 제공하다; 재료
- lurch 기울다, 비틀거리다; 곤경
- fumble 더듬다
- stifle 질식시키다, 짓누르다

정답 61 ④, 62 ③, 63 ②, 64 ②, 65 ④

66 Mountain lions are very __________ creatures, able to run at high speed and capable of climbing any tree.

① agile   ② dominant
③ capricious   ④ attentive
⑤ terrible

67 His victims were usually __________ and unwary; he could not fool a person who was skeptical.

① urbane   ② rural
③ gullible   ④ vindictive
⑤ ruthless

68 The officers of the corporation realized that the new company they had acquired was a __________ to them because of its large losses.

① saving   ② liability
③ reputation   ④ credit

69 The student who __________ his teacher learns more than the one who accepts everything his teacher says.

① acquires   ② deserves
③ appeases   ④ questions
⑤ dismantles

70 She was in such a state when her son died that the doctor gave her a ______ to help calm her down.

① sedative   ② antiseptic
③ matron   ④ insomnia

66

해석 산에 있는 사자들은 매우 민첩한 동물이며, 빠른 속도로 달릴 수 있으며 어느 나무라도 오를 수 있다.

해설 빠른 속도로 달리고 어느 나무라도 오를 수 있다는 내용은 매우 민첩하다는 논리가 적합하다.

- □ **agile** 민첩한
- □ **dominant** 지배적인
- □ **capricious** 변덕스러운
- ■ **attentive** 주의 깊은
- □ **terrible** 무서운

67

해석 그의 희생자들은 대개 속기 쉽고 조심성이 없는 사람들이다. 회의적인 사람들은 속일 수가 없었다.

해설 'and'에 의해서 'unwary(조심성이 없는)'와 순접의 단어인 'gullible(속기 쉬운)'이 옳다.

- □ **unwary** 조심성이 없는, 방심하는
- □ **fool** 속이다
- □ **skeptical** 회의적인
- □ **urbane** 도시풍의
- □ **rural** 시골의
- □ **gullible** 속기 쉬운, 순진한
- □ **vindictive** 복수심에 가득 찬
- □ **ruthless** 무자비한

68

해석 그 기업의 사원들은 그들이 인수한 새 회사가 큰 손해 때문에 부담이 되고 있음을 알았다.

해설 새 인수된 회사가 손해가 크다면 사원들에게는 부담이 된다는 논리가 적합하다.

- □ **corporation** 기업
- □ **loss** 손실, 손해
- □ **saving** 절약
- □ **liability** 부담, 빚

69

해석 선생님에게 질문을 하는 학생은 선생님의 모든 것을 그대로 받아들이는 학생보다 더 많이 배운다.

해설 'more than'에 의해서 '선생님이 전하는 모든 내용을 받아들인다'는 수동적인 경향과 비교가 되는 능동적인 성향의 의미를 가진 '질문하다'라는 논리가 적합하다.

- □ **acquire** 획득하다
- □ **deserve** ~할 가치가 있다
- □ **appease** 달래다
- □ **dismantle** 폐지하다

70

해석 그녀의 아들이 죽었을 때 그녀는 정신이 엉망인 상태였기에 의사는 그녀를 진정시키도록 하는 진정제를 주었다.

해설 아들이 죽었다면 의사가 그녀를 진정시키기 위해서 무엇을 주었겠는가?

- □ **state** (엉망인) 상태 (구어)
- □ **calm down** 진정시키다
- □ **sedative** 진정제; 가라앉히는, 진정 작용이 있는
- □ **antiseptic** 방부제를 사용한, 방부(성)의, 무균의, 살균된
- □ **matron** (나이 지긋한, 점잖은) 부인, 여사
- □ **insomnia** 불면증

정답 66 ①, 67 ③, 68 ②, 69 ④, 70 ①

71 To think of the future in relation to the present is essential to civilization. The commonest workman in a civilized country does this. Instead of spending all the money he earns as fast as he earns it, he will, if an intelligent man, save a large part of it as __________ future want.

① an impediment to ② a paradox of
③ effective means for ④ an offense against
⑤ a provision against

72 The reputation that you get by being able to tell your friends that you know distinguished men proves only that you are yourself __________.

① well known ② of small account
③ of great importance ④ an enormous man

73 A mother and son were washing dishes while the father and daughter were watching TV in the den. Suddenly, there was a crash of breaking dishes, then complete silence. the girl looked at her father and said, "It was Mom." "How do you know?" "She __________."

① scolded the son ② didn't say anything
③ complained about it ④ told her son to be careful

74 Public achievement makes a man more attractive to women as a marriage partner. But for me __________. The more a woman achieves publicly, the less desirable she seems as a wife.

① the situation is reversed
② males are inherently more selfish
③ there is a danger to publicity
④ they prefer career to marriage

71

해석 현재와 관련해서 미래를 생각하는 것은 개화에 필수적이다. 개화된 국가의 가장 일반적인 노동자는 이렇게 한다. 돈을 벌자마자 번 돈을 모두 써버리는 대신에 그는 지각 있는 사람이라면, 미래의 필요에 대비하여 돈의 많은 부분을 저축할 것이다.

해설 'instead of'는 '역접-양보'를 가리키는 전치사구로서 '자신이 벌어들인 모든 돈을 소비한다.'는 내용과 역접의 내용이 필요하다. 따라서 '미래의 필요에 대비한 효과적인 수단'이 옳다.

- **in relation to** ~과 관련하여
- **civilization** 개화(開化)
- **commonest** 가장 일반적인
- **instead of** ~하는 대신에
- **future want** 미래의 필요
- **an impediment to** ~에 대한 장애물
- **paradox** 역설, 모순
- **means** 수단
- **provision** 준비, 설비, 규정, 조항, 식량
- **offense** 위반, 불법, 화냄

72

해석 친구들에게 당신이 유명한 사람들을 안다고 말함으로써 얻은 명성은 당신 스스로 그다지 중요하지 않은 사람이라고 입증할 뿐이다.

해설 자신은 평범한 이에 불과한데, 친구들한테 그저 유명한 이를 안다고 말하는 것은 결국 자신의 가치가 낮다고 말하는 것에 불과하다.

- **reputation** 명성
- **distinguished** 유명한 (well known)
- **of account** 중요한
- **enormous** 거대한(immense)

73

해석 어머니와 아들이 설거지를 하는 동안, 아버지와 딸은 서재에서 TV를 보고 있었다. 갑자기 접시 깨지는 소리가 들렸고, 완전한 침묵이 흘렀다. 딸이 아버지를 보면서 말하기를 "엄마예요", "어떻게 아니?", "엄마가 아무 말도 안 했거든요."

해설 엄마와 아들이 함께 설거지를 하면서 같이 있었는데, 만일 아들이 깼다면 엄마가 꾸짖었을 것이다. 따라서 아들이 깨뜨린 것은 아니므로 엄마가 깨뜨렸다는 논리가 옳다.

- **den** 서재, 작업실
- **crash** 요란한 소리(쨍그랑), 충돌
- **scold** 꾸짖다(chide, reprove)
- **complain** 불평하다

74

해석 공적인 업적이 남자로 하여금 여자들에게 결혼 상대자로서 더욱 매력적이게 한다. 그러나 나에게 있어서 그 상황은 반대가 된다. 여성이 공적으로 더 많은 것을 이루면, 아내로서 바람직하지 않은 것 같다.

해설 공적인 업적을 이룬 남성들이 여성에게 결혼 배우자로서 매력이 있지만, 작가는 공적인 업적을 이룬 여성들이 결혼 배우자로서 매력을 느낀다는 내용이므로 이는 '역접'의 관계가 된다.

- **achievement** 업적
- **attractive** 매력적인
- **desirable** 바람직한
- **inherently** 본질적으로

정답 71 ③, 72 ②, 73 ②, 74 ①

75 The attitude is common that there is danger in flooding the world with too much knowledge. The story of Faust, which permeates literature, is evidence of the wide-spread, age-long belief in the bond between the man of knowledge and the powers of darkness. The belief will persist as long as __________.

① the alliance continues ② men seek knowledge
③ superstition persists ④ literature persists

76 Tim hoped that the value of his stamp collection would __________, but it has become worthless.

① perish ② subside
③ appreciate ④ dissolve
⑤ suspend

77 If history is to be more than just an annalistic record of the past, some __________ judgment is inevitable in the ordering and in the interpretation of events: hence the classic statement that there can be no unbiased history.

① decadent ② childish
③ subjective ④ scientific
⑤ historical

78 Eddie was being __________ when he said he loved Peter like a brother; in truth, he hated him.

① ironic ② comic
③ serious ④ excited

75

해석 이 세상에는 너무 많은 지식을 쏟아 놓는 것이 위험하다는 태도가 보편적이다. 문학 속에 스며드는 파우스트의 이야기는 지식을 지닌 인간과 어둠의 힘 사이에 존재하는 유대 관계에 대한 널리 퍼지고 오래된 믿음에 대한 증거이다. 이 믿음은 동맹 관계가 지속되는 한 계속될 것이다.

해설 지식을 지닌 인간과 어둠의 힘 사이의 동맹이 있다는 믿음이 존속되려면 그와 같은 힘들 사이의 동맹 또한 지속되어야 한다는 논리가 적합하다.

- **flood A with B** A에게 B를 쏟아넣다
- **permeate** 스며들다
- **age-long** 영원한, 오래된
- **bond between A and B** A와 B의 유대 관계
- **persist** 지속되다
- **as long as** ~하는 한
- **alliance** 동맹
- **superstition** 미신

76

해석 팀은 그가 수집한 우표의 가치가 상승되기를 희망했지만, 그 수집품은 쓸모없게 됐다.

해설 '역접-대조' 를 가리키는 'but'에 의해서 '가치가 없는(worthless)' 와 반의어인 '(가치가) 올라가다(appreciate)' 가 옳다.

- **stamp** 우표
- **worthless** 쓸모없는
- **perish** 사라지다
- **subside** 가라앉다, 침전하다
- **appreciate** (가치, 물가가) 올라가다, 감사하다, 평가하다, 감상하다, 이해하다
- **suspend** 중단하다, 매달다

77

해석 만일 역사가 단지 과거의 연대기적 기록 이상이라면, 시대 배열이나 사건을 해석함에 있어서 주관적인 판단은 피할 수 없게 된다. 즉 이 사실에서 편견이 없는 역사는 있을 수 없다는 고전 설명이 유래하는 것이다.

해설 콜론에 의해서 앞문장과 뒷문장은 순접이어야 한다. 콜론 이하의 내용이 '편견이 없는 역사는 없을 수 없다' 는 내용이 나왔으므로 '주관적인 판단' 이 논리상 적합하다.

- **annalistic** 연대기의
- **inevitable** 피할 수 없는
- **ordering** 순서, 배열
- **interpretation** 해석
- **hence** 이 사실에서 유래하다, 그래서
- **classic** 고전적인
- **unbiased** 편견 없는
- **decadent** 퇴폐적인
- **childish** 유치한
- **subjective** 주관적인

78

해석 그가 형제로서 Peter를 사랑한다는 말을 했을 때 Eddie는 빈정거렸다. 사실 그는(Eddie) Peter를 미워했다.

해설 '사실은 그를 미워했다' 는 이하의 내용을 보건데, 앞 문장은 반의 관계가 나와야 옳다.

- **in truth** 사실은
- **ironic** 빈정대는, 아이러니컬한
- **comic** 익살스러운
- **serious** 진지한, 심각한

정답 75 ①, 76 ③, 77 ③, 78 ①

79 The notion is fairly common that there is a fundamental conflict between science and religion. Many outstanding scientists, however, are profoundly religious and take an active part in church work. They do not feel their science and their religion are __________.

① a matter of choice
② personnel matters
③ in contradiction
④ consistent

80 To myself, I am the most important person in the world, though I do not forget that, not even taking into consideration so grand a conception as the absolute, but from standpoint of __________, I am of no consequence whatever.

① common sense
② scientific truth
③ religion
④ emotion

81 Government officials should be absolutely __________, but unfortunately some will accept money for favors.

① adversary
② incorruptible
③ invariable
④ unsophisticated
⑤ exquisite

82 At the present time, gas and oil are expensive. Developing countries cannot export enough agricultural products and other raw materials to import the fuel that they need to produce energy. At the same time, petroleum supplies are limited, and in a few decades they will run out. However, the supply of sunlight is __________, and most of the poor countries of the world are in the tropics where there is plenty of sunlight.

① expensive
② cheap
③ limited
④ limitless

79

해석 과학과 종교 사이에 근본적인 갈등이 있다는 생각은 꽤나 보편적이다. 그러나 많은 우수한 과학자들은 상당히 종교적이며 교회 일에 적극적으로 참가한다. 그들은 자신들의 과학과 종교가 모순이라고 느끼지 않는다.

해설 뛰어난 과학자들이 종교에 심취해 있으며 종교에 적극적인 참가를 한다고 했으므로 과학자가 몸 담고 있는 과학의 분야와 종교의 분야는 부정어와 결합하여 모순적이지 않다고 느낀다는 내용이 논리상 옳다.

- **notion** 관념, 생각
- **fundamental** 기초의, 중요한
- **conflict** 싸움, 갈등
- **outstanding** 뛰어난
- **profoundly** 심오하게
- **take a part in ~** 참가하다
- **in contradiction** 모순적인

80

해석 나에게 있어서, 내가 세상에서 가장 중요한 사람이다. 비록 내가 전혀 중요하지 않은 존재라는 것을 잊지 않더라도, 심지어 절대자와 같은 대단한 개념을 고려하지 않고 상식의 관점에서 말이다.

해설 'not A but B' 구문으로서, 절대자와 같은 대단한 개념의 반대 개념인 '상식적인 관점'이 논리상 적합하다.

- **take into consideration** ~을 고려하다(allow for)
- **grand** 거대한(huge)
- **the absolute** 절대자
- **standpoint** 관점
- **of consequence** 중요한 (significant, momentous)
- **common sense** 상식

81

해석 공무원들은 절대적으로 청렴해야만 한다. 그러나 유감스럽게도 몇몇 공무원들은 편의 때문에 돈을 받고는 한다

해설 'but'이란 '역접-대조' 논리정보 장치 때문에 앞 문장은 '편의를 위해서 돈을 받는다'는 내용의 반대 개념인 '청렴한'이 옳다.

- **unfortunately** 유감스럽게도
- **accept A for B** B 때문에 A 를 받다; 반대하는| 적의
- **incorruptible** 청렴한
- **invariable** 변하지 않는, 외고집의
- **unsophisticated** 세련되지 못한
- **exquisite** 매우 훌륭한, 아름다운

82

해석 현재 가스와 기름은 비싸다. 개발도상국은 충분한 농산물과 연료를 수입하기 위한 다른 원자재를 수출할 수 없는데, 이들은 에너지를 생산하기 위해 필요한 것이다. 동시에, 석유공급은 제한되어 있고, 몇 십 년 안에 고갈될 것이다. 그러나 태양열 공급은 무한정하고, 세계 대부분의 가난한 나라들은 풍부한 태양열이 있는 열대우림 지역에 있다.

해설 석유공급이 제한적이며 몇 십 년 안에 고갈될 것이라는 앞 문장의 내용이 'however'라는 역접 논리 정보 장치에 의해서 반대 개념이 다음 문장에 필요하다.

- **at the present time** 동시에
- **agricultural** 농업의
- **petroleum** 석유
- **sunlight** 햇빛

정답 79 ③, 80 ①, 81 ②, 82 ④

83 He was tired of living in a village where everyone knew him, so he went to a big city, looking for ____________.

① cloak   ② rurality
③ clone   ④ companions
⑤ anonymity

84 To understand something completely, we must know its parts. For example, we know a house when we are familiar with its rooms and with the various details of its construction. Words are formed like houses : we shall understand words better by knowing __________________.

① the best modern writers
② the laws of grammar
③ useful reference books
④ the elements of which they are made

85 The great thing for us to keep in mind when a life storm breaks is that, no matter how violent, it is only temporary, and that behind the clouds the sun is always shining. The above passage advise us to be __________.

① diligent   ② pessimistic
③ optimistic   ④ great
⑤ orthodox

86 A thief wished to divert the attention of the watchdog so that he could rob a house. He threw a piece of meat to the dog, hoping that the dog would eat the meat instead of barking to warn the household. But the dog refused the offer of food and alerted the household. Taking a lesson from the dog, a wise man should beware of __________.

① locked doors   ② genuine friendship
③ gifts   ④ bribes
⑤ barking dogs

83

해석 그는 모든 이가 자신을 알고 있는 마을에서 사는 것에 지쳐버렸다. 그래서 그는 대도시로 떠났으며, 익명을 찾았다.

해설 자신을 모두 알아보는 마을이 싫어서 떠났으므로, 그가 찾은 것은 '자신을 알아보지 못하는 익명성'이 되겠다.

- **be tired of ~ing** ~ 때문에 싫증이 나다
- **look for** ~을 찾다
- **cloak** 덮개, 외투, 구실
- **rurality** 시골풍, 시골
- **clone** 똑같은 사람, 클론
- **companion** 동료, 친구
- **anonymity** 익명, 익명성

84

해석 완전히 이해하기 위해서 우리는 그 부분들을 알아야 한다. 예를 들어, 우리가 방과 집 구조의 자세한 세부사항을 알 때에 그 집을 아는 것이다. 말은 집같이 구성되어 있다. 우리는 말을 구성하고 있는 요소들을 알아야 말을 이해할 수 있는 것이다.

해설 '집'을 전체의 관점으로 보고 '방과 집의 구조'는 세부사항의 관점으로 설명이 되므로, '말'이라는 전체의 관점을 이해하기 위해서는 '말을 구성하는 요소들'을 이해해야 한다는 논리가 적합하다.

- **completely** 완전히
- **be familiar with** ~과 친한, 정통한
- **various** 다양한
- **detail** 세부사항

85

해석 인생의 폭풍이 발생할 때, 우리가 가장 명심해야 할 것은 그 폭풍이 아무리 격렬하더라도 일시적인 것에 불과하며 구름 뒤에 있는 태양은 언제나 빛난다는 것이다. 위의 글은 우리가 낙천적일 것을 조언한다.

해설 격렬한 폭풍이 있을 때에도 태양이 언제나 빛난다는 내용은 '낙천적인' 분위기를 전하는 것이다.

- **keep in mind** 명심하다
- **violent** 격렬한(vehement)
- **temporary** 일시적인
- **diligent** 근면한
- **pessimistic** 비관적인
- **optimistic** 낙관적인
- **orthodox** 정통의

86

해석 한 도둑이 집을 털기 위해서 경비견의 주의를 딴 곳으로 돌리고 싶어했다. 그는 강아지에게 고기 한 덩이를 던지면서 주인에게 경고하기 위해 짖는 대신, 고기를 먹기를 바라고 있었다. 그러나 강아지는 고기를 먹지 않고 주인에게 위험을 알렸다. 강아지의 교훈을 통해 현명한 사람은 뇌물을 조심해야 한다.

해설 도둑이 경비견의 주의를 다른 곳으로 돌리기 위해서 고기를 보낸 것은 '뇌물 증뢰'의 논리인 것이다.

- **thief** 도둑
- **divert** (주의를) 딴 곳으로 돌리다
- **rob** 훔치다
- **household** 주인
- **alert** 경각심을 일깨우다
- **beware** 조심하다
- **genuine** 진정한
- **bribe** 뇌물

정답 83 ⑤, 84 ④, 85 ③, 86 ④

87 Language can not be equated with communication. These two are partners in an enterprise of great extent and importance, but it is a mistake to consider them __________.

① antonymous ② synonymous
③ independent ④ agreeable
⑤ genuine

88 I've spent much of my time trumpeting the fact that alcohol is a drug and that alcohol abuse is the most serious drug problem my nation faces. Nevertheless, I believe firmly that alcohol can do more __________________.

① harmful than good
② serious effect than any other thing
③ stimulus than abuse
④ things for the health than cigarettes
⑤ good than harm

89 The "scissors effect" of growing population and unalleviated poverty is hurting much of the Third. Combined with the environmental consequences of ill thought-out economic development, the ability of local communities to support decent human life and to offer a better future for children is __________ at an alarming rate.

① decreasing ② increasing
③ liquidating ④ calculating

90 All civilized societies are heavily weighed down with superstition, and indeed the instability of all civilized societies is evidence of the fact that the base of the knowledge on which they were founded was __________.

① adequate ② inadequate
③ constant ④ inconstant

87

해석 언어는 의사소통과 동일시 할 수 없다. 이 두 가지는 영역이 넓고, 일종의 아주 중요한 사업에 있어서 동반자이기는 하지만 동일한 의미를 나타내는 것으로 생각하는 것은 잘못이다.

해설 언어와 의사 소통은 동일한 것이 아니라는 첫 문장의 진술부연 설명이 되기 위해서는 '언어와 의사 소통을 동의어로 보는 것'이 실수라는 논리가 적합하다.

- **be equated with** ~과 동일시하다
- **antonymous** 반대어의
- **synonymous** 동의어의
- **independent** 독립의
- **agreeable** 기분 좋은, 적합한 (pleasing)
- **genuine** 진짜의, 순진한

88

해석 나는 알코올은 마약이며, 알코올 남용은 우리나라가 당면한 가장 심각한 문제라고 퍼뜨리고 다니는데 많은 시간을 보내왔다. 그럼에도 불구하고, 나는 알코올이 해보다 득이 많다고 확고하게 믿는다.

해설 앞 문장까지 알코올의 단점을 주장했지만, '역접-양보'의 논리정보 장치인 'nevertheless'에 의해서 '알코올의 장점'을 설명하는 논리가 적합하다.

- **trumpet** 퍼뜨리다
- **abuse** 남용, 학대
- **face** 직면하다(confront)
- **harmful** 해로운
- **stimulus** 자극(incentive, spur), 격려

89

해석 인구 증가와 줄어들지 않는 가난의 "멀어지는 효과"가 많은 3세계국가들에게 상처를 주고 있다. 잘못 고안된 경제발전의 환경적 결과와 결합된 지역 공동체가 양호한 인간의 삶을 지원하고 아이들을 위한 보다 나은 미래를 제공하는 능력은 놀라운 속도로 감소하고 있다.

해설 'scissors effect(가위효과)'는 '두 개의 양극적인 상황이 해결되지 않고 그 차이가 벌어지는 현상'을 의미한다. 첫 문장에서 그 가위효과가 벌어지고 있다고 했으므로, '삶의 지원과 아이들에 대한 더 나은 미래의 제공이 감소된다.'는 내용이 적합하다.

- **scissors effect** (가위처럼) 점점 간격이 멀어지는 효과
- **unalleviated** 줄어들지 않는
- **combined with** ~과 합쳐져서
- **ill thought-out** 잘못 고안된
- **decent** 알맞은, 예의 바른 (courteous)
- **alarming** 놀라운
- **decrease** 감소하다
- **liquidate** 청산하다, 폐지하다 (abolish)
- **calculate** 계산하다

90

해석 모든 문명사회는 미신으로 심하게 압박됐으며, 사실 모든 문명사회가 불안정한 것은 문명사회들의 기반이 된 지식의 기초가 불안하다는 점을 나타내는 증거이다.

해설 강하게 압박을 받고 있다는 내용이 'and'에 의해서 '순접-열거'로 연결되기 위해서는 '토대가 불안정하다'는 내용이 논리상 적합하다.

- **civilized** 문명화된
- **weigh down** 압박하다
- **superstition** 미신
- **instability** 불안정
- **evidence** 증거
- **be founded on** ~에 기반을 두다
- **inadequate** 불충분한
- **inconstant** 변하기 쉬운, 불안한(unsteady), 변덕스러운 (whimsical, volatile, capricious)

정답 87 ②, 88 ⑤, 89 ①, 90 ④

91 Snakes are beneficial to humanity. None of them are vegetarians; they do not attack crops or plants. Their major sources of food are the mice and rats ___________________.

① that are small enough to eat
② that are helpless in defending themselves
③ that need preservation critically
④ that plague our communities
⑤ that are not easily distinguishing from each other

92 When I was a boy of nine in the little town of Doylestown, Pa., I used to mow the lawn of Mrs. Smith, an elderly lady who lived across from the Presbyterian Church. She paid me very little for the chore, which was not surprising, for she had not much money. But she did promise me, "When Christmas comes I shall have a present for you." And she said this with such enthusiasm that I __________ the present would be magnificent.

① felt assured
② could hardly imagine
③ was half advised
④ regretted
⑤ was astonished

93 Fantastic inventions made daily life easier in the past century but often at the expense of our natural resources. Gas-powered cars got us everywhere in a flash, but they polluted our air. Electric heat and light made our homes warm and welcoming but also burned up limited coal and oil. Factories revolutionized the way we worked, but ___________________.

① this is not an impossible dream
② towns can still be lovely places to call home
③ we can use cleaner energy and fewer chemicals
④ industrial waste trashed rivers, streams and oceans

94 When you _______ a scene, you perform or provide it without previous preparation.

① play
② act
③ improvise
④ shoot
⑤ adapt

91

해석 뱀들은 인간에게 이롭다. 어느 것도 채식주의자가 아니다; 그들은 곡류나 식물을 공격하지 않는다. 그들의 중요 식량 공급원은 인간사회를 괴롭히는 생쥐와 쥐들이다.

해설 뱀들은 인간에게 이롭다는 첫 문장이 순접으로 이어지기 위해서는 인간 사회에 해를 끼치는 생쥐와 쥐들을 뱀이 잡아 먹는다는 내용으로 연결되어야 논리상 적합하다.

- **beneficial** 이로운
- **vegetarian** 채식주의자
- **preservation** 보존
- **critically** 중대하게
- **plague** 괴롭히다 (harrass)
- **distinguishing** 식별이 가능한

92

해석 Pa 주에 있는 소도시인 도일스타운에서 내가 아홉 살이 되던 때, 스미스 부인의 잔디를 깎아주곤 했는데, 그녀는 장로교회의 건너편에 살고 있는 연장자였다. 그녀는 그 허드렛일에 대해 아주 적은 돈을 내게 주었고, 그녀는 돈이 많지 않았기 때문에 이는 놀라운 일이 아니었다. 그러나 그녀는 내게 약속하기를, "크리스마스가 오면 너에게 선물을 주겠다."라고 했다. 그리고 그녀는 그 얘기를 아주 열정적으로 했으므로 나는 그 선물이 아주 굉장할 것이라고 확신을 했었다.

해설 돈이 많은 이가 선물을 주겠다고 했으므로 선물이 굉장할 것이라는 점을 확신했다는 논리가 적합하다.

- **used to R** ~하곤 했었다
- **chore** 잡일
- **with enthusiasm** 열정적으로
- **magnificent** 굉장한
- **be/ feel assured that S+V** ~을 확신하다
- **astonished** 깜짝 놀란

93

해석 환상적인 발명품들이 지난 세기에 우리의 삶을 보다 더 편안하게 해주었지만 종종 우리의 천연자원을 희생시켰다. 가스로 동력을 얻는 차는 순식간에 우리를 어디든 데려다 주지만 공기를 오염시킨다. 전기 난방과 조명은 우리 가정을 따뜻하고 아늑하게 해 주지만 역시 한정된 석탄과 석유 자원을 이용한다. 공장은 우리가 일하는 방법에 혁명을 일으켰지만 산업폐기물은 강과 시내와 대양을 오염시켰다.

해설 앞서 진술된 세 문장 모두 '문명 발전의 장점과 단점'을 진술했으므로, 마지막 문장 또한 '장점과 단점' 모두를 진술해야 옳다.

- **fantastic** 환상적인
- **at the expense of** ~을 희생하면서
- **in a flash** 순식간에
- **pollute** 오염시키다
- **limited** 한정된
- **coal** 석탄
- **revolutionize** 혁신시키다
- **trash** 오염시키다

94

해석 당신이 장면을 즉흥적으로 할 때, 당신은 사전 준비 없이 공연하거나 준비해야 한다.

해설 사전 준비 없이 하는 공연 또는 준비이므로, 즉흥연주 혹은 즉흥공연이 옳다.

- **perform** 연주하다
- **preparation** 준비
- **improvise** (시, 음악 등을) 즉석에서 짓다, (연주, 연설 등을) 즉석에서 하다

정답 91 ④, 92 ①, 93 ④, 94 ③

95 If you commit a theft and get away with it, then you commit a crime ______.

① and run away secretly
② and do away with the things you have stolen
③ without being detected or punished
④ and are put in prison
⑤ to be punished later

96 Whether we find a joke funny or not largely depends on __________. The sense of humor is mysteriously bound up with national characteristics. A Frenchman, for instance, might find it hard to laugh at a Russian joke. In the same way, a Russian might fail to see anything amusing in a joke which would make an Englishman laugh to tear.

① our sense of humor
② what our personality is
③ where we have been brought up
④ the ability to understand foreign language

97 Normally speaking, it is the exploiting classes who will generate the major artistic and intellectual achievements of a national culture, by reason of their privileged access to __________ in the division of labour.

① means of subsistence
③ leisure and learning

② means of production
④ wealth and health

95

해석 만약 당신이 도둑질을 하고 그것을 가지고 달아난다면, 걸리지도 않고 처벌받지도 않고 범죄를 저지른 것이다.

해설 범죄를 저지른 후 도망쳤다는 의미에 대해서 물어보는 문제이다.

- **commit** ~을 범하다
- **theft** 도둑질
- **get away with** ~을 가지고 도망치다
- **detect** ~을 발견하다, 간파하다, 탐지하다
- **punish** ~을 벌하다, 응징하다, 처형하다, 난폭하게 다루다

96

해석 우리가 어떤 농담을 재미있다고 하는지 아닌지는 대개 우리가 어디에서 자랐는지에 달려 있다. 유머 감각은 신비스럽게도 민족적 특성과 관련이 있다. 예컨대, 프랑스 사람은 러시아 농담에 웃는 것이 어렵다는 것을 알게 될지도 모른다. 같은 연유로 러시아 사람은 영국인이 눈물이 날 정도로 즐거운 농담 속에서 재미난 요소를 보지 못할 수도 있다.

해설 다음 문장에서 '민족적 특성'과 관련이 있다고 했으며, 그 예를 프랑스인, 영국인, 러시아인들로 들어주고 있으므로, 지역적인 내용을 담고 있는 ③이 옳다.

- **largely** 대게, 주로
- **mysteriously** 신비하게
- **be bound up with** ~과 밀접한 관계가 있다
- **for instance** 예컨대
- **fail to R** ~하지 못하다
- **in the same way** 같은 연유로
- **amusing** 즐거운
- **be brought up** 키워지다

97

해석 일반적으로 말하자면, 한 국가의 예술적이고 지적인 성과물을 만드는 것은 착취계층이며, 그들이 분업에 있어서 여가와 공부에 대해 특권적인 접근 기회를 가지고 있기 때문이다.

해설 예술적인 면은 '여가, 오락'이 되는 것이며, 지적인 면은 '학습'으로 내용이 이어진다.

- **normally speaking** 일반적으로 말하자면
- **exploiting class** 착취계급
- **generate** 낳다, 양산하다
- **by reason of** ~ 때문에(by dint of, by virtue of, on account of, due to, thanks to)
- **division of labour** 분업
- **subsistence** 생존

정답 95 ③, 96 ③, 97 ③

98 If you're on the ground floor, of course, just open the window and climb out. From the next floor you might make it with only a sprained ankle, but you must jump out far enough to clear the building. Many people hit window sills and ledges on the way down, and cartwheel to the ground. If you're any higher than the third floor, chances are you won't survive the fall. You would probably be better off staying inside, and fighting the __________.

① earthquake ② monster
③ fire ④ neighbor
⑤ illusion

99 At a crucial stage in the Revolutionary War, General Washington called for a volunteer to go as a spy behind the enemy lines. Captain Nathan Hale-only twenty-one years old, bright, athletic, and popular-volunteered. He succeeded in getting through the lines and in obtaining the information he was seeking, but he was captured on his way back to the American camp. In accordance with military law he was hanged. His last word, "I only regret that I have but one life to lose for my country," are engraved on many monuments to him. He is remembered as __________.

① a true patriot ② a remorseful spy
③ a wise commander ④ a real loser
⑤ an incompetent captain

100 Both content and style are essential to good poetry. A good subject does not insure a good poem, and elaborate form is ridiculous in the absence of __________.

① something to say ② elaborate style
③ a complex purpose ④ insignificant content

98

해석 만일 당신이 1층에 있다면 물론 창문을 열고 밖으로 나가면 된다. 그러나 2층이라면 밖으로 나가다가 발목을 삘지도 모르며, 건물에 부딪히지 않도록 충분히 멀리 뛰어야 한다. 많은 이들이 뛰어내리는 동안에 창문턱이나 창문 난간에 부딪치게 된다. 당신이 3층 이상에 있다면 뛰어내려 살아남지 못할 가능성이 클 것이다. 아마도 건물 내부에 남아 화재와 싸우는 편이 나을 것이다.

해설 각각의 층에 따른 탈출을 설명하고 있으므로, 이는 긴급화재에 관한 설명이 옳다.

- **ground floor** 1층
- **sprained** 삔
- **clear** 피하다
- **window sill** 창문턱
- **ledge** 선반
- **cartwheel** 바퀴처럼 움직이다
- **chances are** 아마도 ~일 것이다
- **be better off** 보다 잘 살다, 보다 낫다
- **illusion** 환영

99

해석 독립전쟁의 한 결정적인 단계에서 워싱턴 장군은 적진에 침투하여 스파이로 활동할 지원자를 소집했다. 겨우 21살인 영리하며 운동에 뛰어나고 인기가 많았던 Nathan Hale 대위가 자원을 했다. 그는 적진에 침투하여 원하던 정보를 얻는 데 성공했지만 미국으로 돌아가던 중에 체포되었다. 군법에 따라 그는 교수형에 처해졌다. 그가 남긴 "내 국가를 위해 버릴 목숨이 하나밖에 없는 것이 유감스러울 뿐이다."라는 말은 그의 수 많은 기념비에 새겨져 있다. 그는 진정한 애국자로 기억되고 있다.

해설 국가를 위해 버릴 목숨이 하나밖에 없다고 말한 이는 당연히 '진정한 애국자'라고 평가받을 수 있다.

- **crucial** 결정적인, 중요한
- **call for** 요구하다
- **get through** 통과하다
- **hang** 교수형에 처하다
- **but** 단지(only)
- **engrave** (벽 등에) 새기다
- **monument** 기념비
- **patriot** 애국자
- **remorseful** 후회하는
- **incompetent** 무능한

100

해석 내용과 문체 모두 좋은 시의 필수적인 요소이다. 좋은 주제가 훌륭한 시를 보장하는 것은 아니며, 무엇인가 전하게 되는 내용이 없다면 정교한 구성도 우스꽝스러운 것이다.

해설 문체를 '구성'으로 판단할 수 있으며, '내용'을 전하고자 하는 내용으로 판단할 수 있다.

- **content** 내용
- **style** 문체
- **essential** 필수적인
- **subject** 주제
- **insure** 보장하다
- **elaborate** 정교한, 공들인; 공을 들이다
- **complex** 복잡한
- **insignificant** 시시한, 중요하지 않은

정답 98 ③, 99 ①, 100 ①

memo

memo